Roland Luft

Ball der Oberösterreicher

Roman

1. Auflage
Copyright © 2024 by Roland Luft
ISBN: 9789403739991
Lektorat/ Korrektorat: Bergluft
Covergestaltung: Roland Luft
Gedruckt in Deutschland
bookmundo.com

Die Deutsche Nationalbibliothek verzeichnet diese Publikation in der Deutschen Nationalbibliografie.

Das Werk, einschließlich aller seiner Teile, ist urheberrechtlich geschützt. Jede Verwertung ist ohne Zustimmung des Verfassers unzulässig.

Dank an Dr. Fabian Köninger und Dr. Philipp Schwarzinger für ihre Expertisen: Es war gar nicht so leicht, eine Todesart zu finden, die den Notwendigkeiten des Erzählfortschritts entspricht.

Ein herzlicher Dank auch an Christoph Santner, Tanzschule Santner Wels, für die geniale Formulierung „Siegerfresse", derer ich mich in Kapitel 4 bediene. Desgleichen gilt für Mag. Lisa Schmid und Mag. Michael Lanzinger (beide Wels) für ihren Rat in Bezug auf juristische Feinheiten, den letzten Willen betreffend.

Schließlich, wie immer: Vielen Dank an Birgit, Sarah und Tom, zum einen für die Geduld und zum anderen für die kritische Lektüre des Textes.

Alle kursiv gedruckten Textpassagen sind entnommen aus Christie, Agatha: Mord im Orientexpress.

Im Text unterstrichene Wörter werden im Glossar „Österreichisches Deutsch" am Ende des Buches erklärt.

Man kann die Ereignisse jahrelang mit Humor hinnehmen, aber letztlich bricht das Leben einem doch immer das Herz. (Michel Houellebecq)

Darf ich bemerken, dass ich nur begrenzten Gefallen daran finde, gemeinsam mit Menschen Dienst zu tun? Für mich sind ihre Unlogik und törichten Gefühle ein fortwährendes Ärgernis. (Mr. Spock)

1 Aufbruch

Als alles begann, war die Welt noch in Ordnung. Das ist wohl immer so. Die Unschuld der frühen Stunde gebiert letztlich aber doch nichts anderes als Ungeheuer. Das ist der Lauf der Dinge. Am Ende des Tages würde einer sich übergeben haben, ein anderer sich kurz vor dem Orgasmus einen Bandscheibenvorfall zugezogen haben und ein Dritter ermordet worden sein. Wie gesagt, das ist der Lauf der Dinge, dass selbst das, was idyllisch beginnt, schließlich als blanker Schrecken endet. Denn der Schrecken ist das wahre Gesicht der Dinge.

Als alles begann, war es sieben Uhr morgens, der Tau lag satt auf erwachendem Rasen, der laufende Motor des Kleinbusses sorgte dafür, dass der Atem knapp wurde. Das konnte die Idylle nicht stören, auch nicht die gute Laune zu früher Morgenstunde: Man hievte die Instrumente in den Laderaum, führte mit heiserer Stimme Gespräche, wie man sie frühmorgens sonst nur führt, wenn man zu Bergtouren aufbricht oder zum Schifahren. Die Welt der Klänge war noch in Watte gepackt. Überhaupt hatte die frühe Morgenstunde eine Barriere zwischen der Welt draußen und der Welt drinnen errichtet: Die Schläfrigkeit ließ die düsteren Gedanken zu Problemen des Alltags noch nicht zu, der Aktivismus hatte einen noch nicht so fest im Griff, die Gedanken schweiften träge um nichts. Man zog die Krägen hoch, witzelte, obwohl man lieber weitergeschlafen hätte, zeigte sich optimistisch, obwohl einem die Welt eigentlich den Buckel runterrutschen konnte. Hätte man doch nur eine Stunde Schlaf mehr bekommen!
Nur die Alten mussten die gute Laune nicht simulieren, so schien es: Sie hätten ohnehin nicht mehr schlafen können. Für sie war sieben Uhr morgens nichts anderes als Mittag für die Jugend:

Man war schon über zwei Stunden wach und hatte einen Mordshunger. Und ein Redebedürfnis wie alte Weiber mit Logorrhoe. Karl bestieg endlich den Bus, damit konnte alles beginnen. Die Türen schlossen sich, der kalte Gestank von Zigaretten, den sein Atem verströmte, konnte nun nicht mehr ins Freie. Dieser göttliche Frühlingsmorgen musste von nun an ohne die ekelhafte Nikotindiffusion aus seinem Mund auskommen. Dafür bekamen die Buspassagiere reichlich davon. Die Dankbarkeit hielt sich in Grenzen. Und wenn sich niemand wehrt, dann blasen sich die Störenfriede immer mehr auf. In diesem Fall war es Karl, der nicht nur stank, sondern sich aufblies und laut redete, diesmal mit dem etwa gleichaltrigen Busfahrer, denn sonst verspürte noch niemand Lust, sich zu unterhalten. Zwei Reihen hinter dem 67-Jährigen saß Markus, er hätte gut noch eine Runde Schlaf vertragen. Der Bus schaukelte schon einschläfernd durchs oberösterreichische Alpenvorland, doch die infernalische Mischung von schlechter Musik, für die der Chauffeur verantwortlich zeichnete, und dem überflüssigen Plaudern der beiden Alten ließ dem Schlaf keine Chance. Dafür wuchs der Zorn. Da sollte noch einmal jemand über den Kampf zwischen den Generationen reden: Niemand im Bus regte sich auf, alle verhielten sich still und lauschten notgedrungen den Ausführungen der beiden zur nicht bewiesenen Existenz des Klimawandels und zum Segen des automobilen Individualverkehrs in Zeiten der Pandemie. Auch die Sehnsucht nach der Wiedereinführung des Schillings kam nicht zu kurz. Als sich der Busfahrer und Karl als Brüder im Geiste wiederfanden, indem beide dafür plädierten, alle Türken dorthin zurückzuschicken, wo sie herkamen, torkelte Markus nach vorne und forderte einen Stopp – er müsse speiben. Man war nicht sehr weit gekommen vom Abfahrtsort Stadl-Paura, gerade mal bis Wels Nord, knappe 20 Kilometer. Wenn das so weiterging, würde man nicht beim Ball der Oberösterreicher im Wiener Rathaus aufspielen, sondern in einer Autobahnraststätte zwischen Haag und Amstetten, vor ermüdeten und genervten Vätern und deren Kindern, letztere die Ursache zumindest für den Grant der Väter.

Man hörte die konvulsivischen Bemühungen von Markus sehr gut, dann bat irgendwer den Fahrer, er möge doch die Tür schließen, es genüge, wenn man den Kotzbrocken später wieder einsteigen lassen müsse. Letzterer vergaß natürlich nicht, eine breite Salve Atemluft in Karls Richtung zu hauchen, als er an diesem vorüberging.

So zuckelte man gut gelaunt und frohen Mutes in Richtung der Bundeshauptstadt: die legendäre Stadlinger Band, eine Volksmusikgruppe mit Schnürlsamthosen und Holzfällerhemden, die „Saxbomb" hieß, obwohl man zu siebt war. Und ein Busfahrer. Ende März – eine Zeit so abgrundtief hässlich, dass es einem den Atem raubte. Noch herrschte eine Kahlheit, die den Blicken eine Durchlässigkeit erlaubte, die niemand wollen kann. Natürlich konnte man allerorten bereits erahnen, dass die Knospen aufspringen und die Blätter sich entfalten würden, sodass jedweder Blick sich in den explodierenden Baumkronen und aufstrebenden Sträuchern verfangen würde. Die ungeheure Kraft der Natur hockte noch in den Startlöchern, aber ihr fulminanter Sprint in Richtung Sommer würde nicht mehr lange auf sich warten lassen. Dieses Gefühl, wenn du den Frühling wahrnimmst, wie alles aufbricht und stürmisch erwacht! Und wie dieses üppige Auferstehen sich ohne dich abspielt, der du alles nur mehr oder weniger aus den Augenwinkeln beobachten kannst oder willst, weil du so alt und müde geworden bist. Wie sich das Leben der Jugend wieder auf die Straßen verlagert, mit all dem Lachen und dem Gesang der Unbeschwertheit, und du hast nur einen erschöpften und gleichgültigen Blick für all dies Treiben übrig, bestenfalls als wohlwollender Beobachter, der sich daran erfreut, dass das Leben sich auch ohne dich weitergebiert. Dieses Gefühl also war es, das sich Karls bemächtigte, als sein schläfriger Blick über die Landschaft im oberösterreichischen Ennstal schweifte: Da blüht das Leben auf und du weißt, dass deines sich dem Ende zuneigt. Da ist Aufbruch und Begeisterung in der Welt draußen, Verlockung überall und der Wille, ihr nachzugeben, und in dir ist nur Müdigkeit und eine Gleichgültigkeit gegenüber allem, was dir mal etwas bedeutet hatte. Das beginnt schon mit dem Essen, das weniger Geschmack hat als früher, und endet besonders tragisch bei den großen Momenten eines menschlichen Lebens: Sex, Feste und Erfolge. Alles verschwindet hinter einem Grauschleier der Unterschiedslosigkeit, alles ebnet sich ein auf dem Schwarz-Weiß-Bildschirm des Alters. Letztlich blieben nur kleinere und größere Beschwerden und die Sehnsucht nach einem geregelten Tagesablauf mit fixen Essenszeiten und vor allem Ruhephasen. Wenn er seiner Tante Herta glauben kann, die ununterbrochen redete, auch dann, wenn ihr kein Schwein zuhörte, dann hört das hier noch lange nicht auf. Es ist ein langer Weg des Alterns sozusagen: Irgendwann einmal in der Pubertät tust du niemandem mehr leid, später mal grüßen deine Eltern nicht dich, sondern ausschließlich deine Kinder, die Atemnot stellt sich nicht beim Sex, sondern beim Anziehen der Schuhe ein, dir schmeckt plötzlich Rotwein, du wirst mittags unendlich müde, dir schmeckt gar nichts mehr. Wenn die Verwandtschaft beginnt, dir „vor allem" Gesundheit zu wünschen, ist es gelaufen: Anscheinend siehst du aus, als wäre ein Mangel an Gesundheit bereits offensichtlich und als könntest du die Wünsche gebrauchen.

Doch selbst diese Empfindung von Abgestumpftheit und einem Fade-Out stellte sich nicht mit der Brutalität einer Erschütterung ein, sondern färbte als Hintergrundfarbe alles grau ein. Kein Abschied mit großen Gesten und Worten, sondern ein sanftes Schließen der Tür. Diese Ahnung, dass die Welt sich weiterdrehen würde auch ohne dich, dass nichts sich verändern würde, wenn du nicht mehr da wärst, streifte Karls Bewusstsein, unangenehm, aber kaum wahrnehmbar wie eine sanfte Kurve, in die ein Bus sich legt. Wie alle Menschen, die mit dem Heraufdämmern des Nichts konfrontiert werden, bot Karl seiner Aufmerksamkeit einen neuen Fokus: Er bückte sich und zog sich die Schuhe aus. Welch ein süßer Irrtum zu glauben, man könne durch Aktivität irgendwas an der Unaufhaltsamkeit der Bewegung in Richtung Tod verändern!

So öffnete also der Kopf der „Saxbomb" – Markus hätte ihn sicher als Enddarm bezeichnet, nie als Kopf – die Augen und widmete sich weniger diffusen Anliegen eines Lebens, die einem wichtiger erscheinen, obwohl wir alle wissen, dass hinter den Kulissen des Bewusstseins die einzige Sicherheit lauert, die wir durch unsere Handlungen und Zerstreuungen auszublenden versuchen: Er suchte nach einer bequemeren Sitzposition, dachte nach, wann er zum letzten Mal Most getrunken hatte und ob er sich zum Mittagessen ein Bier genehmigen sollte.

Sid plumpste auf den Sessel neben ihn, man war inzwischen an der Ausfahrt Haag vorbeigefahren.

„Was ist los, Punk?", begrüßte Karl ihn. Nicht wirklich gereizt, eher überrascht.

„Darf ich dich was fragen?"

„Klar, war das schon die Frage?"

„Nein, ich habe eine zweite."

„Nämlich...?"

„Es ist nicht so leicht ..."

„Du wirst dich schon trauen müssen, sonst kann ich ja nicht antworten."

Sid drehte den Kopf zur Seite, wie er es am Schlagzeug auch immer machte, wenn höchste Konzentration angesagt war.

„Kann ich mit deiner Verschwiegenheit rechnen?"

„War das jetzt die Frage?"

„Trottel, ich hab noch eine dritte ... Du hast doch ziemlich viel Erfahrung mit Frauen, da wollte ich dich fragen ..."

„Das kann man wohl sagen, mein Junge!" Ob sich der 30-jährige Sid mit dieser Bezeichnung wohl angesprochen fühlte? „Mein Gott, was haben's wir getrieben früher! Beim Schifahren bis zu fünf Frauen am Tag. Die Holländerinnen und die Deutschen haben gar nicht genug bekommen können von uns alpinen Hengsten. Keine Jahreszeit, kein Ort war vor uns sicher: Umkleidekabinen, Saunen, Fahrstühle, Flugzeuge, Rolltreppen, Autowaschanlagen ... Das waren Zeiten! Wenn die Reinigungswalzen gegen die Außenspiegel scheppern und du es in drei Minuten mit einem <u>anlassigen</u> Tiger treibst ..."

„Bitte keine Details! Du weißt, dass ich in dieser Hinsicht genug weiß. Ich wollte dich nur um deine Einschätzung bitten."

„Du kannst kein echter Stadlinger sein, wenn du in dieser Sache Rat brauchst."

„Dann eben nicht. Schlaf weiter, alter Mann!"
„Jetzt sei nicht gleich beleidigt! Sprich. Ich hör dir zu und schweige wie ein Grab. Von mir erfährt niemand nix."
„Die Marie ..."
„Die Marie? Das Flügelhorn! Das heilige Gebläse?"
„Jetzt schrei doch nicht so!"
„Ist schon gut. Was ist mit ihr?"
„Wie soll ich sagen ... Sie gefällt mir. Aber sie merkt einfach nichts davon. Ich halte ihr die Tür auf. Ich höre ihr zu. Ich nehme sie ernst. Sie lächelt mir zu. Glaubst du, sie steht auf mich?"
„Was erwartest du von mir? Dass ich sage, wenn sie dir zulächelt, ist sie verliebt in dich? Dass ich sage, du kannst ihr locker aufs Knie greifen, weil sich ein Bursche wie du alles erlauben kann? So wie Trump. Du schaust gut aus, du hast eine großartige Punkband, du kannst dich benehmen, du bist Sid Vicious. Trotzdem kann man sich in der Welt nicht einfach bedienen wie beim kalten Buffet. Ich schlage vor: Du trinkst einen Schluck, damit du dich was traust, und sagst ihr, was du von ihr hältst. Und wie's in dir ausschaut."
„Aber ..."
„Was hältst du davon?"
„Ich kann mir nicht vorstellen, dass man mit dieser Ehrlichkeit fünf Frauen am Tag ins Bett kriegt."
„Natürlich nicht, Schlaumeier! Das ist ganz etwas anderes. Wenn du das haben willst, dann braucht es eine andere Strategie: brutale Direktheit, emotionslose Zielorientiertheit, Einverständnis zwischen zwei oberflächlichen Triebverwertern, die Geilheit eines Stiers ... Das ist nicht dein Revier!"

„Ok, also danke. Ich werd's mir überlegen. Schlaf weiter!" Sid, der Schlagzeuger der „Saxbomb", hantelte sich wieder zurück in die letzte Sitzreihe des Busses. Natürlich vergaß er nicht, Marie im Vorbeigehen einen freundlichen Blick zuzuwerfen. Sie lächelte zurück.

„Und diese Generation soll mal unsere Pensionen zahlen?", dachte Karl im Wegdösen. „Leute, die mit den einfachsten Dingen im Leben nicht klarkommen? Die sich als Jungfrauen mit 30 keine Frau anzusprechen trauen? Die für alles und jedes eine Schablone, einen Algorithmus brauchen, weil sie sonst nicht wissen, was zu tun ist?"

„Sid, sag mal einen Satz, den ein Computer nicht rausbringen würde!", schrie Peter, das Kornett, aus einer der hinteren Reihen, als Sid auf seinen Platz zusteuerte.

„Grüne Ideen schlafen furios", antwortete Sid.

„Das überzeugt mich als Lehrer nicht. Solche Sätze produzieren meine besseren Schüler am laufenden Band: grammatikalisch korrekt, aber sinnlos. Könnte ein Computer sicher auch. Was denkt ihr?", fragte Peter in die Runde.

„Lass uns in Ruhe! Und Sid!", antwortete Vroni, die Posaune. Vroni, die prototypische Posaune. Mehr Posaune als Vroni ging gar nicht.

Vronis Befehl interessierte Peter eher wenig: „Sid, nun mach schon, du Roboter! Wer das Schlagzeug wie eine Präzisionsmaschine bedient, muss ein Roboter sein. Ich werd den Verdacht nicht los bei dir. Überzeug mich, sag was Menschliches!"

„Idiot!"

„Überzeugt mich nicht!"

2 Buchinger

Als Chefinspektor Buchinger erwachte, war alles wie immer. Nichts war in Ordnung, so war es immer, das war der Normalzustand. Die Uhr zeigte 13:33, prinzipiell eine schöne, fast schon symmetrische Zahlenkombination. Er dachte, diese vier Zahlen könne man in keine Gleichung einbauen, doch dann ging es plötzlich doch irgendwie: $1 = 3^{(3-3)}$. Dennoch: Ein übler Beigeschmack blieb. Er musste ganz einfach bleiben, wenn man zu einer Zeit schlief, in der die ganze Welt tätig war. Das setzte sich im Gemüt fest wie Knoblauchgeschmack am Gaumen. Andererseits: Wenn Kriminalbeamte kurz vor ihrer Pensionierung keinen Mittagsschlaf halten durften – wer dann?

Bellucci rauschte ins Zimmer, fegte mit Energie die trüben Gedanken weg, die dem Erwachen am helllichten Tag folgten. Diese Gedanken waren es, die ihn am liebsten wieder in den Kokon kriechen lassen hätten, in den er auf der Flucht vor der Welt gekrochen war. Warum aufstehen? Gab es etwas Sinnloseres als dieses ewige Hin und Her zwischen Aufstehen und Niederlegen, zwischen An- und Ausziehen? „Was soll ich anziehen? Mein Gott, was soll ich anziehen? Bitte steh auf, wir kommen sonst zu spät!"

„Wär eh super!", hätte er gerne gesagt. „Ich will eh nicht hin." Aber dafür hätte es mehr Courage bedurft, als ihm je zur Verfügung gestanden war. Fundamentaler konnte sich der Unterschied zwischen den Geschlechtern nicht äußern als in Belluccis Frage. „Was soll ich anziehen?" interessiert Männer nicht. Eher: „Was darf ich dir ausziehen?" Bellucci konnte vor ihrem prall gefüllten Kleiderschrank verzweifeln, weil sie nichts Passendes fand. Buchinger hatte mit seinem Sortiment identischer Shirts und Hosen bis an sein Lebensende genug und hoffte, nie wieder einkaufen gehen zu müssen.

„Der Bus geht um halb vier."

Da halfen selbst die Jahrzehnte bei der Kriminalpolizei nicht, nicht die Finten, die er in seiner Ausbildung und dann vor allem von den zahlreichen Kriminellen, deren Wege seine gekreuzt hatten, kennenlernen durfte. Sich einen Zehennagel zu ziehen, um Bellucci zum Dableiben zu überreden, wäre wohl das Geringste gewesen. Aber wie hätte er einen gezogenen Zehennagel nach dem Mittagsschlaf erklären sollen. Oder gleich eine Zehe abhacken? Eine Aktion wie diese hätte den Erklärungsbedarf wohl nicht wirklich reduziert. Einen Anruf vom Präsidium vortäuschen, also einen Anruf seiner Chefin Oberst Stottan, wie sie ihn zum Verhör eines langhaarigen Zigarettenautomatenknackers beorderte? Denn Schlimmeres als ein aufgebrochener Zigarettenautomat oder eine zu laute Schülerdemonstration gegen die Zwangskastrierung der Zwerghasen im Welser Kleintierzoo passierte in dieser vom Glück unendlicher Ruhe heimgesuchten Kleinstadt nicht. Zolldelikte ausgenommen. Wels, eine verschlafene oberösterreichische Kleinstadt, hielt unangefochten den mitteleuropäischen Rekord hinsichtlich der Dichte von Bettgeschäften im Zentrum, mit Bettwäsche, Matratzen, Polstern, einschläfernden Schaufenstern und kreislaufberuhigenden Schlaftees – ja, diesen Rekord gab es wirklich, und wenn nicht, dann müsste man einen derartigen Bewerb erfinden. In Wels also war nur alle paar Jahre mal etwas so aufregend, dass der Chefinspektor wirklich unabkömmlich schien. Nicht einmal richtige Verbrechen brachte man hier zustande! Rülpser rechter Rabauken gehören in Österreich ja traditionell nicht dazu. Bellucci hätte ihm einen unaufschiebbaren

Dienstauftrag Stottans, mit hysterischem Tonfall, Schnappatmung und ruckelndem Kopf vorgetragen, nie abgekauft. Blieb also eigentlich nur mehr die abgehackte Zehe, wenn er nicht ein bekennender Feigling gewesen wäre. Und verliebt in seine Zehen wäre. Oder einfach wehleidig. Er musste also zum Bus. Und der ging um halb vier.

Buchinger hatte das Glück, bereits seit Jahrzehnten Menschenfeind zu sein, das ersparte ihm eine gröbere Umstellung auf eine angemessene Einstellung. Wäre es anders gewesen, das Warten auf den Bus hätte ihn garantiert zu einem Menschenfeind gemacht.

Er ging schon lange in keinen Zoo mehr: Das Biotop zu beobachten, in dem sich Menschen lächerlich machen, ist ihm Unterhaltung genug. Mit garantierter Sicherheit tun sie alles, was das Programm ihnen vorschreibt. Gleichzeitig werfen sie sich in die Brust und bestätigen einander, dass sie freie Menschen mit einem autonomen, nicht den Naturgesetzen unterliegenden Bewusstsein sind. Es ist zum Lachen. Flirtende Frauen neigen leicht den Kopf und blicken die Paviane ihrer Wahl von schräg unten an. Sie finden Kleinigkeiten aller Art lieb, sie bemuttern von klein auf alles und jeden. Männer straffen die Schultern, beim Orgasmus kneifen sie die Arschbacken zusammen, sie fühlen sich an Montagen dann großartig, wenn ihre Fußballmannschaft tags zuvor gewonnen hat. Sie machen ernste Gesichter, wenn sie einander begegnen, denn ein Lächeln bedeutet Schwäche in ihrer Welt. Wenn sie sich über einen anderen Menschen ärgern, ist dieser Ärger sofort verflogen, wenn der andere Mensch mandelförmige Augen hat, prägnante Wangenknochen und die Figur eines Models. Und beide, Männer und Frauen, glauben einen individuellen

Geschmack zu haben und wundern sich beim Betrachten alter Fotos, wie sehr der Zeitgeist sie beständig formte und formt. Aber von der Illusion des individuellen Geschmacks weichen sie dennoch nicht ab, mag die Beweislage noch so erdrückend sein! Da schaukelt sie eine Mischung aus Hormonen, Naturnotwendigkeiten, neuronaler Unzulänglichkeit und auch Schicksal durch ihre erbärmlichen Leben und sie glauben unbeirrbar, dass sie diese Gewalt beherrschen. Männer verspüren einen Schmerz, wenn ein kleineres Auto sie überholt, Frauen können gar nicht anders, sie müssen Kinder einfach anlächeln. Beide Geschlechter wechseln in Diskussionen sofort die Seite und streifen ihre Überzeugung ab wie einen Mantel, wenn ein ihnen unsympathischer Mensch dieselbe Meinung vertritt wie sie. Ganz egal, wie dumm die Leute sind, sie halten sich trotzdem für unschlagbar intelligent. Die Liste an Beispielen ließe sich beliebig fortsetzen – das wäre aber langweilig. Und diese Langeweile ist auch ein fundamentaler Mangel im psychischen Gerüst des Menschen – sie ist die Ursache für Blödheiten und Grobheiten aller Art, Kriege, Gewalt gegen Schwächere, sekkante Praktiken im Unterricht, Misshandlung der Natur.

Die Geschichte von dem alten Griechen Myson fiel ihm ein, der gefragt worden war, warum er, am Strand spazierend, gelacht habe, obwohl er doch ganz allein gewesen sei. „Eben deshalb!", soll er geantwortet haben. Wie viel Zeit seines Lebens verbrachte man eigentlich mit Dingen, die einem überhaupt nichts bedeuteten? Er dachte da nicht ans Parkplatz Suchen oder ans Einkaufen, sondern eher an nicht notwendige Verbeugungen vor gesellschaftlichen Zwängen wie: höflich lächeln, die Tanzschule besuchen, mit Leuten essen, die einen nicht interessierten, sich nach dem Befinden der ärgsten Ungustln erkundigen, ein gutes neues Jahr wünschen anstatt der ehrlich gemeinten Pestbeulen an den Hals, „Danke, gut!" antworten anstatt einem ehrlichen „Ich möchte mich am liebsten töten", sich ordentlich anziehen, im Extremfall mit Krawatte, sich von Höhergestellten belehren lassen müssen, die eben erst kapiert haben, was man schon seit 20 Jahren weiß, inferiore Leistungen loben („gut gemacht!"), überhaupt: lügen, lügen, lügen. Im Bus werde ich eine Liste der meistgehassten Zeitfresser erstellen, dachte Buchinger. Er liebte diese Einordnung der Dinge in Listen, die Klarheit und Ordnung schufen in einer Welt, die ins Chaos taumelte. Kaum ein Tag, an dem er keine erstellte. Etwa die Liste der drei Versuche mit den größten Erfolgsaussichten, sich durch die Hand anderer ums Leben zu bringen: Erstens. Sich in Schladming über das nervtötende Geräusch der Schneekanonen aufregen, das die Menschen im Ennstal und auf der Ramsauer Hochebene zwar um den Schlaf bringt oder ihnen die Ungewissheit einimpft, ob die Dauerbeschallung nicht vielleicht doch aus dem Innenohr stammt, aber die Existenzgrundlage für Tausende produziert. Zweitens. In einer Gemeinderatssitzung eines beliebigen Orts in Österreich sich für ein Haustierverbot aussprechen, weil die Viecher außer verschissenen Gehsteigen und Lärmbelästigung nichts für das Gemeinwohl beisteuern. Drittens. Als Reaktion auf die grassierende Personalknappheit fordern, dass Türken Alpenvereinshütten betreiben dürfen, Kebap und morgendliche Muezzinrufe inklusive. AutofahrerInnen, die nicht blinken oder mit einem L-Taferl durch die Stadt cruisen, obwohl kein Führerscheinaspirant im Wagen sitzt, mit allen Mitteln des Rechtsstaats zu verfolgen - dieser Vorschlag hat es leider nicht in die Liste geschafft. Seiner misanthropischen

Grundhaltung zum Trotz erstellte er jedoch auch Listen mit erfreulicherem Inhalt: die fünf schönsten Schauspielerinnen der Filmgeschichte, zehn Pizzanamen, auf die die Welt gewartet hat, die zehn schönsten Reime auf das Wort ‚Kaminbesteck'.

„Na, wenn das nicht unser Maigret ist? Oder ist Sherlock treffender?" Buchinger *versuchte bescheiden dreinzublicken, was ihm gründlich misslang.* Ein distinguierter Fettsack riss Buchinger aus seinen düsteren Überlegungen. Ein Hofrat, wie er wohl zu jeder Kleinstadt gehörte, mit leicht nasaler Aussprache und nicht nur angedeuteter Überheblichkeit. Nicht gerade dazu angetan, Buchinger auf die helle Seite des Universums zu ziehen.

„Alles im grünen Bereich, Dozent?", antwortete Buchinger fast schon humorvoll. Von „Dozent" konnte bei einem Verwaltungsbeamten in der Tintenburg kaum die Rede sein. Zumindest hatte er das Gesicht gewahrt. Denn darin bestand das Kunststück: mit jovialer Unverbindlichkeit die anderen nicht spüren zu lassen, wie wenig man an ihnen interessiert war.

Man wartete auf dem riesigen Parkplatz im Messegelände auf die Abfahrt. Wer hatte sich nicht aller eingefunden! Alles, was Rang und Namen hatte in der Kleinstadt, war gekommen. Und dass man ihre Namen kannte oder zumindest ihre Gesichter, machte das Kleinstädtische aus. Wie sehr Buchinger sich die Anonymität des Gehsteigs wünschte, wie sie nur in Städten, in wirklichen Städten existierte! In Wien etwa, dem Ziel ihrer Reise. Aber wenn Buchinger das richtig einschätzte, dann erwartete sie dort alles andere als ein beglückendes Eintauchen in die Namenlosigkeit. Ganz im Gegenteil: Der Ball der Oberösterreicher wurde heuer von den Bezirken Wels-Stadt und Wels-Land bestritten, man musste davon ausgehen, dort auf Schritt und Tritt Menschen zu begegnen, die man kannte. Oder, noch schlimmer: die einen kannten und von denen man nicht die geringste Ahnung hatte, wer sie waren. Einen Vorteil fand selbst Buchinger an dieser Situation: Die Wahrscheinlichkeit, dass einer der üblichen Delinquenten im selben Bus sitzen würde, hielt sich in überschaubaren Grenzen. Eher würden Steuerhinterzieher, protegierte Rundumversager in bequemen beamteten Führungspositionen und systemkonforme Betrüger mit einer Neigung zur Doppelmoral im Bus sitzen als Gewalttäter, Kleinkriminelle und kurzfristig fehlgeleitete Jugendliche. Die oberen Zehntausend sozusagen. Fräulein von Zahnd etwa: „Herr Doktor!", ihr Parfum raubte ihm den Atem. „Auf Verbrecherjagd am Ball der Oberösterreicher?" Sehr originell. Wurden eigentlich nur Kriminalinspektoren ständig und ausschließlich auf ihren Beruf angesprochen? Wie peinlich musste das erst bei Urologen und Lehrern sein! Wurden Erstere auch immer auf die Prostata angesprochen und Letztere auf die Rechtschreibfehler der Kleinen? Buchinger zwang sich dazu, von seiner Abschweifung zurückzukehren zu Fräulein von Zahnd, der 80-jährigen Kommerzialratswitwe mit nie versiegender Lust am Smalltalk. Allerdings: Was sollte einem Urologen oder Lehrer peinlich sein? Arbeit kann kein Grund für Scham sein, nicht würdelos. Die Frau, die bei einer Großveranstaltung die Pissoirs betreut, der Müllmann, der Kindergärtner: Sie alle erfüllen eine gesellschaftliche Funktion, für die man sich nicht zu verstecken brauchte. Prostituierte? Raubte man ihnen die Würde, indem man sie ihrer Arbeit nachgehen ließ? Und Zwerge, die sich am Urfahraner Jahrmarkt werfen ließen wie Medizinbälle, zum Gaudium der angesoffenen Halbstarken oder vertrottelten Manager, die vor lauter Dekadenz nicht mehr wussten, wie sie sich zerstreuen konnten oder mit ihrer sinnlos gewordenen Zeit umgehen? Darüber musste er ein andermal nachdenken. Nun: Fräulein von Zahnd, Gott allein wusste, warum sie Fräulein genannt wurde. Noch dazu in Zeiten, in denen der Begriff Fräulein seine Wertneutralität zu verlieren begann. Vielleicht, weil ihr verstorbener Mann beinahe eine Generation älter war als sie und schon vor Ewigkeiten verstorben war, sodass jedermann sie nur als alleinstehende Frau kannte?

„Ich fahre ja jedes Jahr zum Ball, immer ein großartiges Erlebnis. Großartig! Der Landeshauptmann, der Wiener Charme, die Choreografie, die Trachten!" Das hatte er inzwischen glücklich vergessen: die Tracht! Danke, mein Fräulein, dass Sie Buchinger an diesen Stachel im Fleisch erinnerten!

Und der Wiener Charme: ein Treppenwitz der Geschichte, der sich hartnäckig hielt. Nach Wien fuhr man nicht einfach so wie nach Grieskirchen oder Murau, es sei denn, man war ein Fan österreichischer Privatbrauereien. Nach Wien fuhr man mit hochgeschraubten Erwartungen, mit pochendem Herzen und einer dünnen Haut, die einen empfänglich machte für die Geheimnisse einer großen Stadt mit einer atemberaubenden Geschichte, die einen an jedem Eck ansprang. Was erwartete die Wienreisenden nicht alles! Die Philharmoniker, Cafés, der fremde Tonfall eines ausgeprägten Sprachgemischs mit jiddischen Elementen und einer Portion Schmäh, wichtige Menschen, die sich in Ministerien die Türschnalle in die Hand gaben, finstere mittelalterliche Gassen, der dritte Mann, Peter Alexander, Mozart und der Nino aus Wien, Sissi in einer Pferdekutsche mit sechs vorgespannten edlen Lipizzanern, die Beschaulichkeit der langsam fließenden blauen Donau und die Identität einer ehemaligen Weltstadt, die sich nie veränderte, wenn man Heimito von Doderer glauben wollte (sollte man eher nicht!), die sozialistische Hochburg des Roten Wiens, international angesehene Museen und die prachtvollen Stadthäuser der Gründerzeit, eine ehrwürdige Alma Mater, die weinerlich-schwermütige Stimmung des Wienerlieds in einem der Heurigenlokale, eine charmante Faszination für das Sterben und den Tod, Spaziergänge durch menschenleere Bezirke mit so klingenden Namen wie Mariahilf, Favoriten oder Wieden. Es kam schon mal vor, dass erwartungsvolle Wientouristen in diese Stadt reisten und Folgendes vorfanden: Pferdescheiße auf den Straßen, ein Sprachamalgam, das gerade noch als Deutsch erkennbar war, eine Geschichte, die großzügig vergesslich mit der eigenen nationalsozialistischen Vergangenheit umging, von Bussen in die Innenstadt gekarrte ausländische Bettler, Stau auf dem berühmten Gürtel und auf 20 weiteren wichtigen Straßen, tiefergelegte alte Autos mit laut wummernden Boxen, eine Innenstadt, die allen anderen in Europa aufs Haar glich mit Filialen der immer gleichen großen Ketten. Wurde dieses Phänomen Paris-Syndrom genannt? Dass die Realität bedeutungsschwangerer Orte mit den Bildbearbeitungsprogrammen der Onlineauftritte nicht mithalten konnte und die Differenz zwischen Erwartung und Wirklichkeit so schmerzlich empfunden wurde, dass so manche oder mancher therapeutische Hilfe annehmen musste. Er sollte das im Bus recherchieren, da würde er hoffentlich Zeit genug haben.

„Und immer mit Josefine! Nicht wahr, Josefine?" Hinter dem aufgetürmten Haar des Fräuleins tauchte eine etwa gleich alte Frau auf, Buchinger kannte sie vom Sehen. Man kennt ja jeden Menschen hier in Wels vom Sehen. Die Dame lächelte ihn an und Buchinger revidierte augenblicklich sein hartes Urteil über die

Menschen aus der Kleinstadt: Wie schön, wenn sich alte Menschen aufrafften, etwas anderes zu tun, als vor dem Fernseher zu dösen! Wie sympathisch, wenn sie gemeinsam etwas unternahmen und versuchten, dem Alltag etwas Festliches abzutrotzen. „Für mich ist es das erste Mal!" Das war nicht gelogen. Aus Buchinger könnte noch ein richtig gesellschaftstauglicher Mensch werden! Ein Krösus der oberflächlichen Unterhaltung! Ein Ö3-Moderator!
Wo war eigentlich Bellucci? Sie nahm ein Bad in der Menge der Wartenden, grüßte nach links und nach rechts, scherzte hier und scherzte da. Vor zwei Jahren erst war sie zu ihm nach Wels gezogen und kannte und liebte die Menschen hier bereits mehr, als es Buchinger je gelingen würde. Mit welcher Leichtigkeit sie durchs Leben tanzte! Was nützte es auch, sich der Welt gegenüber zu verhärten?
Man stieg in den Bus, nachdem man die unglaublichen Gepäckstücke verstaut hatte. Unglaublich in Relation zu der geringen Dauer des Aufenthalts. Was mochte in den riesigen Koffern verborgen sein? Für nicht einmal 24 Stunden? Kaffeemaschinen, Schiausrüstung oder Sättel für Lipizzaner? Welche Obsessionen trieb die Menschen an, mehr als frische Wäsche, eine Zahnbürste und ein Buch mitzunehmen? Was verbarg sich in den Gepäckstücken, die etwa den zwanzigfachen Umfang von Buchingers Umhängtasche einnahmen? Zerstückelte Leichen in Jausensäcken? Die Enigma? Ein Teil des Schatzes der Nibelungen? Dringend entwickeln: eine Liste der Dinge, die man auf Reisen unbedingt braucht! Und: eine Liste der am meisten unnützen Dinge auf diesem Planeten. Das wird schwierig werden: Kaffeekapseln?

Instagram? Fortbildungsseminare? Neujahrswünsche des Ministeriums? Buchinger nahm nicht nur die unterschiedlichsten Parfums und Rasierwasser wahr, als er seinen Sitzplatz suchte, sondern er hörte auch: „Jonas Kaufmann am Linzer Domplatz – das war ein Erlebnis! ... Er macht seine Sache gut, aber er wird nicht wiedergewählt werden. ... Wenn man mich fragt, aber mich fragt ja niemand! ... trinke ich nur Weißburgunder, ich vertrage sonst keinen Wein. ... Rechne doch mal in Schilling um, das ist doch unglaublich!"

Wie durchschaubar die Menschen doch sind! Sie versuchen den Anschein zu erwecken, als wären sie gänzlich uninteressiert an den anderen, doch ihr Verhalten hatte letztlich nur eines als Ziel: von ihnen wahrgenommen zu werden als Zentrum des Universums, als Besonderheit, als Bereicherung für alle. Dieses Bestreben, Resonanz hervorzurufen, konnte einen mild stimmen gegenüber der Menschheit: Es einte die Menschen, es machte sie vergleichbar und liebenswert in ihrem Aufbäumen gegen die Einsamkeit und Austauschbarkeit.

Buchinger versenkte sich in seinen antiquarischen Doppelband von Agatha Christies „Mord im Orient-Express" und „Alibi", für den er trotz seines eher schmalen Einkommens mehrere hundert Euro hingelegt hatte. Bücher sind wie Autos oder jede andere beliebige Obsession nichts anderes als eine äußerst emotionale Form der Geldverschwendung. Verschwendung – vielleicht. Genuss – hundertprozentig ja! Ohne den Blick auf andere über Gebühr strapazieren zu wollen: Da gab es doch etliche Zeitgenossen, die ihr Geld für wesentlich verrücktere Dinge ausgaben, SUV-Schlachtschiffe mit 4,4-Liter-Motoren etwa und einer Spitzengeschwindigkeit, die man in Österreich nicht einmal annähernd fahren darf, oder Handtaschen von Louis Vuitton oder aufgespritzte Lippen und gebleichte Zähne.

Um etwa sechs Uhr abends legte er seinen Krimi auf das Nachttischchen ihres bescheidenen Hotelzimmers in unmittelbarer Nähe zum Wiener Rathaus, dem Veranstaltungsort. Das Zimmer sah aus, wie überall auf der Welt Zimmer aussehen, die nicht in den letzten zehn Jahren auf das ästhetische Niveau des Zeitgeists gehievt worden waren: kleine Deckchen, Biedermeier-Accessoires, in Gold gerahmte Landschaftsmalereien, Nachttischlampen auf verzierten Löwenfüßchen, eine leere Minibar, Gebrauchsspuren an den Holzmöbeln, üppige Vorhänge, eine Entlüftungsanlage, die zumindest akustisch Präsenz zeigte. Aber das Bewusstsein, dass man sich in Wien befand, bereicherte die Wahrnehmung eines 0815-Zimmers um das vermutete Lokalkolorit: die gemütliche Schlampigkeit der Wiener Seele, die abgründige Kinderpornografie in den Memoiren Josefine Mutzenbachers, eingetrocknete Spermaflecken auf den satten Plüschvorhängen, Reste des Charmes eines glanzvollen kaiserlichen Ambientes aus längst vergangenen Tagen, geheimnisvolle Treffpunkte internationaler Spione.

Möglicherweise unterlag auch Buchinger diesen Assoziationen, die sich ungewollt und dennoch mit unbändiger Gewalt einstellten. Jedenfalls erwachte in ihm eine nicht unbekannte Begierde nach Bellucci, dem Inbegriff von Lust und Laster, Leidenschaft und Lebensfreude. Aus Belluccis Perspektive stellte sich die Sache etwas anders dar: Buchinger erschien ihr als der Inbegriff von Beharrlichkeit, Triebhaftigkeit und Verirrung, Logik und Schwermut. So unterschiedliche Leerstellen sie beide im Leben der jeweils anderen Person ausfüllten, so sehr konnten sie sich auf eines verständigen: auf unbändige Begeisterung füreinander. Gerade als sie begannen, dieser Begeisterung körperlichen Ausdruck zu verleihen, wurden sie durch lautes Poltern in einem der umliegenden Zimmer aufgeschreckt. Allem Anschein nach ging ein Möbelstück zu Bruch, dem Schmerzensschrei nach zu urteilen auch ein Körperteil. Diese lautstarke Artikulation des Körperlichen entfachte zumindest in Buchinger einen Sturm enthusiastischen Begehrens: „In was für einem großartigen und interessanten Hotel sind wir hier gelandet?"

3 Ein schwerer Fall

„Soundcheck!" Man war kaum an Linz vorbei, als der Ruf ertönte. Wie bei einer Band, die etwas auf sich hielt, zu erwarten war, hörte niemand diesen Ruf: Alle hatten ihre Ohren verstöpselt, alle drifteten in ihrer Musikwelt knapp neben dem Alltag. Susi, die Akkordeonistin, forderte die Pause ein, sie wiederholte ihren Appell.

„Soundcheck" bedeutete in der Sprache von Saxbomb nichts anderes als „Besäufnis", genauer: eine von alkoholischen Getränken, in der Hauptsache Bier, begleitete Pause zum Zwecke der Huldigung genussreichen Lebens.

Irgendwo im Mostviertel, fernab der Autobahn, steuerte man schließlich ein Wirtshaus an, die Bandmitglieder passierten aufgefädelt wie die Beatles auf Abbey Road den Zebrastreifen: allen voran Karl, der Saxofonist, hinter ihm Markus, der speibende Kornett-Spieler, dann Sid, der schüchterne Punk, gefolgt von der Akkordeonistin Susi, hinter ihr Marie, das Flügelhorn, auch genannt „das Gebläse", Peter, der Kornett spielende Lehrer, schließlich

Vroni, die kraftvolle Posaune. Mit großen Schritten eroberte die Kultband aus Stadl-Paura das Lokal, um den Niederösterreichern zu zeigen, wo der Bartl den Most holt. Und um es nach wenigen Minuten wieder zu verlassen.

„Ich sag's euch gleich: Wenn hier nur massenmordende Tierquäler am Werk sind, dann müssen wir wieder weg!", meinte Karl. Und nahm damit das darauffolgende Geschehen vorweg. Die mit Cola- und Bierdosen gefüllte Vitrine hätte er ja noch zur Not übersehen, aber dass vor zehn Uhr kein Bier ausgeschenkt wurde, war ihm doch suspekt.

Karl zum Kellner: „Gibt es hier auch andere vegetarische Gerichte als Zuspeisen und Gemüselaibchen? Das ist ja kein Essen, das ist Noternährung!"

Kellner: „Tut mir leid, aber ich könnte …"

Karl: „Essen Sie auch kleine Kinder hier?"

Kellner: „Ich verstehe nicht."

Karl: „Klar. Wenn nur Tschechen im Service sind, dann werden nicht einmal einfachste deutsche Sätze verstanden. Ich meine: Sie haben Kalbsbraten auf der Karte, und Kälber sind Kinder von Kühen. Haben Sie gar kein Gewissen hier?"

Kellner: „Ich kann Ihnen gerne …"

Karl: „Nein, nein, Sie können mich mal! Ich esse doch nicht in einem Außenlager von Treblinka für Tiere! Wahrscheinlich haben Sie auch argentinisches Rindfleisch und Kängurusteaks auf der Karte. Oder wissen Sie, wo die Eier im Rührei herrühren?"

Die sieben von Saxbomb wurden hinauskomplimentiert. Trotz der an Schönheit kaum mehr zu überbietenden Frage Karls. Sie überquerten den Zebrastreifen wieder in Beatlesmanier, diesmal halt in umgekehrter Richtung.

„Ich hab's euch ja gesagt. Ich kann einfach nicht mit diesen Pharisäern und Massenmördern", meinte Karl.

„Durst hätte ich aber trotzdem", entgegnete Susi, für eine 22-jährige Studentin bereits ein ganz passabler Schluckspecht. Susi studierte Medizin und nicht Philosophie, was einigermaßen überraschend ist. Studierte man nämlich Philosophie und dachte man an die damit verbundenen Jobaussichten, war ein Trinkverhalten wie ihres nicht mehr allzu überraschend. Eher schon ein Beleg dafür, dass Realismus statt Phantasterei im Spiel war. Aber für Medizinerinnen? Die bekamen doch schon im Studium tolle Kreditangebote, dann verbilligte Autos und Gratisaufenthalte in den besten Hotels Österreichs, hier lohnte sich Alkoholismus also gar nicht.

Man beschloss, noch weiter hinein ins Hinterland zu fahren, nach Weistrach oder St. Peter, und einen einfachen Wirt ohne Convenience-Food und mit gut gefüllter Fritteuse und ehrlichem Bier aus ordentlichen Humpen zu suchen. Und wenn die Suche endlos dauern sollte! Dann würde man eben auf den Auftritt in Wien verzichten und sich stattdessen bis ins Morgengrauen betrinken. Man erreichte das Ziel rechtzeitig. Mehrere leicht verfrühte Schweinsbraten und Biere sorgten dafür, dass die atemberaubende Fahrt in Richtung Wien durch den Wienerwald eher verschlafen als erlebt wurde. Saxbomb begutachteten ihre Location, die Nebenbühne eines Nebensaals, Karl prüfte mit Kennermiene die Soundanlage und das Licht, dann bezog man das Quartier, das Hotel „Sumpf der Poebene" in unmittelbarer Nähe, um sich vor dem großen Gig noch ein wenig auszuruhen. „Sumpf" steht übrigens für die Hotelkette „Sicher und mondän professionell ferreisen". Offensichtlich wurde in diesem Konzern neben der nächsten Rechtschreibreform bereits die nächste Bildungsreform vorweggenommen. Dass das Wort „Poebene" nicht nur überhaupt nicht nach Wien passte, sondern lediglich der Sehnsucht der nebelgeplagten Wiener nach dem italienischen Lebensgefühl eines Deltas im Nebel entsprang und nebenbei wie „Pöbene" – was immer das heißen mochte - ausgesprochen wurde, versteht sich von selbst.

Sid hatte sich, umnebelt von aufwallenden Begierden, angetrieben von dem seinem Alter gemäßen Imperativ, endlich etwas zu tun, endlich etwas zu unternehmen, im Hotel Sumpf verirrt. Er geisterte orientierungslos, aber nicht ohne Ziel herum und suchte nach Maries Zimmer. Es war kurz vor sechs. Schließlich stand er vor ihrer Tür und verbrachte ein paar Sekunden so, als würden seine Gebeine eine Ewigkeit in der Hölle schmoren. Oder als wäre sein Programm abgestürzt und die Bildschirmanzeige kollabiert. Die Absurdität seines Tuns, also die unglückselige Gleichzeitigkeit von Notwendigkeit sowie Aussichtslosigkeit des Unterfangens steigerte sich noch an Deutlichkeit, als ihm – wie so oft – ein Spruch in den Sinn kam, der zwar passte, momentan aber nicht als wirklich nützlich bezeichnet werden konnte. Wilhelm Busch:
Transpirierend und beklommen
ist er vor die Tür gekommen,
oh, sein Herze klopft so sehr,
doch am Ende klopft auch er.
Also doch nützlich! Marie öffnete, mit nichts als einem Badetuch bekleidet, die Haare in einen Handtuch-Turban gewickelt. Sid suchte die Worte, die er sich eben noch zurechtgelegt hatte, fand aber keine. Außer ein paar gekrächzten Stotterern war da nichts.

Nicht einmal das erbärmliche Rauschen eines Computers, der sich ins Netz einwählt, irgendwann einmal in den späten Neunzigern. Marie, die zurückhaltende und wohlerzogene Marie, das Flügelhorn, brauchte aber gar keine Worte. Sie senkte den Kopf und neigte ihn leicht zur Seite. Ihr Blick sollte in seinen Erinnerungen, von denen er noch Jahre später zehrte, immer mit dem Wort „kokett" in Zusammenhang gebracht werden. Und das, obwohl „kokett" angesichts des Folgenden als glatte Untertreibung anzusehen war. Marie zog den zögernden Sid, der immer noch in den Tiefen seines Betriebssystems nach Worten suchte, mit einer raschen und kräftigen Bewegung ins Zimmer, ihr Badetuch glitt vom Körper, splitterfasernackt schloss sie die Tür mit einem gekonnten Fußtritt. Mit Erstaunen registrierte Sid, dass sein Begehren ein weibliches Pendant gefunden hatte. Immerhin war er bisher der Meinung gewesen, dass lediglich Männer sexuelle Wesen waren. Sie nahm ihren Turban ab, während Sid an seinem Hemd und schließlich seiner Hose herumnestelte. So ist das also mit dem Sex, dachte er, während er diese momentane Erfahrung mit den gespeicherten Mustern davon verglich. Eine furchtbar hektische Angelegenheit. Er riss wild an seinen Socken, mittlerweile Marie mit leidenschaftlichen Küssen bedenkend. Hüpfte auf einem Bein, weil die linke Socke besser am Fuß haftete, als die Werbung sich je zu versprechen getraut hätte, quer durch das kleine Zimmer, touchierte eine billige Spitzweg-Reproduktion in goldenem Rahmen und fiel unter lautem Getöse auf die Nachttischlampe auf verzierten Löwenfüßchen, die natürlich zerbrach. Inzwischen war er zwar nackt, konnte sich aber nicht mehr rühren, im Sturz musste er sich einen Nerv im Rücken eingeklemmt haben. So ist das also mit dem Sex, dachte er: Er verspricht sehr viel, es ist aber alles sehr schnell wieder vorbei. „Ruf bitte einen Arzt, Marie!" Er schnappte sich ein Biedermeier-Deckchen, das neben ihm auf dem Teppich gelandet war, und bedeckte sich notdürftig.

4 Bellucci

Bellucci konnte Buchinger mit einem uralten Argument, dessen Alter das der Handelnden um Jahrtausende überstieg, davon überzeugen, dass es nicht cool und elegant war, erst gegen Mitternacht am Ball zu erscheinen, sondern einfach nur fad. So schritten sie bereits um 21:00 durch das Portal des neugotischen Wiener Rathauses. Über die Feststiege gelangte man in den riesigen Festsaal, ein gigantisches Fenster eröffnete den Blick auf den Rathauspark, das Burgtheater und die Innere Stadt. Atemberaubend. Buchinger hatte mit dem festen Vorsatz, es seinem literarischen Vorbild Hercule Poirot gleichzutun und sich in der Kunst vorurteilsfreier Beobachtung zu üben, zugestimmt: genaue Beobachtung und messerscharfe Deduktion! Die junge Dame etwa, die ihre Eintrittskarten überprüfte, begegnete ihnen mit einer Freundlichkeit, die an den Biss einer Viper erinnerte. Sie traute sich selbst wohl keinen Zentimeter über den Weg. An einem der Ehrentische, dem Bellucci und Buchinger zugeteilt worden waren, hatte sich die kleine Festgesellschaft bereits versammelt: Es erwartete sie ein Bürgermeister eines Provinznests samt Ehefrau, ein Industrieller mit seinem Lebensgefährten, einem Maler, einige Goldhaubenträgerinnen und ein Zwillingspärchen von etwa 25 Jahren, das um Mitternacht seine Jonglierkünste zum Besten geben würde. Diese beiden interessierten Buchinger am meisten. Doch das Gespräch rissen andere an sich: Die Anwesenden waren allesamt vom Prunk des Rathauses derart beeindruckt, dass sie sich unter den strengen Blicken der Statuen an den Säulen durch Hyperaktivität oder Alkoholkonsum zu befreien suchten. Einzig die Frau des Bürgermeisters gehörte seinem Eindruck nach zur Sorte junger Frauen, die sich überall, wohin sie kamen, mit der größten Selbstverständlichkeit bewegten. Übrigens schien sie Buchinger zu jung zu sein für den Dorfkaiser, der sich langsam, aber mit wenig Genuss betrank. Er konnte nämlich nicht aufhören, Kaugummi zu kauen, so teuer konnte der kredenzte Wein gar nicht sein. Welch bodenlose Kulturlosigkeit! Welch beispielsloser Verfall der guten Sitten! Welch Verhöhnung des guten Geschmacks! Welch scheußliche Amerikanisierung des Provinzlebens! Von seinen von niemandem kommentierten Meinungen zum Impfen, zur Rundfunkgebühr und zur Migration ganz zu schweigen. Buchinger kannte diese Typen schon: Dissertationsthema "Immobilienentwicklung als Motiv der Behausung in der südestnischen Nationalliteratur der spätromantischen Epoche" zur Erlangung der Doktorwürde in Jus. Der Verfasser, mittlerweile Notar oder Rechtsanwalt, läuft als narzisstisch aufgeblasener Dummkopf herum und glaubt sogar die von ihm selbst erfundene Geschichte von seiner Größe. Die Selbstsicherheit, mit der er in seinem Sessel lungerte, erinnerte an die Körpersprache des schnellsten Revolverhelden des Wilden Westens, wenn er beim Pokern ein gutes Blatt in den Händen hielt. Diese Höhen der Selbstüberschätzung würde ein Polizist nie erklimmen.

Man lächelte einander beim Prosten zu, der Industrielle erzählte zwei Witze, den zweiten konnte Buchinger aber aus akustischen Gründen nicht hören. Das sollte sich noch mehrere Male wiederholen an diesem Abend, dass man, um gehört zu werden, schreien musste wie wild. Kein Wunder, dass nach einer Ballnacht herkömmlicher Art alle taub und stumm waren. Worin hierbei das Vergnügen bestehen sollte, blieb Buchinger verborgen. Es dauerte keine halbe Stunde, bis Buchinger sich eingestehen musste, dass sein Vorhaben gescheitert war. Hercule Poirots Methode war ganz einfach nur langweilig und führte zu nichts. Wenn man von der Verfestigung von Vorurteilen absah. Bellucci war schnell verschwunden, immer auf der Suche nach der bestmöglichen Unterhaltung. Nachdem Buchinger sie zufällig bei einer der Sektbars entdeckt hatte (sollten das auf einem Ball der Oberösterreicher nicht Mostbars sein, wenn man konsequent bleiben wollte?), riskierte er einen Tanz mit ihr. Das Risiko war eher auf ihrer Seite als auf seiner. Den ersten Schritt begann er mit dem falschen Fuß, damit verletzte er sie nicht unerheblich an der großen Zehe. Dann dachten beide über beherrschbare Figuren nach. Es fiel ihnen nichts ein, deshalb wiederholten sie den Grundschritt bis zum Erbrechen. Zumindest deutete ihr Tanzlehrer aus Wels im Vorbeirauschen dieses Erbrechen gestisch an. Buchinger hätte nichts zu entgegnen gewusst, wenn er den Mut gehabt hätte zu antworten. Der Einfachheit halber beschloss er, fortan den Rhythmus zu ignorieren bzw. einfach den ihm genehmen Dreivierteltakt über die Musik zu legen. Der kaum überhörbaren Kritik Belluccis konterte er mit konsequent nach rechts geneigtem Kopf. Der zum zweiten Male vorbeirauschende Tanzlehrer deutete diesmal kein Erbrechen mehr an, sondern gab mit auf die Schläfe gerichtetem Fingerrevolver so etwas wie eine Empfehlung in Richtung Buchinger ab.

Gab es irgendetwas Peinlicheres als tanzende Männer? Das Tanzparkett: ein Ort, wo sich die Leidenschaft der Frauen mit der

Nachgiebigkeit der Männer trifft. Während Erstere allem Anschein nach mit einem unerforschten Tanzgen zur Welt gekommen waren und schon bei den ersten Takten rhythmischer Musik die Hüften schwangen, plagten sich Letzere lediglich wegen des nach dem Tanzen erhofften Hüftschwungs in die Arena ihres Unvermögens. Beim Samba gingen endgültig die Lichter aus: Man musste Brasilianer sein, um sich nicht vollständig der Lächerlichkeit preiszugeben. Da die meisten Männer keine Brasilianer sind und waren, blieb die Hoffnung auf Bewegungen jenseits der Peinlichkeit nur eines: vergeblich. Der überlegene Blick der wenigen Fanatiker, die sich den Unterschied zwischen Ferse und Ballen merken konnten, die ständig breit lächelten und mit diesem Lächeln ihre Verachtung gegenüber den humpelnden Troglodyten in den Tanzsälen zum Ausdruck brachten, nervte ihn am allermeisten. Er hatte wahrlich anderes und Wichtigeres zu tun, als mit Lebensfreude simulierender Siegerfresse viermal bis acht zu zählen. Der Grat zwischen stümperhaftem Getrampel und geckenhaftem Gehopse war also denkbar schmal. Die Chancen, sich lächerlich zu machen, waren im Gegenzug dafür umso größer. Warum er sich trotzdem die wöchentliche Tortur mit Bellucci in der Tanzschule antat? Die Antwort ist ebenso naheliegend wie wenig schmeichelhaft für Buchinger sowie die gesamte Männerwelt. Der gekonnte Tanzschritt mit gestrecktem Knie und elegantem Lockstep und kokettem Achter in den Hüften ist der erste Schritt in die Arme der begehrten Frau, mehr noch: der erste Schritt ins Reich geöffneter Schenkel. Man musste die Sache pragmatisch sehen: Es gibt wohl kaum eine bessere Methode als den Tanz, in dieses Reich zu gelangen. Da konnten die Männer noch so falsch und außerhalb des Taktes mit ganzer Sohle herumstapfen wie mit schweren Skischuhen! Diese Überlegung war nicht nur für die Männer wenig schmeichelhaft, auch die Frauen kamen mit dem vorhersehbaren und nicht gerade elaborierten Blick aufs andere Geschlecht nicht allzu gut weg: Immerhin demaskierte dieser Gedanke alles gesellschaftliche Tun als das, was es eigentlich war, nämlich als uralten Popanz rund um Sex, einen beinharten Verteilungskampf menschlicher Geschlechtsorgane.

Ursprünglich wollte er ja erst um Mitternacht kommen, nun wollte er um Mitternacht gehen. Er hatte eigentlich schon genug von aufgeblasenen Gockeln, schlechter Musik und Tracht. Es galt nun, Bellucci zu finden und eine Ausrede für den verfrühten Aufbruch. Noch ein letzter Blick durch eines der hohen Fenster auf den Rathauspark: wunderschön! Wenn nur all die anderen Menschen nicht da wären! Gesprächsfetzen, eine Mischung aus Schweiß und Parfum, sogenannte Volksmusik, eine Armee aus Loden. „Selbst Eunuch, der Hodenlose, trägt heut gern die Lodenhose." Limerick oder Schüttelreim? Er musste das später noch recherchieren. Und auch, aus welchen Untiefen seines Gedächtnisses dieser blöde Spruch aufgetaucht war. Sich zu betrinken wäre eine Möglichkeit, die Realität erträglicher zu gestalten. Doch das hätte gewissermaßen eine Verbrüderung mit den abgelehnten Umständen bedeutet, da in diesen Sälen kaum jemand nicht betrunken war. Und diese Anbiederung, diese Einverleibung durch die Umstände verbot sich von selbst.

Bellucci hielt sich in einem der Nebensäle auf: Hier spielte eine Stadlinger Band mit dem originellen Namen „Saxbomb". Die Mischung aus Landler und Punkmusik hob sich wohltuend vom sonst vorherrschenden Klangteppich ab. Buchinger entdeckte seine Frau in heftige Diskussionen verstrickt – man stritt offenbar über die Frage, ob Dirndln und Lederhosen Ausdruck von Echtheit und Tradition waren oder ein falsches Statement falscher Menschen zur falschen Zeit. Die Debatte interessierte Buchinger nicht, außerdem war ihm natürlich klar, dass er, wenn er in die Diskussion mit den insgesamt vier Frauen einstiege, auf jeden Fall der Verlierer wäre. Unabhängig von seinem Standpunkt, unabhängig von seinen Argumenten. Denn: Mochten die Meinungen der Frauen noch so weit auseinanderliegen, würden sie in der Freude, einen Schuldigen zu finden, sofort den Schulterschluss gegen den Mann suchen. Es bedurfte nicht eines Berufs wie des seinen, man musste kein Kriminalinspektor sein, um zu wissen: Schuldig ist immer der Mann.

Buchinger flüsterte Bellucci ins Ohr, dass er ins Hotel gehen müsse. Er brauchte gar keine Ausrede zu erfinden, weil sie ihn erstens nämlich gut kannte und daher zweitens sowieso kein Wort geglaubt hätte. Außerdem war es ihr – drittens und schwerwiegender - egal. Dieser Umstand wiederum ließ ihn kurz zweifeln, ob er nicht doch lieber hierbleiben sollte. Aber der Zweifel währte nicht lange und er verließ knapp vor Mitternacht das prunkvolle Gebäude, das er beim Hinaustreten in die warme Frühlingsnacht zum ersten Mal so richtig genießen konnte. Fräulein von Zahnd rief ihm noch etwas nach, Buchinger tat so, als hätte er eine lustige Bemerkung vernommen, und lächelte übertrieben.

In wenigen Minuten würde er im Hotelzimmer sein, mit Agatha Christie würde er diesen Abend beschließen. Mordfälle wie jene in Christies Universum konnte sich ein österreichischer

Kriminalist am Beginn des 21. Jahrhunderts nur wünschen: Eine begrenzte Anzahl von Verdächtigen befindet sich in einem abgeschlossenen Raum, also etwa in einer Bibliothek, einem Zug, einem Kreuzschiff am Nil, einer Villa in einem Park. Die Hinweise auf einen Täter verdichten sich, befeuert durch falsche Hypothesen der „Zeugen". Schließlich kommt alles ganz anders als vermutet und mindestens eine der meist schrullig und einprägsam gezeichneten Personen entpuppt sich als Gewaltverbrecher, für den man bis zu den letzten Buchseiten beinahe etwas wie Sympathie entwickelt hatte. Nur der ermittelnde Poirot bleibt seltsam farblos und unsympathisch – Christie beschreibt lediglich sein Äußeres, auf eine Darstellung seines Charakters verzichtet sie, nicht zuletzt deshalb, weil sie ihn eigentlich nicht mag. Buchinger konnte ganz einfach nicht anders, als sich mit ihm zu identifizieren!

Wie anders sehen doch Kriminalfälle der Gegenwart und der Realität aus! Sowohl das Motiv als auch der Tötungsakt als auch die Psyche des Verbrechers sind an Primitivität nicht zu überbieten. Männer erschlagen ihre Frauen aus Eifersucht, sie erstechen ihre Rivalen aus verletzter Ehre und erschießen ihre beneideten Konkurrenten, um sich zu bereichern. Ihre Psychen sind einfachst gestrickt, ihre Pläne erstrecken sich kaum einen Tag in die Zukunft, ihre Finesse beschränkt sich darauf, ein Wertkartenhandy zu verwenden. Und bei den großen Gaunern, den wirklichen Verbrechern der Gegenwart, führte all die Aufklärungsarbeit, das Detektivische zu gar nichts: Die Schurken trieben nach der Aufklärung ihre Verbrechen weiter, in leitenden Positionen des Staates oder in großen Unternehmen. Buchinger hielt das für ein Kennzeichen der Postmoderne, dass der erfolgreiche Ermittler der vorletzten

Jahrhundertwende abgelöst wurde von einem permanent scheiternden Kriminalisten der Gegenwart.

Buchinger blätterte um: Kapitel 5 – normalerweise wurde spätestens jetzt in den Krimis Agatha Christies die Tat entdeckt. Es wurde also spannend, selbst für jemanden, der diese Romane schon zigmal gelesen hatte.

5 Der Tod

Wer jemals darüber nachgedacht hatte, musste sich über die Eigenart der Zeit wundern: Schaute man nach vorne, also in die Zukunft, schien alles möglich zu sein, der Zeitstrahl verzweigte sich zigmal, verästelte sich in eine Unzahl von Möglichkeiten. Blickte man aber zurück, also in die Vergangenheit, so glätteten sich diese Kreuzungen paradoxerweise zu einer einzigen Linie, die Zeit erschien als ein einziger, unbeirrbar fortschreitender Pfeil, ohne Abweichungen, ohne Parallelen, ohne Unsicherheiten. Darum erscheint den Menschen der Ablauf der Zeit, die persönliche wie die globale Geschichte, als Notwendigkeit. Diese Unentrinnbarkeit kann niederschmetternd sein, so als hätte man überhaupt keine Chance, dem Schicksal zu entfliehen. Trost spendet hier lediglich der Gedanke „Wer weiß, wozu das alles gut war". So wird die Unausweichlichkeit der Abfolge von Ereignissen im Nachhinein zu etwas Nützlichem umgedeutet.

Mit der Geschichte von „Saxbomb" verhielt es sich ähnlich: Was anfänglich wie ein großes Missgeschick, wie ein brutaler Einschnitt in eine normale Biografie erschien, sollte sich im Nachhinein wie eine logische Folge erweisen, die wohl auch ihren Sinn haben mochte. Für Sid eröffnete sich diese Perspektive vorerst noch nicht: Er lag mit jäh schwindender Erektion jammernd am Boden und empfand außer abgrundtiefer Scham nur eine Ahnung einer fundamentalen Niederlage. Er hatte es auch mit knapp 30 nicht geschafft, entjungfert zu werden, er hatte sich vor Marie zum Idioten gemacht und den größten Auftritt in der Geschichte von „Saxbomb" gefährdet. Marie sah die Sache ein wenig anders: Dass es nicht zum Sex gekommen war, tat ihren Gefühlen für Sid keinen Abbruch, ganz im Gegenteil. Von Machogehabe hielt sie sowieso nichts, da war ein pflegebedürftiger Liebhaber schon eher ihr Fall.

„Klar, ich rufe einen Arzt!", meinte sie, beugte sich über Sid, um ihn zu küssen, zog sich rasch etwas über und rauschte los in Richtung Rezeption, um Hilfe zu holen.

„Wie ist denn das passiert?", fragte der herbeigeeilte Hausarzt, ein Inder, während er Sid vier Injektionen verabreicht hatte.

„Ein kleiner Fehler im Skript", antwortete Sid.

„Bleiben Sie ein paar Stunden im Bett liegen, nehmen Sie eine dieser Tabletten", er reichte Marie eine kleine Schachtel, „dann sind Sie in wenigen Stunden wieder auf den Beinen."

Marie massierte ihm den Rücken, Sid erzählte von seiner Kindheit, Marie gab ihm Einblicke in ihre schlimmsten Ängste, Sid nahm sie mit auf seine Reise zu seinen Träumen, Marie erzählte von ihrer Kindheit, Sid streichelte sie am Unterarm, Marie schloss die Augen, beide lagen nebeneinander und lauschten den Atemzügen des anderen. Vorsichtig und langsam, um keinen Bandscheibenvorfall zum Leben zu erwecken, drang er in sie ein und lernte, dass es keinen schöneren Sound gab auf diesem Planeten als Maries leises, zumindest anfänglich leises Stöhnen und

Wimmern. Eine überraschende Erkenntnis im Leben eines leidenschaftlichen Musikers.

Um halb zehn abends fanden sich alle Mitglieder der Band im Rathaus ein. Die Instrumente waren an ihren Plätzen, das technische Equipment bereit. Ein letzter Soundcheck, also ein Bier im Stehen, dann ging's los. Ganz vorne hatte Sid an seinem Schlagzeug Platz genommen, hinter ihm, in leichtem Bogen, Markus, Susi und Peter. In der letzten Reihe, leicht erhöht, Marie, Karl und Vroni. Karl, das Haupt der Combo, saß also in erhabener Position und zentral. Der Einzige, der wirklich fast immer saß, war Sid, alle anderen riss es im Laufe des Abends förmlich von den Bänken, am Ende spielten alle stehend und hüpfend. Selbst Sid, den Schlagzeuger, hielt es kurz vor Schluss ihrer Perfomance nicht auf seinem Hocker: Er zerlegte bis zum Ende des Gigs sein Instrument fast vollständig, misshandelte zwischenzeitlich die Snare mit einem schlappen kahlen Gummihendl, zerbrach seine Stöcke und setzte sich auf die Bass Drum. Dass das heute höchst riskant sein musste, war allen bereits beim Soundcheck klar. Sid bewegte sich sehr vorsichtig, und wenn er sich bewegte, schien er mehr wie ein autonomer Roboter zu schweben als sonst.

Der Saal war klein, nicht nur im Vergleich mit dem Festsaal. Es war nicht schwer, ihn mit Klang zu erfüllen. Die Stadlinger waren ohnehin nicht für übertrieben zarte Auftritte bekannt, aber das Ambiente hier gab ihrem Spiel noch einen zusätzlichen akustischen Turbo. Wer den Raum betreten wollte, musste erst die Urgewalt der Blasmusik überwinden, die einem entgegenschlug. Eine kleine Hilfe bot hier eventuell die Bar am Eingang, an der Bier ausgeschenkt wurde und kleine Snacks zum Verkauf standen. Oberösterreichisch natürlich, das heißt Brote mit Bratlfett und

Zwiebeln oder mit Erdäpfelkäs und Zwiebeln oder mit kaltem Bratl und Gurkerl und Zwiebeln.

Von der bewährten Setlist wich man keinen Millimeter ab: Karl zählte ein, dann startete man schon mit einer leicht schrägen Version des Zillertaler Hochzeitsmarschs. Wer hier nicht mitschunkelte, war selbst schuld. Dann folgten instrumentelle Bearbeitungen klassisch gewordener oberösterreichischer Gstanzln. Wer etwas auf sich hielt, und die „Saxbomb" hielten etwas auf sich, wählte hierfür nicht den primitiven ¾-Takt, sondern mühte sich am 7/8-Takt ab. Der Saal füllte sich, einige Gäste wagten ein Tänzchen – bei diesen Rhythmen ein schwieriges Unterfangen. Nach zwei Stunden machte man Pause, Sid konnte sich kaum mehr bewegen, Peter brachte ihm sein Bier zum Schlagzeug.

Der Ball verlief so, wie ein Ball verlaufen musste. Überhaupt entwickelten sich die Ereignisse so, wie sie sich entwickeln mussten. Zumindest im Nachhinein wirkte alles nicht nur notwendig, sondern geradezu unausweichlich. Im Lauf der Dinge blieb kein Platz für Abweichungen oder die vorhin erwähnten Verästelungen der Zukunft: Wie auf Schienen verhielten sich die Menschen nach vorgeprägten Mustern, die keinen Millimeter Umweg oder Abkürzung erlaubten. Also war die Freundlichkeit, mit der die Menschen einander hier begegneten, in Tracht und mit zu viel Parfum und einem Dauerlächeln, nichts anderes als aufgesetzte Maskerade. Also ging ein Raunen durch die Reihen, als der Landeshauptmann mit einem E-Bike in den Festsaal strampelte, also buhlten die alleinstehenden Männer und Frauen um die Gunst möglicher Sexualpartner, also betranken sich zumindest die Männer nach der Einsicht in die Hoffnungslosigkeit ihres Unterfangens hemmungslos an irgendeiner ungemütlichen Bar in grellem Neonlicht.

Alles wie üblich: Die Musik in den einzelnen Sälen war sehr laut und nicht von jedermanns Geschmack. Der Geruch von Erfolg bei den Auftritten regionaler Berühmtheiten wurde bald von den schweißigen Ausdünstungen der Gäste überdeckt; je länger die Nacht dauerte, desto mehr entpuppte sich der edle Rahmen von Gotik und Walzer und festlicher Kleidung als Behübschung äußerst trivialer Bedürfnisse: Letztlich ging es um Zerstreuung, Geld, Sex und Berauschung.

Dieser fast versöhnlich wirkende Schleier, der sich über das vorhersehbare Tun dieser Festgäste legte, zerriss abrupt, als sich die „Saxbomb" um vier Uhr früh im Bus einfanden. Durch den Lärm, den sie selbst erzeugt hatten, an den Rand der Taubheit manövriert, schrien sich die Musiker und Musikerinnen an, eine normale Lautstärke der Stimmen wäre undenkbar gewesen. Nur Sid war noch stiller als sonst.

„Sid, bist du im Standby-Modus?", fragte Vroni.

„Nein."

„Überzeugt mich nicht!" war wieder mal Peters Antwort.

„Wo ist eigentlich Karl?", rief irgendwer in die Runde.

„Der ist erst noch in unserem Saal gesessen, das Sax in der Hand", schrie Susi, das Akkordeon.

„Ja, da hab ich ihn auch gesehen – ist aber schon eine Weile her!", schrie Markus, das Kornett.

Peter machte einen Vorschlag: „Wir holen ihn gemeinsam. Er ist halt doch schon ein alter Mann. Hat sicher zu viel getrunken und ist im Sitzen eingeschlafen."

Die Band brach auf, ihren Leader zu holen. Die Stadlinger würden ihren Saxofonisten zwar finden, doch anders, als sie sich vorgestellt hatten. Die Instrumente waren im Bus verstaut, man war guter Dinge und gut gelaunt. Sogar der in seinen Bewegungen eingeschränkte Sid machte sich mit auf den Weg.

„Da sitzt er ja immer noch!", rief Marie, als die sechs den bereits im Halbdunkel versinkenden Saal betraten. Das Instrument hielt er immer noch mit zwei Händen umklammert. „Karl, komm, es ist Zeit zu gehen!" Welch klarsichtige Worte! Sie klopfte Karl auf die Schulter, doch kein Erwachen folgte und kein blöder Spruch und kein Heben des Blicks, sondern Karl kippte seitlich um. Niemand von den Anwesenden hatte je Erfahrungen in einer vergleichbaren Situation gesammelt, doch sofort war allen klar: Der Mann war tot.

Das Erste, was in Buchingers Bewusstsein drang, war ein Klang wie das Sausen eines Damoklesschwerts über seinem Kopf, nämlich sein Diensthandy, das er leise zu schalten vergessen hatte. Als Zweites erhaschte er einen Blick auf den Wecker mit Leuchtziffern, der 06:06 zeigte. Mit dem Zahlenmaterial konnte man eine ganze Reihe langweiliger Gleichungen bilden, etwa 60 = 60 oder $6^0 = 6^0$ oder 6*0 = 6*0. Es gab auch eine spannende, weil nicht eindeutige Variante: $0^0*6 = 6$. Glaubt zwar keiner, ist aber so: Das Feld nicht entscheidbarer Sätze ist gar nicht so klein in der Mathematik. Das musste einen leidenschaftlichen Fan der Zahlentheorie wie Buchinger natürlich reizen. Aber letztlich machte sich ein Unbehagen ganz knapp unter der Wahrnehmungsschwelle breit, als Ahnung sozusagen, weil die verdoppelte Aussage „Null Sex" zu dieser frühen Stunde so gar nicht stimmte und außerdem so gar nicht in seine persönliche Prioritätenliste passen wollte.

Wie gesagt: Dies alles blieb beinahe unbemerkt, flackerte in der Welt des Wahrnehmbaren lediglich auf. Er tastete nach dem

Handy, das er auf dem Nachttischchen abgelegt hatte – wie oft hatte Bellucci ihn vor dieser Dummheit gewarnt? – und das beim Läuten bereits hörbar hüpfte. So verhält sich ein Telefon nur, wenn ein Chef anruft. In der nächsten Sekunde war Buchinger hellwach. Die Angst verscheuchte ihn aus Morpheus' Reich, das blanke Entsetzen stellte sich allerdings erst ein, als er abgehoben hatte.

„Buchinger, raus aus den Feldern!", schrie Stottan, genauer: Oberst Stottan, Chefin des Polizeikommandos Wels. In ihrer Welt war das sicher bereits der Gipfel an Empathie und Leutseligkeit. „Es ist schon nach sechs Uhr, die Arbeit ruft!" Jetzt erst wurde Buchinger klar, dass Stottan weder leutselig gelaunt war noch ironische Späße trieb. Niemand auf der Welt war weniger für Ironie geboren als Stottan. Sie meinte alles todernst.

„Stottan?"

„Klar, wer sonst würde Sie um sechs Uhr in der Früh nach einer Ballnacht anrufen?"

„Fast schon ein Liebesbeweis."

„Buchinger, sagen Sie nicht so was! Ich werde rot!" Er musste seine Hypothese über ihren Mangel an Ironiefähigkeit wohl überdenken. „Im Ernst...!"

„Das habe ich befürchtet."

„Was haben Sie befürchtet?"

„Dass Sie mich im Ernst angerufen haben."

„Eine heikle Angelegenheit..."

„Ich liebe Sie!"

„Buchinger, ich muss Sie ermahnen: Dies ist ein dienstliches Gespräch, auch wenn noch sexuelle Agenten in Ihrem Kopf herumgeistern." Er musste seine Hypothese über ihre Ironiefähigkeit wohl noch einmal überdenken. Stottan würde immer ironiebefreit leben und denken. „Allem Anschein nach ist ein Mord passiert, höchst delikate Angelegenheit, eine heikle Angelegenheit. Die Stadt Wien hat sich eingeschaltet, und ich verrate nicht zu viel, wenn ich andeute, dass der Minister für Inneres seine Finger im Spiel hat. Der langen Rede kurzes Ziel: Am Ball der Oberösterreicher ist ein Mann ermordet worden."

Stottan wartete eine Weile, vielleicht um zu testen, ob der erfahrenste Kriminalbeamte des Stadtpolizeikommandos Wels ohnmächtig würde, wenn er von einem Mord hörte. „Sie waren's ja nicht zufällig, Buchinger?" Er musste seine Hypothese über ihre Ironiefähigkeit wohl noch einmal überdenken, diese Frau hatte tatsächlich Humor.

„Gut, sollen sich die Wiener Kollegen darum kümmern, die haben ihren Kottan und den dritten Mann und Kommissar Rex und sind sowieso die Größten, die der Planet je gesehen hat."

„Sie können mir glauben: Wenn die Sache so einfach wäre, würde ich Sie nicht anrufen. Äußerste Direktion ist angesagt. Der Ruf der Stadt Wien steht auf dem Spiel. Die Stadt der Bälle, die Stadt der Musik, der Kunst allgemein, die Stadt Johann Sebastian Bachs."

„Der war nie hier."

„Buchinger, unterbrechen Sie mich nicht! Das ist ein Dienstauftrag!"

„Interessant."

„Sie ermitteln und bringen mir den Mörder oder die Mörderin. Ohne Aufsehen, ohne Öffentlichkeit, ohne Polizei."

„Wir sind doch die Polizei!"

„Ja, aber Sie kommen aus der Provinz und Sie werden sozusagen understatement ermitteln. Man fürchtet wie gesagt um den Ruf der Location, wie man modern sagt. Nichts darf nach außen dringen, Sie ermitteln im Geheimen."

„Eigentlich bin ich auf Urlaub."

„Papperlapapp! Urlaub ist was für die anderen!"

„Wie kommt man auf mich? Ich liege friedlich im Bett, quasi inkognito, niemand in Wien weiß, dass ich hier bin."

„Mein lieber Buchinger: Bürgermeister Leinsamer hat mich angerufen und interveniert, dass Sie die Ermittlungen übernehmen sollen. Er muss an Ihrem Tisch gesessen sein."

„Mon Dieu, der Prolet hat mir das eingebrockt! Der *kaut immer so ein Gummizeug, was man meines Wissens in gehobenen Kreisen nicht tut*", hätte Buchinger gern gesagt, stattdessen flüsterte er nur: „Schicken Sie mir Mayer!"

„Der sitzt schon im Auto und macht sich auf den Weg zu Ihnen."

„Aber doch nicht im Auto!! Niemand in Wien fährt mit dem Auto! Alle Autos stehen still in dieser Stadt."

„Nur ruhig, Buchinger! Ich weiß, dass Sie gern in eine klimatisierte Limousine steigen und durch die Stadt cruisen wie Brad Pitt in *Seven*. Akzeptieren Sie das bitte! Alle Infos folgen per Mail. Sie haben die Rechte eines Polizeibeamten, schleichen aber auf Samtpfoten durch diesen Fall. Wenn publik wird, dass auf Wiener Bällen gemordet wird, sind wir in der Presse morgen das Afghanistan Mitteleuropas. Ziehen Sie sich an und gehen wieder ins Rathaus. Dort empfängt Sie ein Arzt und klärt Sie auf. Noch eines: Das Opfer spielte in einer Band. Alle Mitglieder dieser Spaßtruppe sind zu verhören, sie dürfen die Stadt bis auf Weiteres nicht verlassen. In Mayers Auto sitzen zwei Beamte in Zivil, sie werden Ihnen helfen."

Es blieb zwei Sekunden lang still, Buchinger interpretierte diese Stille als Ende des Gesprächs und legte auf. Ein fataler Irrtum: Man konnte auch dann noch miteinander telefonieren, wenn man absolut nichts zu sagen hatte. Abermals meldete sich das Handy: „Alles Gute, Buchinger!" Kein Zweifel: Stottan hatte etwas Menschliches an sich.

6 Möglichkeit von Erkenntnis

Bellucci brachte ein leises „Was?" hervor, als Buchinger sie verließ, und ihr linkes Knie, glatt wie Carrara-Marmor, ragte unter der Decke heraus. Immerhin: Sie war hier, in Buchingers Bett. Er war nicht allein. Dies war wohl einer der meistgehassten Momente im Leben: einen geliebten Menschen verlassen oder, noch schlimmer, von ihm verlassen werden. Mann und Frau, Eltern und Kinder, Lebende und Sterbende. Welche anderen Momente gibt's noch? Dieser Frage musste Buchinger sich stellen, immerhin dämmerte ein letscherter Frühlingsmorgen herauf, der nach Kraft und Leidenschaft verlangte, dem man aber nichts anderes zu bieten hatte als routinemäßigen Alltag und Pflicht und Tod, das Gegenprogramm des Normalbürgers quasi. Also: welche Momente? Eine neue Liste. Erstens. Du sitzt am Klo und blickst um dich und merkst, dass kein Klopapier im Raum ist. Oder, zweitens, weniger trivial und lächerlich: Du erkennst plötzlich, nach all den Spenden und Demos und nach all dem redlichen Studium unterschiedlichster Quellen, dass du die Welt nicht retten kannst und dass all deine Anstrengungen sinnlos waren und sind. Da hilft auch nichts, dass du brav den Müll getrennt hast und zu Fuß einkaufen gingst. Drittens. Du schließt deine Augen und du erkennst mit der Wucht einer Lawine, die dich bis zum Ersticken verschüttet, dass dein Leben enden wird, ganz egal, was du tust oder was du unterlässt.

„Ich muss noch einmal ins Rathaus: ein Mordfall. Wir telefonieren." Wie oft sagte man eigentlich Dinge, die sich auf die Zukunft bezogen? Wie oft trafen diese nicht ein? Wie oft begegnete man Menschen, ohne zu wissen, dass dies die letzte Begegnung in ihren Leben sein würde? Hatte diese Überlegung überhaupt eine Bedeutung? Machte man sich nicht verrückt mit diesen Sentimentalitäten, vor allem wenn man bedachte, dass am Ende, am bitteren Ende von allem gar nichts von Bedeutung sein würde?

Buchinger zog die Tür hinter sich zu und betrat wenig später mit dem Foyer des Biedermeier-Hotels eine andere Welt, die Welt der Arbeit, die Welt derer, die jeden Morgen gemeinsam die Staus rund um Wien und Linz und Salzburg verursachten, die Welt der Menschen, die sich ihr Geld verdienen mussten, anstatt es einfach nur zu haben. Mittlerweile gab es Momente im Leben des nunmehr 63-Jährigen, in denen er sich ganz gut vorstellen konnte, nach dem Frühstück nichts vorzuhaben, in den Tag hineinzuleben und zu warten, was die Zeit für ihn bereithalten würde. Dies war so ein Moment. Von Frühstück keine Spur, noch weniger davon, dass er einfach in den Tag hineinleben konnte. Natürlich hätte er sich vorstellen können, sich noch einmal umzudrehen und die Kühle des Polsters aufzusuchen. Natürlich war er in der Lage, die Verlockungen des Carrara-Marmors zu vernehmen. Dennoch: Trotzig und leicht irritiert durch abschweifende Gedanken vor allem über die kühle Glätte des Marmors machte er sich auf den Weg zu seiner Arbeit, einfach weil irgendjemand sie erledigen musste. Grübeleien darüber machten nur unglücklich, das wusste er schon.

„Hearn'S, was machen Sie? Schlafts ihr alle so lang in der Provinz? Ich hab ihm schon untersucht, wollte nur warten, bis Sie da sind, dann geht der Karfiol hier zur Obduktion. – Guten Morgen!" Dr. Sevcic, ein klassischer Mediziner, empfing ihn mit einem Wortschwall, den andere charmant oder Wienerisch oder einfach nur überflüssig finden würden. „Klassisch" deshalb, weil diese Fanatiker nie zu schlafen schienen und eine unbändige Leidenschaft fürs Grausliche hatten: Keine noch so stinkende Körperflüssigkeit, kein noch so entstellendes Hämatom, keine Quetschung, Amputation, Ausscheidung oder fehlende Hautpartie war vor ihrer Begeisterung sicher. Dass der Akkusativ für ihn ein Dativ ist, dachte Buchinger, ist kein Beleg dafür, dass er Mediziner war, sondern schlicht und einfach dafür, dass er Wiener war. Und eben kein Provinzler, der hier einen Unterschied machte.

„Und, was haben Sie gefunden?" Buchinger sehnte sich nach seinem Freund Falkner, dem Rechtsmediziner, mit dem er schon des Öfteren den Zustand einer Leiche studiert hatte. Aber Falkner arbeitet in Salzburg, Buchinger musste mit dessen Wiener Pendant vorliebnehmen. „Guten Morgen auch."

„Der Mann litt unter Skoliose, das ist eine Verkrümmung der Wirbelsäule. Das ist prinzipiell nicht ungewöhnlich, beim vorliegenden Fall aber interessant, weil der Mann eigentlich zu alt ist für eine Korsetttherapie. Trotzdem trug er so ein Korsett, Sie sehen es hier auf diesem Tisch."

Sevcic deutete auf ein schmales Tischchen an der Wand. Hier stand ein starres Gerüst in der Form eines Torsos.

„Wahrscheinlich ist er wegen dieses Korsetts nicht umgefallen. So ein Ding kann schon einen gewissen Halt geben..."

„Ist er...?"

„Wenn Sie mich fragen wollen, ob das Korsett irgendwas mit dem Tod zu tun hat, dann kann ich ganz deutlich sagen: Nein."

Auch dies also wieder mal ein Beleg für die Tatsache, dass eine Geschichte darauf hinauslaufen kann, dass sie nicht erzählt wird. Sollte das ein allgemeines Prinzip werden hier in Wien, dann werde ich wohl noch länger in dieser Stadt bleiben müssen, dachte Buchinger.

„Der Mann war knapp unter siebzig, das steht auch im Führerschein, den ich in seiner Geldtasche gefunden habe. In der Hosentasche ein Nagelzwickerl, Schmerztabletten, ein Holzkreuz, ein Schlüsselbund und im Sakko natürlich ein Handy."

„Das möchte ich natürlich mitnehmen."

„Dacht ich mir schon, unterschreiben Sie bitte hier, dann gehört es Ihnen. – Am rechten Handgelenk eine Uhr, leichtes Übergewicht, schwache Muskulatur, kein Sportler, die verkrümmte Wirbelsäule habe ich eh schon erwähnt, wenig Haarwuchs am ganzen Körper, alterstypische Hautveränderungen, also aktinische Keratosen, Altersflecken usw. Ein schöner Mensch war das nicht."

„Gibt's in Österreich sowieso nicht", antwortete Buchinger. Er dachte an Bellucci, deren Knie wie aus Carrara-Marmor ihn vor einer knappen Stunde beinahe dazu gebracht hatten, alles hinzuschmeißen und nie wieder zu arbeiten und sich ausschließlich der nicht ganz interesselosen Betrachtung zu widmen. Dann korrigierte er sich: „Fast nicht."

„Mit Abstand am interessantesten ist aber das hier!" Mit einer abrupten Bewegung zog er das Tischtuch, das er über den Leichnam gebreitet hatte, vom Kopf weg. Buchinger kannte diese Geste schon, nicht nur aus zahlreichen Kriminalfilmen, sondern auch von seinen Kontakten mit Falkner. Ärzte lieben es, Laien mit dem Anblick von Deformationen oder Blutexzessen zu schocken. Buchinger drehte sich kurz weg, atmete hörbar aus und wandte sich dem Gesicht des Opfers zu.

„Sehn S'? Der Bursche schaut schlimm zugerichtet aus. Wie nach einer Schlägerei."

„Wenn Sie so reden, dann war's wahrscheinlich keine."

„Richtig. Alles geschwollen. Als hätte ihm eine ganze Gang eine ordentliche Abreibung verpasst. Das ist typisch für einen anaphylaktischen Schock. Das sogenannte Quincke-Ödem. Leute, die das erkennen, können S' an einem Finger abzählen! Er hat also entweder was Falsches kriegt oder zu viel oder eine Kombi aus beidem. Ich will ja nicht angeben…"

Er machte eine Pause, dramaturgischer Spezialeffekt sozusagen. Buchinger wusste schon, wie der Satz weitergehen würde. Zumindest befürchtete er, es zu wissen.

„Aber es muss sein: Bin ziemlich stolz drauf, dass ich das entdeckt hab. Tod durch eine allergische Reaktion. Der Leichnam kommt jetzt in die Rechtsmedizin, die Burschen dort werden alles andere rausfinden. Die Habseligkeiten des Mannes kommen aufs Revier und werden dann den Angehörigen übergeben. Und Sie finden den Täter, hab ich ghört."

„Wir werden sehen. Ich hab verstanden, dass der Mann an einer allergischen Reaktion gestorben ist. Muss man deshalb gleich die Polizei einschalten?"

„Na ja, es gibt da noch ein kleines Detail, nämlich einen Einstich am rechten Oberarm, wie bei einer Impfung. Leicht geschwollen, also war die Nadel vielleicht nicht ganz sauber."
"Das verstehe ich nicht: Nur weil er eine Einstichstelle am rechten Oberarm hat, muss er noch lange nicht ermordet worden sein."
"Die Nadel wurde eher hinten als vorne angesetzt, also an der Rückseite des Oberarms. Da kommt man selbst nicht so leicht hin. Außerdem genügt ein Blick auf die Hände des Toten, um zu sehen, dass er Rechtshänder war. Und, drittens: Wenn er sich die Injektion selbst verabreicht hätte, müsste man die Spritze in seiner unmittelbaren Umgebung finden."
„Sie sind leicht kein Rechtsmediziner?"
„Nein, praktischer Arzt."
„Warum ist kein Rechtsmediziner hier?"
„Hatte Nachtdienst. Ich hab ghört, dass die um diese Zeit noch schlafen. Auf Bällen muss immer mindestens ein Arzt anwesend sein. Ist normalerweise ein begehrter Job, aber ich tanze nicht. Und ich mag keine Provinzler, sorry, nix für ungut. Dann hab ich den Tod des Mannes hier festgstellt, dann bin ich angrufen worden, dass ich hier warten soll, bis die Polizei kommt. Irgendein hoches Viech, Regierung oder so."
„Gut, ich kenn mich aus. Also dann ..."
„Also dann!"
„Ich mag übrigens auch keine Wiener. Sorry. Aber erst seit heute Früh."

Im Hinausgehen begegnete er einem Mann in voller Schutzmontur wie nach einem atomaren Unfall und einem kleinen Koffer in der Rechten.

„Guten Morgen, Taklic tadellos, Tatortreinigung. Da schaut's aber eh schon sauber aus."

„Inspektor Buchinger, guten Morgen! Ja, Sie können wieder gehen, der Ermordete war sehr nett und gnädig: Er hat nichts angespritzt, ist nicht ausgelaufen oder sonst irgendwie grauslich geworden."

„Na, gut, dann setz ich mich kurz mal nieder und schreib einen Bericht fürs BKA. Gibt's hier irgendwo Kaffee? Vier Stunden Arbeitszeit werden wohl genug sein, was denken Sie?"

„Ich denke nur: Österreich! Ich denke: Östlich von Sankt Pölten beginnt der Balkan!"

Wie sehr Buchinger dieses Stadium eines Mordfalles hasste! *Vor mir liegt nun die Aufgabe, mir über die Schritte jedes Einzelnen Klarheit zu verschaffen*", sagte Buchinger zu sich selbst, unhörbar leise. In Wien muss man zwar nicht dieselbe Angst haben wie am Land bei ihm zuhause, dass man für verrückt gehalten wurde, weil man hier den Abweichungen gegenüber toleranter war und mehr Verrückte in der Öffentlichkeit unterwegs waren, aber man weiß ja nie. „*Es ist eine reine Routineangelegenheit*." Noch war alles unklar, wie im Nebel, noch wusste man nicht einmal, was die wichtigen und was die unwichtigen Fragen waren. Versuchte man einen Fall mit Fragen zu Nebensächlichkeiten zu lösen, war dies so, als wollte man mit Messern Wasser schneiden. Insofern ähneln sich die Arbeiten des Wissenschaftlers und des Kriminalisten.

Buchinger ging durch das morgendliche Wien, zu einer Tageszeit, zu der die Fußgänger noch nicht schneller waren als Autos. Er ging nicht den direkten Weg zurück zum Hotel. Das hatte er von

Doderers Strudlhofstiege gelernt, dem Stein gewordenen Denkmal des Umwegs. Und was würde näher liegen, als in Wien den Umweg zu gehen? Was war zu tun? Er brauchte einen Raum für die Verhöre. Gab es irgendetwas Interessantes an dem Fall? Ja, nämlich dass so unglaublich schnell reagiert und gehandelt wurde in Wien und in Wels. Was ärgerte ihn am meisten? Dass er gesagt hatte, dass er keine Wiener mag. Dass es einen Wiener Ungustl mit einer unerträglichen Sprache gab, war noch lange kein Grund für eine derartige Verallgemeinerung. Was würde er als Nächstes tun? Bellucci aufwecken, noch einmal der Ästhetik huldigen? Nicht ganz so kontemplativ wahrscheinlich wie bei der Betrachtung des aus Carrara-Marmor gefertigten David Michelangelos, aber sicher nicht weniger leidenschaftlich. War das heutzutage eigentlich noch politisch korrekt, eine Frau auch wegen ihrer Attraktivität und wegen ihrer sexuellen Energie, wegen der erregenden Kleidung und wegen ihrer lustvollen Hingabe zu lieben oder zumindest zu begehren? Und nicht nur ihre edle Seele zu lieben? Sie zu betrachten und schön zu finden, jedes Detail ein Objekt der Begierde? Sich an dem Anblick zu erfreuen, an dieser fast endlosen Reihe erregender Einzelheiten? Wieso eigentlich nicht? Menschen, denen ihr Höschen feucht wird, wenn sie ihren Kontostand checken, stecken wir auch nicht in die Psychiatrie, obwohl sie garantiert sozial unverträglicher sind als Genießer sexueller Freuden.

Der für Verliebte, auch Dauerverliebte wie Buchinger, typische erhöhte Phenylethylaminspiegel zeigte Wirkung. Möge Gott oder wer auch immer Bellucci dieselbe Dosis Dopamin zukommen lassen, auf ewig! Durch Geburt. Oder durch eine Nadel. Die Nadel! Verdammt! Wo ist die Nadel? Wenn man nicht davon ausgeht, dass Weidinger von einem mit einem Blasrohr abgeschossenen Giftpfeil getötet wurde, dann muss wohl eines der Bandmitglieder der Täter sein. Unter der Voraussetzung, dass niemand sonst sich dem Mann genähert hat. Das wird zu überprüfen sein. Wenn das Mordopfer mit einer Injektion vom Leben zum Tod befördert worden war, dann musste es eine dafür verwendete Nadel geben. Und es war kein Ereignis in der empirischen Welt denkbar, das sich nicht an einem bestimmten Ort zu einem bestimmten Zeitpunkt und als Folge einer wie auch immer gearteten Ursache zutrug. Also musste die verdammte Nadel irgendwo sein. Jetzt, zu diesem bestimmten Zeitpunkt. Und Mayer sollte sie finden!

7 Veronika Berndorfer, Posaune

In einem kleinen Seminarraum im obersten Stockwerk des Hotels starrte sie eine kleine Digitalkamera auf einem Stativ etwa in Augenhöhe an. Mayer hatte dieses Equipment mitgebracht, sein privates übrigens. Das machte der Staat nämlich gerne, auf die Ressourcen seiner Vasallen zurückgreifen. Buchinger liebte es, bei Verhören eine Kamera aufzustellen. Es wäre ihm nie im Leben eingefallen, sie auch einzuschalten - niemand hatte im Dienstalltag je Zeit, sich in diese Unmengen an Daten zu vertiefen! Daten, die allgemein ohnehin überbewertet wurden. Aber seine Einstellung zu diesem Thema war unerschütterlich: Menschen hatten vor technischen Geräten mehr Respekt als vor Menschen. Im Angesicht der Kamera verhielten sie sich anständig.

„Mayer, ich danke dir! Gut gemacht!"

„Gerne, Chef! Ich bin froh, wenn ich dir hier helfen darf." Der brave Mayer! Jung, immer hoch motiviert und hochanständig, auch an Tagen wie diesem mit einem schon an Unverschämtheit grenzenden frühen Beginn. „Die Langeweile in Wels ist nicht mein Ding. Ich muss aber gestehen, dass ich die Wiener nicht mag."
„Wie kommst du darauf?"
„Diese raunzenden langen Vokale! Das Überhebliche, nur weil sie in einer Stadt leben, die täglich mehr Brot wegschmeißt, als man in Graz essen kann! Jeder hier kennt angeblich irgendwen, der einen Bekannten hat, der im Ministerium aus und ein geht ... in Wirklichkeit ist alles nur heiße Luft und niemand weiß irgendwas. Alle sprechen nur durch die Nase! Die feinen Leute leben auf den Hügeln rundum und wissen nichts vom Leben der Menschen. Sie kennen die wirklich angesagten Lokale und die kürzesten Wege durch die Stadt. Sie sind stolz darauf, dass sie ihr Auto nur am Wochenende benützen, wenn sie nach Bad Aussee in ihr Häuschen fahren. Wiener verwenden so komische Wörter wie baba oder Bim oder leiwand."
„Mayer, du musst dich von deinen Vorurteilen befreien! Großstädter sind auch toleranter. Sie veranstalten nicht gleich Pogrome, wenn jemand keinen Zwerg im Vorgarten stehen hat oder einfach nur ein kleines Auto besitzt. Sie wundern sich nicht über ausgefallene Kleidung oder schräge Charaktere. Wer in Wels barfuß durch die Stadt läuft, wird vom Mob zu Tode geprügelt. Männer, die Röcke tragen, werden in der lokalen Presse geteert und gefedert durch die Kolumnen gejagt, weil traditionsbewusste Kleinstädter das noch nie gesehen haben. Und einfach nicht verstehen können. Aber ich gebe zu, dass es auch am Land, also in Wels, einen Wildwuchs an Individualität gibt: Hier darf sich jeder

anästhetische Mensch beim Häuslbauen selbst verwirklichen, mit imposanten Garagentoren, Zwergen, grau-roter Hausfarbe und Löwen bei der Garagenzufahrt. Ein bisschen mehr Weltoffenheit würde aber auch dir guttun. Wels ist nicht der Nabel der Welt."

„Ich weiß, Chef. Ich werde mich bemühen." Er redet immer noch wie ein Spruchkalender der katholischen Landjugend!

„Die beiden Männer sind auf ihren Posten? Kräftige Burschen übrigens!"

„Ja, sie bewachen den ersten Stock, wo die Bandmitglieder ihre Zimmer haben. Die einzelnen Zeugen beziehungsweise Verdächtigen werde ich persönlich holen. Mit den Wachleuten bin ich übers Handy in Kontakt."

„Gut. Also wir gehen so vor: Sobald wir Infos von der Rechtsmedizin haben, vor allem den Zeitpunkt des Todes, starten wir mit der ersten Vernehmung."

Wien ist in Österreich und Österreich ist sauber. Und wenn ein Land und seine Leute so sauber sind, dann ist es gar nicht so leicht, Beweismaterial zu finden. Oder Dreck. Der verschwindet einfach irgendwie. Auf der Suche nach der Spritze musste Mayer leider Folgendes lernen: Das Fest war kaum beendet, als die Spritzwagen auf dem Rathausplatz vorfuhren und gemeinsam mit der Müllabfuhr tabula rasa machten nach einer Nacht, die ohnehin keine Spuren von Exzessen hinterlassen hatte. Wenn man den vereinzelt in den Rathauspark gespienen Most nicht mitrechnete. Mit anderen Worten: Als der Befehl kam, den Müll nach einer Einwegspritze zu durchsuchen, war dieser längst auf dem Weg in eine der Müllverbrennungsanlagen. 265 Fahrzeuge bringen ihn täglich dorthin. Immerhin verursachen Wiens Bewohner statistisch gesehen mindestens dreimal so viel Restmüll wie die VorarlbergerInnen. In diesen Bergen wühlen zu müssen, das war eine Arbeit, die nur Polizistenhasser den Beamten vulgo Bullenschweinen vergönnten. Der Erfolg dieser Aktion wäre mit Sicherheit höchst begrenzt gewesen. Die Suchaktion nach der Injektionsnadel war deshalb bereits lange vor ihrem Beginn beendet.

Um elf Uhr vormittags war es so weit. Die Rechtsmedizin hatte sich gemeldet, der Todeszeitpunkt wurde mit zwischen 2 Uhr und 4 Uhr angegeben, was, genau betrachtet, kein Todeszeitpunkt mehr war. Unter einem Punkt versteht die Mathematik eine ausdehnungslose Strecke, dachte Buchinger, also ist das Gerede vom Todeszeitpunkt in einem Zeitraum von zwei Stunden blanker Unsinn.

„Mayer, wir starten! Bring mir bitte irgendeine der Personen!"

Mayer hatte inzwischen bereits allen Beteiligten einen Besuch abgestattet und sie über die wichtigsten Dinge informiert, nämlich dass ein Mordfall vorliege und dass sich alle für Verhöre – man nannte sie neuerdings Informationsgespräche, um niemanden zu beunruhigen – bereithalten müssten. Die Handys und eventuell mitgebrachte Laptops wären abzugeben, man solle auf den Zimmern bleiben, dürfe nicht gemeinsam essen gehen. Zwei Wachebeamte würden die Einhaltung der Regeln kontrollieren. Der Staat übernehme alle Kosten. Die Ermittlungen seien bis mindestens Montagabend anberaumt, also zwei Tage. Man müsse sich keine Sorgen machen wegen eines eventuellen Verdienstentgangs oder wegen einer beruflichen Freistellung – all das werde der Staat regeln. Private Angelegenheiten, den Montag betreffend, können nach Absprache mit Inspektor Mayer natürlich auch telefonisch erledigt werden – im Beisein eines Polizisten natürlich. - Das ist Österreich! So funktioniert das hierzulande! Und wenn jemandem die Zahnpasta ausgeht oder frische Wäsche, dann wird irgendein subalterner Beamter Abhilfe schaffen und die Republik dafür blechen. In diesem Staat muss niemand irgendwas selber schultern.

Es dauerte eine gewisse Zeit, bis sich eine der Personen einfand. Zu lange, wie Buchinger fand. Gab es Probleme? Weigerten sie sich, mit der Polizei zusammenzuarbeiten? War Mayer eingeschlafen?

Schließlich betrat eine Frau mittleren Alters den Vernehmungsraum. „Frau" war als Bezeichnung für das Kraftbündel, das trotz deutlich sichtbaren Schlafmangels wie ein Mensch gewordenes Red Bull wirkte, völlig unzureichend. *Augen wie Juwelen, dunkel und gebieterisch. Sie verrieten eine innere Energie und Geisteskraft, die man sofort spürte.* Buchinger blickte kurz auf den Zettel, den ihm Mayer in die Hand gedrückt hatte. Darauf war der Name der ersten Zeugin notiert.

„Frau Berndorfer, bitte setzen Sie sich. Ich bin Inspektor Buchinger von der Kriminalpolizei Wels und habe einige Fragen an Sie."

„Karl ist ermordet worden – stimmt das? Wer kann das gemacht haben? Warum werden wir gezwungen hier zu bleiben? Und wie lange müssen wir hierbleiben? "

Das sind zu viele Fragen auf einmal, dachte Buchinger. Er sagte allerdings etwas anderes: „Das alles herauszufinden – und noch viel mehr – ist unsere Aufgabe. Wir bitten Sie um Ihre Kooperation."

„Ich wüsste nicht, wie ich Ihnen helfen kann. Ich habe nichts gesehen, weiß von nichts und bin unschuldig."

Im sympathischsten Fall ist sie mit dieser Dreifaltigkeit eine Philosophin auf der Suche, im unsympathischsten Fall eine typische Politikerin.

„Wir werden sehen. Vielleicht wissen Sie ja doch etwas, was uns weiterhelfen könnte. Zum Beispiel: Wann haben Sie Karl Weidinger das letzte Mal gesehen?"

„Als wir ihn gefunden haben. Da ist er tot auf seinem Platz gesessen, das Sax in den Händen."

„Ich meine davor. Als er noch lebte."

„Das war aber nicht das letzte Mal!"

Diese Äußerung schaffte eine gewisse Klarheit, nämlich diejenige, dass Buchinger diese Frau nicht leiden konnte. Mein Gott, war sie genau!

„Also gut: das vorletzte Mal."

„Wir waren schon fertig mit dem Spielen und haben uns im Haus umgesehen. Susi, die Akkordeonspielerin, und ich. Ich neige ja prinzipiell nicht zu Gefühlsduselei, aber das Rathaus, dieses grandiose Ambiente in einem Prachtbau mitten in Wien, das hat mir schon zugesetzt. Diese Stadt ist so anders, so aus der Welt von gestern, wenn Sie verstehen, was ich meine. Irgendwie unberechenbar, langsam vormodern. Das Gegenteil einer modernen, vernetzten Stadt. Die Bäume des Rathausparks stehen Spalier für den Blick zum Burgtheater, dem erklärten Lieblingsort von Julius. Wir haben ein paar Drinks genommen, über die Leute gelästert, die sich durch die Säle schoben: stiernackige Oberösterreicher mit einer unschlagbaren Selbstsicherheit, einem unschlagbaren Optimismus und einem unschlagbaren Humor. Geerdet ohne Ende. Fehlte nur noch, dass sie beim Reden Traktorgeräusche von sich gaben und dass an ihren Schuhen Erde klebte. Bauen

Einfamilienhäuser am Ortsrand, gehen sonntags in die Kirche, obwohl sie an nichts anderes glauben als an die einzig mögliche Partei, und haben rote Nasen. Vom Most wahrscheinlich. Die Frauen schnüren sich in zu enge Dirndlkleider, sie lachen männlicher als die Männer und verströmen einen Geruch, als würden sie in der Küche stehen."

„Was wollen Sie mir damit sagen? Dass, wenn Oberösterreicher meinen, dass alle Oberösterreicher blöd sind, sie selber blöd sind? Oder dass die Aussage auf sie selbst zutrifft und daher blöd ist und die Oberösterreicher nicht blöd sind?"

„Das ist mir jetzt zu kompliziert. Ich antworte nur auf Ihre Frage. Wir haben uns also über die Oberösterreicher lustig gemacht. Das Blöde daran ist nur, dass wir auch aus Oberösterreich sind. Also haben wir uns über uns selbst lustig gemacht. Dann sind Susi und ich wieder in den Saal gekommen, wo wir unseren Auftritt hatten. Wir haben Karl gesehen, wie er dasaß. Deshalb haben wir sofort umgedreht und uns ein Platzerl gesucht, wo wir von ihm unbeobachtet weiter lästern konnten."

„*Sie sind eine wahre Philosophin, Mademoiselle. Wie spät war es da?*"

„Ich hab nicht geschaut. Vielleicht drei?"

„Ist er da schon so dagesessen, wie Sie ihn dann später aufgefunden haben?"

„Schwer zu sagen. Wir haben ja nicht darauf geachtet. Aber ich glaube schon."

„War er alleine?"

„Nein, Sid war bei ihm, hat ihm den Arm um die Schulter gelegt. Sah sehr freundschaftlich aus. Marie kam von der Bar auf die beiden Männer zu, sie hatte irgendwelche Getränke in der Hand."

„Was für eine Beziehung hatten Sie zu Karl Weidinger? Er war der Kopf der Band, wenn ich richtig informiert wurde."

„Er hat sich zumindest dafür gehalten, ja. Unsere Beziehung war einigermaßen belastet. Sein Frauenbild ist irgendwo in den Nachkriegsjahren verwurzelt. Frauen hatten für ihn überhaupt keinen Wert. Sie mussten funktionieren, hatten stillzuhalten, in jeder Lebenslage, wenn Sie verstehen, was ich meine."

„Ich verstehe. Aber ich kann mir nicht vorstellen, dass Sie als Frau mit ihm enger zu tun hatten, Sie sind …", Buchinger blätterte in seinen Unterlagen. Um genau zu sein, müsste man sagen, er drehte sein DIN-A5-Zettelchen um. „Sie sind 40, Karl Weidinger war 67."

„Das nicht. In der Band waren wir Frauen in seinen Augen nur notwendiges Beiwerk. Er wusste, dass niemand auf einen alten Sack aus der oberösterreichischen Provinz schauen würde bei unseren Auftritten. Da war eine Posaunistin mit langen Beinen und großen Brüsten gerade recht."

Buchinger riskierte einen Blick. „Sie spielen Posaune?", fragte er, obwohl er ganz anderes sah.

„Ja."

„Musikalisch harmonierten Sie beide?"

„Klar, ich habe einfach ignoriert, dass er bei weitem nicht so gut spielt, wie er meint. Meinte. Verstehen Sie mich nicht falsch: Er war ein genialer Musiker, mit ganzem Herzen bei der Sache. Insgesamt war es einfach so, dass er viel größere Probleme mit mir hatte als ich mit ihm."

„Wieso? Machen Sie Fehler auf der Posaune?"

„Was bilden Sie sich ein? Nein, er konnte nichts leiden, was in Richtung gleiche Rechte geht. Da war ich als Emanze natürlich ein rotes Tuch."

„Irgendeine Auffälligkeit an diesem Abend? Haben Sie beispielsweise Karl Weidinger mal mit anderen Bandmitgliedern im Gespräch gesehen? Nach dem Auftritt? Vor dem Auftritt? Im Bus?"

„Klar, er hat mit allen mal gesprochen, nehme ich an. Im Bus hat sich Sid zu ihm gesetzt. Zum Beispiel. Schon wieder Sid, fällt mir erst jetzt auf. Aber eines sollten Sie noch wissen, weil Sie es ja ohnehin erfahren werden."

„Ja?"

„Julius hat Karl vor wenigen Jahren seine Frau ausgespannt. Die Häuser der beiden stehen einander direkt gegenüber, nur durch eine kleine Straße getrennt. Euli, so heißt die Frau, hat eines Tages die Straße überquert und ist nie wieder zurückgekommen. Sie hat einen ganzen Tag lang ihre Habseligkeiten aus dem einen Haus ins andere geschleppt, alleine, weil jede Frau alles kann. Koffer für Koffer, Kiste für Kiste, Buch für Buch. Hat sich von der großzügigen Villa Karls verabschiedet und ist im renovierungsbedürftigen Haus von Julius eingezogen. Sie hat mir erzählt, dass sie sich während ihrer unzähligen Transportwege von der Villa zum Haus schon vorgestellt hat, wie sie Karl zur Verzweiflung bringen würde, wenn sie sich in hell erleuchteten Zimmern auszöge und Karl sie beobachten würde. Oder wie im Haus Leben pulsieren würde mit hellem Licht und lauter Musik, während Karl in seiner Einsamkeit verrotten würde. Nachts, aber auch <u>untertags</u> hat das frisch verliebte Paar die Fenster geöffnet gehalten. Karl muss fast wahnsinnig geworden sein, als er Euli beim Sex schreien hörte. Andere Nachbarn in derselben Straße meinten, die beiden hätten bei geöffneten Fenstern irgendwelche perversen CDs abgespielt mit den Lustschreien wildfremder Menschen, Pornosound quasi, nur um Karl zu ärgern. Ob das stimmt, weiß ich nicht. Jedenfalls hat's funktioniert. Karl muss angeblich halbe Nächte vorm Fenster verbracht und sich in seinen Schmerz hineingesteigert und seinen Zorn ersoffen haben. Eines Morgens ist er rüber zu seiner Ex-Frau und hat den kleinen BMW, der vor der Garage geparkt war, mit einem Vorschlaghammer zertrümmert. Brachte ihm eine Vorstrafe ein. Und die Tatsache, dass Euli in der Folge befleckte Leintücher auf der Terrasse aufhängte, damit Karl nicht nur etwas zu hören bekam, sondern auch etwas zu schauen hatte. – Das ist der Grund, warum Karl eventuell mit mir ein Problem gehabt haben könnte."

„Das verstehe ich nicht."

„Klar, ich habe noch etwas vergessen. Das muss ich natürlich auch noch erzählen. Genau zu der Zeit, als Karl von seiner Frau verlassen wurde, habe ich in der Gemeindezeitung einen Artikel über Selbstbefriedigung bei Frauen veröffentlicht. Kurz zusammengefasst: Das ist nichts Schlechtes, Frauen lernen ihren Körper kennen, werden von Männern unabhängig, wenn sie Lust suchen und auch finden wollen. In einer Zeitung einer kleinen oberösterreichischen Gemeinde – können Sie sich vorstellen, was das bedeutet?"

„Ich befürchte, ja."

„Jedenfalls hat mir Karl Weidinger einen äußerst beleidigenden Brief geschrieben. Ich wäre eine frustrierte Henne, verderbe die Jugend und die Alten, solle mich lieber dem Kochen widmen und so weiter. Außerdem sei es gut, wenn ich die Selbstbefriedigung entdeckt hätte, denn eine Hyäne wie ich bekäme sowieso keinen

Mann. Männer, die Frauen wie mich besprangen, hätten eigentlich einen Orden verdient. Diese wild gewordenen Weiber hätten sonst alle in ihrer Umgebung angebaggert und eine Unruhe in die Horde getragen, die keiner Gruppe guttun konnte. Man muss sich das vorstellen! Er hat wirklich „Horde" geschrieben, als wären wir alle Tiere! Keine Glatze, keine Schulterbehaarung, keine krumme Haltung und kein noch so schlappes Glied wäre vor Frauen wie mir sicher gewesen, wenn sich nicht einer dieser Helden Amazonen wie mir erbarmt hätte. Nicht dass sie, diese Amazonen, nur unerträglich geworden wären in ihrer Geilheit, das nicht, sie hätten ganz einfach das gesellschaftliche Leben zum Erliegen gebracht. Alle wären beständig in Deckung gegangen vor den Charmebomben der anlassigen Tiger. Bis einer der Männer dieses gesellschaftlichen Lebens ohnmächtig, dem Schicksal ergeben, auf oder unter ihnen gelegen wäre.

Den Brief habe ich in der nächsten Ausgabe der Zeitung veröffentlicht. Und einen Artikel über Selbstbefriedigung bei Männern, denen die Frauen davonlaufen. Das hat unsere Beziehung nachhaltig beeinflusst, wie Sie sich vorstellen können."

„Ja, das kann ich mir vorstellen. Er wird Sie wohl für eine wildgewordene Emanze gehalten haben."

„Davon können Sie ausgehen."

„War Karl Weidinger gesund?"

„Wenn Sie mich fragen: Nein."

„Was fehlte ihm?"

„Hirn."

„Ich meine: Wissen Sie irgendwas über eine Erkrankung, eine Allergie, eine Unverträglichkeit, eine Schwäche?"

„Wie gesagt: Ich glaube, es fehlte ihm an Hirn, an Einfühlung in andere. Seine Frau ist ihm nach zig Jahren Ehe einfach davongerannt. Man müsste eher sagen: Sie ist einfach weggegangen. Bewusst, cool lächelnd, langsam, ohne Wehmut. Sie muss diesen Mann abgrundtief gehasst haben. Ich habe mich immer schon gewundert, wie die beiden zusammenpassen. Kennen Sie das, diese Überlegung? Wie so <u>schiache</u> alte Männer zu jungen Frauen kommen? Wie Pärchen, die sich beim Essen im Restaurant konsequent anschweigen, ticken? Seine Frau ist so eine nette und gescheite Person, Karl ist, wie er ist. Ich dachte immer: Entweder ist sie nicht so gescheit, wie ich glaube, oder er ist nicht so ein Scheusal, wie ich denke. Oder die Beziehung zwischen den beiden geht in die Brüche."

An Logik mangelte es ihr offenbar nicht.

„Offenbar tun sich hier riesige Gräben auf zwischen Ihnen und Karl Weidinger. Ich frage mich, wie sie beide miteinander Musik machen konnten."

„Die Zeit heilt alle Wunden. Unsere Differenzen liegen weit zurück."

„Können Sie Spritzen verabreichen?"

„Klar, wer kann das nicht? Reinjagen, draufdrücken, fertig. Dafür ist kein Medizinstudium notwendig."

„Sie sind verheiratet?"

„Ja. Zwei Kinder. Normalerweise wäre mein Mann bei einem Auftritt wie diesem dabei, doch unser Jüngerer ist krank. Außerdem ist mein Mann abends oft schon etwas müde. Sie sollten vielleicht wissen, dass er eigentlich mein Stiefvater war. Das hat die Beziehung zu meiner Mutter nachhaltig beschädigt. Eigentlich müsste man sagen: unmöglich gemacht. Meine Mutter und ich treffen uns nicht mehr. Würden wir uns auf der Straße begegnen, glaube ich nicht, dass eine von uns beiden grüßen würde. Außerdem mag er Wien nicht. Ich kann das gar nicht verstehen, ich liebe diese Stadt. Sogar den Geruch der U-Bahn-Stationen! Und die öffentlichen Klos im Jugendstil-Design! Julius dachte genauso. Ich könnte stundenlang durch Wien flanieren. Brunnenmarkt, Sandleiten, sogar das moderne Wien, die Seestadt Aspern zum Beispiel, finde ich hochinteressant."

„Wer ist Julius?"

„Ein Freund."

„Es gibt Hinweise, dass jemand aus der Band der Täter oder die Täterin sein muss. Ich gehe mal davon aus, dass Sie es nicht sind und mir helfen können. Wenn Sie freihändig spekulieren: Wem würden Sie eine Tat wie diese zutrauen?"

„Sie verlangen viel von mir! Ich halte nichts von dieser Gestapo-Methode des Vernaderns. Ich kann doch nicht gegen meine Freunde aussagen! Außerdem kann man jedem Menschen das Böse zutrauen."

„So ist das auch nicht gemeint. Mich interessiert nur, wie Sie über die anderen denken." Buchinger fischte von irgendwoher einen weiteren Zettel hervor, auf dem sich offenbar die Namen aller Beteiligten befanden. „Erzählen Sie mir doch einfach irgendwas über einen oder eine aus Ihrer Band Saxbomb. Suchen Sie sich jemanden aus. Oder beginnen wir beispielsweise mit dem Mann, den alle Sid nennen. Immerhin kam er in unserem Gespräch schon zweimal vor. Was denken Sie über ihn?"

„Warum gerade Sid?"

„Es muss nicht Sid sein, den Namen habe ich zufällig ausgewählt. Suchen Sie sich einen anderen aus, wenn Sie wollen."

„Es gibt einen Running Gag bei uns: Sid ist eigentlich kein Mensch, sondern ein humanoider Roboter. Und er muss versuchen, das Gegenteil zu beweisen."

„Woher kommt dieser Schmäh?"

„Er ist ein unglaublich präziser Schlagzeuger. Er funktioniert wie ein Metronom. Das ist nicht menschlich."

„Was macht das Menschliche aus – Ihrer Meinung nach?"

„Wenn man Fehler macht. Und wenn auf einen bestimmten Input nicht nur einfach der korrekte Output erfolgt, sondern wenn das auch von einem Bewusstsein begleitet wird. Aber dieses Bewusstsein lässt sich schwer nachweisen und offenbar relativ locker simulieren. Drum hänseln wir ihn. Er passt perfekt in seine Gerätewelt, andere Menschen interessieren ihn nicht, sein Körper interessiert ihn auch nicht. Dass die Gefühle einen Menschen ausmachen, wie viele denken, glaube ich nicht."

„Wie kommen Sie zu diesem Schluss?"

„Ich habe mir mein Studium mit einem ziemlich grotesken Job finanziert, nämlich als pwT – ein pwT ist ein professionell weinender Trauergast. Mehr muss man zur Gefühlslage der Menschen der Gegenwart gar nicht sagen: Sie haben keine Gefühle, ihre Gehirne sind von Kitsch und Inszenierung überschwemmt. Ich spreche hier allerdings nur von unserer Kultur, ich denke nicht, dass sich das außerhalb der westlichen Welt genauso verhält. Weil die Menschen keine Gefühle mehr haben, brauchen sie lebensgefährliche Abenteuer, um sich selbst zu spüren. Weil sie keine große Freude mehr empfinden können, einfach so, brauchen sie kitschige Weihnachtsbeleuchtung. Weil sie nicht wissen, wann etwas lustig ist, brauchen sie bei Comedy-Serien dieses idiotische Hintergrundgelächter..."

„Und weil sie keine Trauer empfinden können ohne große Inszenierung, brauchen sie pwT, professionell weinende Trauergäste, um auch weinen zu können?"

„Genau so ist es. Ich bin zur vereinbarten Zeit am vereinbarten Friedhof am offenen Grab erschienen, adrett gekleidet, schwarze Strümpfe, schwarzer Minirock, schwarze Overknee-Stiefel, blass geschminktes Gesicht. Genau dieses Outfit habe ich in meinen Inseraten garantiert. Irgendeine Redepause ergibt sich immer, die Pfarrer sind ja bekanntlich nicht die Schnellsten, sie brauchen zwischen den Sätzen oft eine kleine Nachdenkpause. Dann habe ich zu schluchzen begonnen. Und mit mir Dutzende von trauernden Menschen. Damit habe ich mir in Wien einen ziemlichen Ruf aufgebaut, das Geschäft ging sehr gut. Auf dem Land wäre dieses Geschäftsmodell wahrscheinlich nicht sehr erfolgreich gewesen. Hier kennt jeder jeden. Aber diese wohltuende Anonymität des Gehsteigs, dass man nicht ständig das Gefühl hat, die anderen grüßen zu müssen, das gibt's halt nur in Wien. Nirgendwo sonst stirbt man außerdem so gern wie in dieser Stadt, mit Pomp und grotesken Ritualen. Die meisten meiner Auftraggeber waren übrigens Auftraggeberinnen."

„Die Frauen von Verstorbenen."

„Nein, das ist ja das Witzige an der Geschichte. Ich habe ein kleines Vermögen verdient mit den heimlichen Geliebten der Verstorbenen. Die konnten ja nicht gut auf den Beerdigungen erscheinen, also schickten sie mich. Ich sollte mich gut sichtbar ganz vorne in der Trauergemeinde hinstellen und zu heulen beginnen. Niemand dort würde mich kennen, jeder und jede würde vermuten, dass ich die heimliche Geliebte gewesen war. Aber es sollte noch grotesker kommen: Im Laufe der Zeit stellte ich meine Kunst immer häufiger in den Dienst von Feinden des Verstorbenen oder Feinden seiner hinterbliebenen Frau. Ich sollte weinen, damit jedermann dachte, ich wäre die Geliebte des Verflossenen. Der arme Kerl hat vielleicht überhaupt nie einen Blick auf eine andere Frau als seine biedere Köchin riskiert und wird nun durch meine Tränen für einen durchtriebenen Hallodri gehalten. Das ist pure Bosheit. Ich muss mich also korrigieren: Zu echten Gefühlen sind die Menschen nicht fähig, mit einer Ausnahme: der Bosheit. Eines Tages wurde ich übrigens von einer Trauergemeinschaft ziemlich verprügelt, das war das Ende meiner freiberuflichen Tätigkeit. Polizeieinsatz, Anzeige, Prozess – das volle Programm also. Für mich war's jedenfalls genug, um aufzuhören."

„Um wieder auf Sid zurückzukommen: Eine Neigung zur Bosheit würden Sie ihm nicht zutrauen?"

„Sid? Nie! Er ist einfach nur harmlos. Er hat ein Haus in Stadl-Paura, wie ein verfallendes Schlösschen, mit einem ziemlich großen Garten, von seiner Oma ererbt. Wann immer wir dort vorbeikommen, ist er damit beschäftigt, Brennholz zu spalten oder alle Hindernisse vom Boden wegzuräumen, Maulwurfshügel einzuebnen, von den Bäumen abgebrochene Äste zu beseitigen, von der Hecke in die Rasenfläche ragende Zweige abzuschneiden. Wissen Sie, warum?"

„Natürlich nicht."

„Er hat einen Rasenroboter programmiert, sodass er bei jedem Einsatz einem anderen Muster folgt. Wichtig ist nur, dass er ungestört arbeiten kann, dass er sich nirgendwo verheddert. Sid stellt sich in den Dienst seines Geräts, was ihn unter dem Strich mehr Arbeit kostet, als wenn er den Rasen selber mähen würde, wahrscheinlich auch dann noch, wenn er mit der Sense arbeiten würde. Aber darum geht es ihm nicht, um Zeitersparnis und Effizienz, da täte man ihm unrecht. Er freut sich kindlich über das Funktionieren des Algorithmus, das ist alles. Er freut sich über das Funktionieren des Roboters, und diesem Funktionieren ordnet er seine Arbeitskraft unter."

„Wie denken Sie darüber?"

„Jeder Mensch hat so seine Schwerpunkte: Der eine kümmert und sorgt sich um die Kaffeemaschine, der andere hat nichts anderes als Holz zu schlichten im Sinn, die eine sammelt kleine Dosen für allerlei und ordnet sie immer wieder, die andere wischt immer wieder die Frontflächen der Küchenschränke. Man muss die Vorlieben nur zu lesen wissen, dann weiß man alles über die Menschen. Ich finde das weder sympathisch noch unsympathisch, aber es macht es einem leicht, Menschen zu mögen, wenn man weiß, dass alle auf ihre Weise verrückt sind."

„Vielen Dank für das Gespräch! Bitte bleiben Sie einstweilen am Zimmer. Sollten Sie etwas benötigen, wenden Sie sich bitte an die beiden Wachebeamten in Ihrem Stock."

Dass Buchingers abschließender Satz durchaus Probleme verursachen könnte, war ihm zu diesem Zeitpunkt noch nicht bewusst.

8 Peter Zehetmair, Kornett

Wieder dauerte es eine gewisse Zeit, bis Mayer den nächsten Zeugen ins Dachgeschoß mit dem erhabenen Blick auf die Wiener Innenstadt bringen konnte. Buchinger erinnerte sich noch gut an einen Kriminalfall, in dem die Formulierung „es verging eine gewisse Zeit" die unscheinbare, aber zielführende Fährte zur Lösung dargestellt hatte. Diese Zeitspanne übersah man schnell, dennoch war sie ganz alleine entscheidend. Übersah Buchinger hier etwas, weil er eine Weile auf Mayer und den nächsten Zeugen warten musste? Oder wurde er bloß alt und ungeduldig wie die Pensionisten, die um halb acht morgens das Öffnen der Schiebetür eines Hofermarktes kaum erwarten konnten, weil sie endlich ein Semmerl und ein Sonderangebot ergattern wollten? Einen sich selbst aufblasenden Wasserball, ein Halma mit Leuchtfiguren, Wanderstöcke mit integrierten Lautsprechern? Die drei überflüssigsten Dinge, die der Konsumismus zu produzieren imstande war. Hatte er eine derartige Liste schon?

Jedenfalls telefonierte er kurz mit Bellucci, die inzwischen im Böhmischen Prater den Charme eines Vergnügungsparks aus dem späten 19. Jahrhundert genoss. „Kleiner, weniger spektakulär, zum Teil uralt und langsam, aber liebevoll und weniger laut" sei er, der kleine Bruder des großen und berühmten Praters. In Favoriten. Damals wie heute eine Hochburg der Arbeiterschaft. Ihre Stimme überschlug sich beinahe vor Begeisterung: Aus der Zeit gefallen sei er, der Böhmische Prater, einst der Vergnügungspark vor allem für Gastarbeiter aus den Kronländern der Monarchie, hoffnungslos altmodisch und gerade deshalb charmant, eine versteckte Schönheit jenseits von allem. „Man findet hier noch sehr fantasievolle Fahrgeschäfte, ohne Kick und Thrill und Sensation. Eher verstaubt als sonst was! Eigentlich ist es nur eine einzige Straße, zum Teil sind die Ringelspiele schon über 100 Jahre alt." Der Park sei so versteckt und hoffnungslos antimodern, er liege so ruhig inmitten eines riesigen Naherholungsgebiets, dass ihm beinahe etwas Aufmüpfiges anhafte. Etwas Widerständiges. Man könne viel lernen aus der bloßen Existenz dieses Fleckens von Wien: nämlich dass man sich dem Diktat der Profitmaximierung nicht beugen müsse. Dass etwas überdauern könne, obwohl oder vielleicht gerade weil es nicht mit der Zeit gehen wollte. Der Böhmische Prater weise unaufdringlich darauf hin, dass man auch in versteckten und kleinen Nischen überleben könne, wenn man dem Richtigen nachfolge, dem Kleinen, dem Harmlosen. Wie in einem Weckglas sozusagen, konserviert gegen die Unbill von Moden, Zeitgeist und wechselnden Diktaten, denen sich die ganze Welt nur allzu bereitwillig beuge.

„Was ist eigentlich dein Lieblingsort in Wien?", fragte Bellucci.

„Außer dem Ballsaal des Balls der Oberösterreicher natürlich!"

„Es ist nicht leicht für mich zu antworten. Ich sitze in der Arbeit und habe andere Probleme."

In der Tat wunderte er sich gerade, welch biedere und längst ausgestorbene Beziehungsform sie beide gerade lebten: Er rackerte sich am Arbeitsplatz ab, während sie sich im flankierenden „Damenprogramm" vergnügte. Wenn man allerdings bedachte, dass sie während ihrer Ausflüge durchs touristische Wien dreimal so viel verdiente wie er, der pragmatisierte Kriminalbeamte, dann pulverisierte sich das Beziehungsidyll der 50er-Jahre. Noch dazu wusste er nicht einmal genau, womit sie ihr Geld verdiente! „Über Geld spricht man nicht", war sein Motto, „Geld hat man nicht!"

„Ich glaube, es ist die Strudlhofstiege." Er antwortete also doch – Arbeit hin oder her! „Die Strudlhofstiege ist nicht nur die Hauptfigur des gleichnamigen Romans von Doderer, diesem Arisierer in Breeches und Reiterstiefeln. Die Strudlhofstiege ist ein Symbol für den Umweg. Die klugen Menschen im Roman gehen diesen Umweg, die blöden gehen den direkten Weg. Dieser Gedanke gefällt mir! Und: Diese Jugendstil-Treppe ist auch wunderschön, wie sie den Niveauunterschied zum Alsergrund überwindet."

„Gut, werd ich mir anschauen", antwortete Bellucci knapp.

„Sonst noch? Ich muss ja was tun, während du dich gemütlich im Kampf gegen das Böse abrackerst!"

„Ja, die Eiserne Zeit."

„Was ist das?"

„Ich kann jetzt nicht mehr. Das nächste Verhör! Wir telefonieren später wieder!"

Das war Buchingers Verständnis von subtiler Rache! Bellucci würde die Eiserne Zeit suchen und natürlich finden. Gefallen wird sie ihr nicht. Geschah ihr auch recht!

Und die unsinnige Aktion, ein Telefonat mit dem Hinweis auf ein nächstes Telefonat zu beenden, liebte er nicht weniger. Das Verhör blieb immer noch das, als was es gedacht war: eine Ausrede.

Offenbar hatte sich die lediglich sprichwörtliche Gemütlichkeit der Wiener Seele auf Mayer übertragen, denn er war immer noch nicht mit dem nächsten Kandidaten zum Verhör zurückgekehrt. Buchinger warf einen Blick in sein Buch, das ihn seit zwei Tagen immer begleitete: Agatha Christies *Mord im Orient-Express*. Und Buchinger versank. Er versank in der Welt des britischen Empire, des Balkans, des amerikanischen Geldadels. Es war sehr leicht, sich während des Lesens Agatha Christies verschmitztes Lächeln vorzustellen, das allerdings immer mit der Miene Margaret Rutherfords verschmolz. Interessant, wie sich vom Fernsehen geprägte Bilder über die Leseerfahrung legten! Mit Mayer konnte man darüber gar nicht mehr reden: Der wusste nicht einmal, was Fernsehen ist. Seine Welt ist eine Welt der Videoclips, des

Streamens, der Reels und Storys. Und Buchinger versank. Wie schon als Bub. Mit roten Ohren und geöffnetem Mund suchte er zwischen der ersten und der letzten Seite das, was das Leben nicht zu bieten hatte: eine Welt, nach seinem Willen und seiner Vorstellung gestaltet. Eine Welt, in der das Gute über das Böse siegt und in der es das Rätsel zwar gab, aber nur, um rasch einer Lösung weichen zu müssen. Er roch den Dampf der Lokomotive, wenn sie sich nach Sofia hinaufkämpfte, das Parfum der Prinzessin Natalia Dragomiroff, mit dem sie dem Tod die Stirn bot, er sah das edle Interieur des Speisewagens vor sich und den beeindruckenden Schnurrbart Poirots, wie er beim Sprechen zitterte. Er hörte das nasale Englisch des britischen Armeeoffiziers Arbuthnot, den starken Wind, wie er zwischen Vinkovci und Brod heftig an den Fenstern der Luxusabteile rüttelte, und das seidige Rauschen des roten Kimonos. Ein Pfiff ertönte, als wollte sich der Zug aus der Schneeverwehung befreien, doch es war nur Mayer, der Buchinger in die Wirklichkeit des obersten Stocks eines Biedermeier-Hotels in Wien zurückrief. Zwei Schritte hinter ihm ein gutaussehender Mann Mitte 50 mit grau meliertem Haar, geschätzte 130 Kilo schwer. Mayer stellte ihn als Professor Peter Zehetmair vor.

„Bitte setzen Sie sich!" Buchinger hatte sich in Sekundenschnelle wieder vom „König der Züge" ins Herz der ehemals kakanischen Metropole zurückbegeben. „Sie sind…?"

„… das Kornett, jawohl."

Die Stimme, die sich vernehmen ließ, glich dem Erscheinungsbild des Mannes: Dieser Mensch polterte, hier wurde nicht geflüstert. Für Nuancierungen war kein Platz, hier wurden lautstark Nägel mit Köpfen gemacht. Nicht mit Köpfchen.

„Was ist das?"

„Das Kornett ist ein Horninstrument, es wird sehr oft mit der Trompete verwechselt."

„Interessant, dass Sie sich so total mit Ihrem Instrument identifizieren!"

„Mein Gott, wenn ich gewusst hätte, dass das so eine Psycho-Sitzung wird, dann wäre ich lieber noch liegen geblieben!"

„Es wird keine Psycho-Sitzung, wie Sie sagen, wenn Sie sie nicht dazu machen. Ich schließe aus Ihrer Äußerung, dass Sie nichts von Psychologie halten und dass Sie noch im Bett gelegen sind. Karl Weidinger ist tot, wie Sie wissen. Wir ermitteln in einem Mordfall. Wann haben Sie Karl Weidinger zuletzt gesehen?"

„Das war vielleicht eine oder zwei Stunden, bevor wir ihn alle gemeinsam gefunden haben."

„Hatte er Feinde?"

„Sicher. Wer in dem Alter keine Feinde hat, hat nicht gelebt."

„Bitte erzählen Sie mir davon."

„Es tut nichts zur Sache, hat mit dem Fall nichts zu tun."

„Alles hängt mit fast allem zusammen, man muss nur lang genug nachdenken und reden, um draufzukommen. Vielleicht ist es einfacher, wenn ich ein paar Fragen stelle, die Sie mir dann beantworten?"

„Schießen Sie los! Wie gesagt, ich kann nichts zur Aufklärung beitragen, ich weiß nichts."

„Wie lange kannten Sie Karl Weidinger schon?"

„Wir machen seit gut 20 Jahren miteinander Musik, mit wechselnder Besetzung in der Band. Dass wir einander zum ersten Mal begegnet sind, muss wohl in meiner Schulzeit gewesen sein."

„Hatte er gesundheitliche Probleme?"

„Wer in seinem Alter keine gesundheitlichen Probleme hat, hat nicht gelebt. Oder ist schon tot."

„Wissen Sie von einer Allergie Weidingers?"

„Sie machen Scherze! Der Mann ist, war ein Bündel an Allergien, das weiß jeder."

„Was machen Sie beruflich?"

„Wie hängt das mit den Allergien zusammen?"

„Auf den ersten Blick gar nicht. Überlassen Sie die Logik bitte mir!"

„Die Polizei ist auch nicht mehr das, was sie früher mal war. Aber zu Ihrer Frage: Ich bin Lehrer. An einem Gymnasium."

Mayer glaubte den Ruck sehen zu können, der durch Buchingers Körper ging, so, als wollte er aufstehen. Buchinger war, was Allergien betraf, nämlich erstaunlich verschont geblieben vom Schicksal beziehungsweise von den angeborenen Dispositionen, wie Buchinger selbst sicher gesagt hätte. Nur bei Lehrern litt er unter allergischen Reaktionen. An ihnen zeige sich mit aller Deutlichkeit der beklagenswerte Prozess fortschreitender intellektueller Degeneration. Dies, gepaart mit einer unerklärlichen Überheblichkeit, verursache ihm Schüttelfrost, Fieber, Gänsehaut, Übelkeit und einen trockenen Mund.

Buchinger blieb jedoch sitzen. Mayer war sich sicher, dass seine nächste Frage als ironischer Seitenhieb zu verstehen war: „Für Sport und...?"

Zehetmair überging die Frechheit. „Englisch und Chemie."

Eigentlich habe er ja Lehrer für Deutsch und Philosophie werden wollen. Für Literatur und die älteste Wissenschaft des Abendlandes hätte er sterben können. In seinen Augen waren nur Frauen und die Mathematik an Schönheit vergleichbar mit einem Panther Rilkes oder dem ontologischen Gottesbeweis Anselms. Deshalb stand seine Entscheidung, was er studieren würde, schon bald fest: Es musste Englisch und Chemie sein. Von der englischen Sprache hielt er nicht viel, von der Chemie verstand er nicht viel. Erstere erinnerte ihn immer und immer noch an die Ewigkeit des Kaugummikauens, an ausgespiene Silben und das Dauerlächeln hypertrophierter blowjobkompatibler Unterkiefer, die Chemie blieb ihm ein Buch mit sieben Siegeln. Die Chancen standen also gut, dass in diesen Fächern seine geliebten Autoren von rotznasigen Schülern ohne Einfühlung und Verstand unberührt blieben. Was für eine grausame Vorstellung: Schüler lesen laut und holprig Schillers „Nänie" oder ignorieren eiskalt jedes Satzzeichen in den Texten von Kleist oder Broch. Noch schlimmer: Sie glauben Zenon von Eleas Beweis der Unmöglichkeit von Bewegung widerlegen zu können, und zwar durch den Hinweis auf den Augenschein! Man lässt ja auch Neulinge in der Musikschule nicht auf einer Stradivari spielen. Die beschweren sich nämlich garantiert über den schlechten Sound. Wenn man Fächer unterrichtete, die man nicht mochte, konnte es einem nicht passieren, dass Tiktok-Süchtige auf libidinös besetzten Texten herumtrampelten. Wenn einem die Sprache der Briten oder der Natur herzlich egal war, blieb man unverwundbar auch dann, wenn Shakespeare wie ein Zigarettenpackungswarntext gelesen, besser: gestammelt wurde. Wo keine Schönheit war, konnte sie auch nicht in den Schmutz gezogen werden. Wenn dein Herz nicht für den Unterrichtsstoff schlägt, dann kann eine abwertende oder – noch schlimmer – einfach dumme Bemerkung darüber deine Leidenschaft nicht verletzen.

Dies trug Zehetmair mit einer Stimme vor, die wie geschaffen war für den Fußballplatz. Dieser Mann fürchtete sich vor gar nichts auf der Welt, so viel war klar. Wo immer er hinkam, wurde der Raum um ihn herum eng. Sein massiger Körper täuschte darüber hinweg, wie wendig und flink sein Geist war.

Buchinger begann sich für seinen Gesprächspartner zu interessieren, ja ihn sogar sympathisch zu finden.

„Und? Hatten Sie Erfolg? Konnten Sie Ihre Leidenschaften vor dem Zugriff unreifer Geister retten?"

„Das ja. Doch mit den Jahren kristallisierte sich ein anderes Problem heraus, das mir das Atmen schwer machte."

Das Übergewicht wird er wohl nicht meinen, dachte Buchinger.

„Was ich Schülern nachsehen konnte, nämlich die dem Alter geschuldete Dummheit, verzeihen Sie bitte die Derbheit des Ausdrucks, schien mir nach und nach unerträglich bei Menschen, die der Pubertät entwachsen waren."

„Sie leiden an der Dummheit der Menschen?"

„Ich möchte eigentlich nicht darüber reden, es macht mich arrogant und dumm zugleich. Alle Menschen halten sich für klüger als der Rest. Und ich möchte nicht mit den Vielen verglichen werden."

„Heraklit."

„Ich sehe, wir verstehen uns."

Zwischen den Männern kehrte Stille ein, die keiner der beiden zu unterbrechen gedachte. Die beiden hielten dem Blick des jeweils anderen stand. Waffenstillstand? Stille Übereinstimmung? War zwischen ihnen alles gesagt?

„Ich möchte noch einmal auf die Feinde Weidingers zu sprechen kommen. Wie sieht es innerhalb der Band aus? Gab es hier Reibereien, Unstimmigkeiten, Verwerfungen?"

„Alle haben Karl gemocht, da gibt es nichts zu rütteln. Und gehasst. Da waren zum Beispiel seine Überzeugungen, die uns alle genervt haben. Er hat sie vor sich hergetragen wie einen Bauchladen. Dieses Rechthaberische, seine Überheblichkeit."

Ein Lehrer?, dachte Buchinger. Er fragte: „Was machte er beruflich?"

„Er war Unternehmer. Er verkaufte irgendeinen Zeitgeist-Schrott, den er den Leuten mit einem Psychotrick andrehte. Das meiste Geld machte er eigentlich mit diesem Psychotrick. Er verkaufte den Leuten irgendwas, das kein Mensch braucht. Haben Sie das gewusst, dass jede Woche für jeden Menschen auf der Welt nicht-organische Produkte hergestellt werden, die erst nach Ewigkeiten wieder verrotten? Und zwar in der Größenordnung des Körpergewichts? Woche für Woche." Zehetmair gönnte sich – oder Buchinger - eine Pause. „Das ist bei meinem Gewicht eine ganze Menge! Pro Jahr 52-mal Zehetmair-Gadgets, die das Weiterleben des Planeten in Frage stellen. Global wächst dieser tote gigantische Misthaufen ins Unendliche, während die Biomasse schrumpft. Karl hätte solche Gedanken verabscheut. Er war ein Macher! Einer, der sich um die anderen und die Zukunft von allem keinen Deut scherte. Gleichzeitig war er als Vegetarier militant, ein kämpferischer Tierschützer und begeisterter Mülltrenner. Außerdem hatte er allerdings eine verhängnisvolle Gabe, die man instinktiv erahnte. Deshalb scheute man engere Kontakte mit ihm: Menschen, mit denen er länger zu tun hatte, wurden krank, welk und müde."

„Seine Frau zum Beispiel."

„Ja, genau. Die hat einfach ihre Sachen gepackt und war weg. Und hat alles unternommen, um ihn bis aufs Blut zu quälen."

„Sie haben zuerst gesagt, Sie hätten Weidinger zwei Stunden vor dem gemeinsamen Auffinden gesehen. In welcher Situation?"

„Ich denke, es waren Susi und Markus, mit denen er sich unterhielt. Karl hatte ein Bier vor sich stehen, die beiden flankierten ihn, saßen also rechts und links von ihm."

„Irgendwelche Auffälligkeiten?"

„Nein, gar nichts. Sie unterhielten sich, wie Freunde sich unterhalten. Lächeln, Schulterklopfen, Lachen, Gestik – alles höchst normal. Gehört hab ich nichts, ich bin nur ganz kurz im Saal gewesen."

„Haben Sie auch Weidinger gesehen, wie er etwas gesagt oder getan hat?"

„Interessante Frage! Ich muss sagen, dass ich das nicht weiß. Ich kann mich nicht genau erinnern, aber ich denke, dass er ganz ruhig dagesessen ist."

„Wie geht es Ihnen als Lehrer?"

„Wieso fragt eigentlich jeder danach, obwohl es eigentlich niemanden interessiert und obwohl niemand bei den Antworten zuhört?"

„Mich interessiert, was Sie sagen."

„Mich interessiert, warum Sie das interessiert."

„Das ist ganz einfach. Die Bandmitglieder sind die wichtigsten Informanten in diesem Fall. Sie sind ein intelligenter Mann, Sie kannten das Opfer am längsten, Sie können uns wirklich weiterhelfen. Ich möchte herausfinden, wie Sie ticken. Beispielsweise interessiert mich, ob Lehrer andere um ihre Jobs beneiden. Besser gesagt: Ob Sie persönlich andere um ihre Jobs beneiden."

„Also gut. Der Deal ist ganz einfach: Als Lehrer bekommen Sie Zeit, dafür weniger Geld. Wer das nicht weiß, ist ein Dummkopf. Lehrer produzieren nichts, sie sehen kein fertiges Werkstück. Drum wäre ich, wenn ich noch einmal leben müsste, am liebsten Holzarbeiter. Das Holz lässt sich stapeln, man sieht einen Fortschritt in der Arbeit. Der wesentliche Unterschied zwischen einem Lehrer und einem Holzarbeiter: Holz glaubt nicht, klüger zu sein, als Holz eben ist. Es hat keine Eltern, die simples Fichtenholz partout für edles Teakholz halten. – Ist es das, was Sie hören wollen?"

„Ja, machen Sie weiter."

„Die psychische Deformation, die das Lehrerdasein mit sich bringt, nämlich der Wandel vom leidenschaftlichen Engagement zum Zynismus, ist wahrscheinlich nichts Typisches für diese Berufsgruppe. Das geht wohl allen so. Die Verwunderung darüber, mit welcher Sicherheit Menschen, die mit SchülerInnen nicht zurechtkommen oder die gar keine Menschen mögen, erst recht keine jungen, in der Hierarchie nach oben gespült werden, könnte nicht größer sein. Am Ende ist es so, dass die größten Dummköpfe das meiste Sagen haben. Am meisten hasse ich aber den Typus, der von der Matura direkt zum Alterssex, zum Essen, marschiert. Den „Umweg" über Sex, Leidenschaft, Arbeit, Erfolg, Kontinuität und Verantwortung lässt er aus. Seine Mitmenschen kaufen ihm diese Attitüde nicht nur ab, sondern sie erheben ihn schon frühzeitig in den Adelsstand der freiwillig vorzeitig Gealterten und nehmen ihn in die WhatsApp-Gruppe der Pensionisten auf, lange bevor er die Hälfte seiner Lebensarbeitszeit erreicht hatte. Nur Idioten gehen den direkten Weg. Die Abkürzung führt nämlich genau zu einem Ziel, alternativlos. Und dieses Ziel heißt Tod. Aus demselben Grund ist auch niemand langweiliger als diejenigen, die sich auf die Pensionierung freuen. Langweilig und abgrundtief blöd. Da kann man sich genauso gut über den Tod freuen, denn der kommt hundertprozentig ganz am Schluss, wie der Abspann eines Films. Fragt sich halt nur, warum man ihn nicht gleich und selbst herbeiführt.

Ist das bei der Polizei auch so?"

„Das wäre mir nicht bekannt."

„Eine schöne Antwort! Immerhin im Konjunktiv II. Wie auch immer: Viele von uns haben sich angewöhnt, nur mehr zu lachen und sich nicht mehr aufzuregen, wenn die Bildungsdirektion oder das Ministerium Dinge von sich geben, die von nichts anderem zeugen als von fundamentalem Unverstand der Materie."

„Sie klingen verbittert", warf Buchinger ein.

„Ich bin nicht verbittert, ich bin leider nur Realist. Verstehen Sie, warum dieselbe Behörde, die die Matura zur Farce verkommen lässt, sich darüber beschwert, dass die Unis das Niveau der Schulabgänger als ungenügend ansehen? Inzwischen müssen MaturantInnen unter bestimmten Voraussetzungen bei der mündlichen Prüfung nicht einmal mehr einen einzigen sinnvollen Satz äußern, um zu bestehen. Da folgt man blind der Einschätzung der OECD, dass die AkademikerInnenquote zu niedrig ist in Österreich, und macht die Ausbildung für VolksschullehrerInnen zum Spießrutenlauf zwischen Seminararbeiten und Bologna und Diplomarbeiten, die niemand braucht. Da werden in der Bildungspolitik jahrzehntelang LehrerInnen abmontiert, wenn sie streng sind, und dann wundert man sich über den immensen Zustrom zum Gymnasium. Hier mangelt es doch an Logik, an Konsequenz! Gleichzeitig mit dem realen Bedeutungsverlust der Matura steigern sich die Feierlichkeiten ins Pompöse. Maturastreiche erschöpfen sich in gigantischen Besäufnissen und Gegröle – die Jugend weiß nicht mehr, wie man einen geistreichen Streich inszeniert. Genauso wenig wie die Kleinen wissen, was ein Aprilscherz ist. Sie verstecken sich irgendwo und schreien dann ‚Erster April!'"

„Könnten Sie als Lehrer da nicht korrigierend oder belehrend eingreifen?"

„Meine Erfahrung ist: Lehrer werden nur dann ernst genommen, wenn sie die Kinder loben. Wenn sie die Größenfantasien einer Generation, die keine Regeln akzeptieren möchte, fördern. Wenn sie die Zukunftschancen der genialen Kinder nicht durch kleinliches Herumreiten auf Rechtschreibfehlern, Ausdrucksfehlern, mathematischem Unvermögen und Gedächtnisschwächen verbauen. Seit der Corona-Pandemie kennt das Selbstvertrauen der Kinder keine Grenzen mehr: Sie schreiben am 24. Dezember um 21:00 E-Mails an LehrerInnen und haben nicht einmal den Anflug eines Gefühls dafür, dass andere Menschen privat und beruflich trennen wollen und nicht rund um die Uhr für sie da sein können und wollen."

„Sie sind ein Zyniker – genau, wie Sie zuerst gesagt haben. Ich will nicht andeuten, dass mir das unsympathisch ist – es tut nämlich nichts zur Sache, was mir sympathisch ist und was nicht. Aber was mich noch neugierig macht, wie Sie Ihre Erfahrungen in der Schule mit Ihrer Beziehung zu Karl Weidinger verknüpfen würden. Gibt es da einen Zusammenhang?"

„Klar, alles hängt mit allem zusammen, wie Sie selbst gesagt haben. Können Sie sich noch an die Lockdowns während der Pandemie erinnern? Natürlich, wer kann sich nicht daran erinnern? An diese Auswüchse an Dummheit? Im Fernsehen der Hinweis: „Ein negativer Test ist nur eine Momentaufnahme und schützt nicht vor einer Ansteckung." Wir leben in einer Zeit kompletter Verblödung, daher ist ein Hinweis auf Selbstverständliches wie dieser gar nicht so unvernünftig. „Zug erst betreten, wenn die Türen geöffnet sind!" „Um den gewünschten Effekt zu erreichen, Lack auf die Oberfläche auftragen." In dieser wunderschönen Zeit, in der eine esoterische Barbesitzerin Geimpften den Zutritt verwehrte, in dieser Zeit, in der sich Menschen vor Unfruchtbarkeit wegen der Impfung fürchteten, fanden sich plötzlich die Wissenschaften als gleichberechtigte Erklärungsmuster neben Aberglauben und Verschwörungstheorien. Das ist aus intellektueller Hinsicht der größte Rückschritt in die voraufklärerische Zeit, den man sich nur denken kann. Die Wissenschaft hat als alleiniges Erklärungsmodell ausgedient, wenn sie überhaupt jemals diese Stellung innehatte. Heute fischt sie im selben Teich wie die Astrologie und die Vogelschau! Und Menschen, die beim Einmaleins scheitern und denen die Bedeutung einfachster griechischer oder lateinischer Silben unbekannt ist, entscheiden mit dem Selbstvertrauen des amerikanischen Präsidenten, ob sie lieber der naturwissenschaftlichen Empirie oder der gefühlten Energie von Steinen vetrauen wollen. Als wäre es das Wollen von Unkundigen, das den Ausschlag gäbe! Tiefer kann eine Zivilisation nicht fallen, bei gleichzeitiger Erosion der Hierarchien: Selbsternannte Wunderheiler starren mit Silberblick stundenlang in eine Kamera und heilen Menschen mit unterschiedlichsten Problemen schneller als

Medikamente und Therapien. Und ob Antibiotika helfen oder Chakrenmassagen, das klärt selbstverständlich nicht die Wissenschaft, sondern der gesunde Menschenverstand von Leuten, die das Wort Neurotransmitter nicht einmal buchstabieren können! In dieser Zeit war mal der eine, mal der andere Bezirk gesperrt. Wer rein wollte, durfte nicht mehr raus. Die Einreisenden wurden kontrolliert. Das hat uns interessiert. Und jetzt kommt's zur Verknüpfung mit Karls Geschichte. Ich bin mit Julius, einem gemeinsamen Freund, durch halb Österreich gefahren. War eine Riesengaudi. Wir reisten von einem Sperrbezirk zum nächsten, mit einer Kiste Bier im Kofferraum, und ließen uns bei den Kontrollen immer absurdere Antworten einfallen. Die Idioten an den Bezirksgrenzen fragten uns bloß, ob wir zum Beispiel in Radstadt, einem gesperrten Bezirk, gewesen wären, und wir gaben zur Antwort: ‚Nein, wir sind auf der Durchreise und bringen unsere tote Katze, die in der Kühltasche liegt, ins Haustierkrematorium von Rottenmann.' ‚Und wer sind Ihre Reisebegleiter, ohne Maske?' ‚Das ist mein Onkel Fritz.' Das war's. Wir durften weiterfahren. Man muss sich das vorstellen! Ein irrer Aufwand für nichts, für gar nichts! Karl haben unsere Touren furchtbar aufgeregt. Für ihn ist eine Regel eine Regel, die muss befolgt werden, so doof kann die gar nicht sein. Darüber darf man sich nicht lustig machen. Julius sah das ganz anders. Die beiden sind sich deshalb in den Haaren gelegen, haben furchtbar gestritten. Das war damals durchaus üblich, diese Streitereien wegen Corona, aber für die Beziehung der beiden war das symptomatisch. Erstens stritten die beiden dauernd, wenn sie sich trafen. Und in einem Kaff wie Stadl-Paura trifft man sich ständig, die Leute am Land steigen sich ständig auf die Zehen. Zweitens entzündete sich bei Corona nicht nur bei

Julius und Karl ein ganz anderer, schlummernder Konflikt. Um die Sache abzuschließen: In der Schule war es genauso – absurde Regeln, keine kommunizierten Begründungen, Sanktionen, die keine waren, usw. Wenn 100 LehrerInnen sich an einem Nachmittag ohne Maske zu einer Konferenz treffen dürfen und am Weg zum Klo in einer menschenleeren Schule eine Maske aufsetzen müssen, dann ist das nicht nur befremdlich. Das ist schlicht und einfach verrückt. Und dann diese Heuchelei mit der Normalität. Wenn die Leute von der Normalität sprachen, bekamen sie ganz feuchte Augen vor lauter Rührung und Sehnsucht. Und dann war sie plötzlich wieder da, die Normalität, und dann merkte man: Keiner will sie. Grotesk! Die eine Hälfte wollte nicht mehr an den Arbeitsplatz, die Leute wollten im Homeoffice bleiben, andere wollten gar nicht mehr arbeiten. Die sind einfach vom Arbeitsmarkt verschwunden. So schauts aus mit der Sehnsucht nach der Normalität. Und die wiederkehrenden Staus auf den Autobahnen und vor Grenzübergängen – die Normalität von einst – wollte auch niemand. Aber der Widerspruch ist niemandem aufgefallen, alle sehnten eine Normalität herbei, alle bekamen bei der Erwähnung des Wortes weiche Knie und einen sentimantalen Schub, als hätte Österreich die Fußball-WM gewonnen."

„Sie würden sich als Corona-Leugner oder Gegner der Maßnahmen sehen?"

„Ersteres sicher nicht, das wäre ja sehr dumm. Auch die Maßnahmen wollte ich nicht kritisieren. Dass manche von ihnen inadäquat waren, ist der Unübersichtlichkeit der Datenlage geschuldet und daher verzeihbar. Was mich am meisten gestört hat, ist die Inkonsequenz, mit der auf die Regelverletzungen reagiert wurde. Karl war im Gegensatz zu mir und zu Julius ein glühender Verehrer des Regelwerks, seine Einhaltung war ihm heilig. Übrigens hasste er aus diesem Grund Wien, die Stadt war ihm zu unübersichtlich, ganz im Gegenteil zu Julius. Der war ein echter Fan, wenn man das so sagen kann. Er liebte die Oper, die unzähligen Parks in dieser Stadt, die Geschichte und die Geschichten, die einen an jeder Ecke anspringen."

„Wir haben jetzt sehr lange über die psychologische Basis des Verbrechens gesprochen, wenn man das so sagen kann. Was mich noch interessieren würde, sind Tatsachen, die ins Puzzle dieses Falles passen. Zum Beispiel: Haben Sie schon jemals eine Injektion verabreicht?"

„Eigenartige Frage! Aber: Nein, das habe ich nicht."

„Wie spät war es, als die Band mit dem Spiel fertig war?"

„Ich vermute, es war circa zwei, vielleicht halb drei."

„Nach dem Ende, wie war das? Ist Weidinger aufgestanden oder sitzen geblieben?"

„Das weiß ich ganz genau. Er ist aufgestanden, so wie wir alle, und hat sich sehr über unseren Auftritt gefreut. Er hat mich an den Schultern gehalten und so etwas gesagt wie ‚War ein toller Gig! Super gespielt!' Das war außergewöhnlich. Normalerweise ist, war er mit Lob sehr zurückhaltend."

„Was haben Sie den Rest der Nacht gemacht, bis Sie alle dann Weidinger gefunden haben?"

„Ich bin mit Markus durch das Haus gezogen. Wir haben ein paar Bier getrunken. Eventuell mehr als nur ein paar."

„Haben Sie eine Vermutung, wer das Verbrechen an Karl Weidinger begangen haben könnte?"

„Nein, da weiß ich wirklich nichts."

9 Markus Zupic, Kornett

Was Buchinger jetzt wirklich brauchen hätte können, das wäre eine Zigarette gewesen. Ein befremdlicher Wunsch gut zwei Jahre, nachdem er mit dem Rauchen aufgehört hatte! Ich werde nie Nichtraucher werden, höchstens nicht rauchender Raucher, wie traurig!

Der Lehrer Peter Zehetmair war in Begleitung eines Wachebeamten gegangen, Buchinger trat mit Mayer für einen Moment auf die kleine Terrasse vor dem Vernehmungsraum. Hier im Inneren der Stadt bemerkte man den Wechsel der Jahreszeiten kaum. Selbst das Licht gab sich städtisch, vielfach moduliert durch Dächer, Häuserfluchten und Ausdünstungen pulsierenden Verkehrs.

Für eine Sekunde meldete sich so etwas wie Sehnsucht bei ihm, Sehnsucht nach der Ruhe und dem satten Grün in Ramsau am Dachstein oder nach dem träge und frisch dahinfließenden Blau der Traun in Stadl-Paura.

„Was denkst du?", fragte Mayer.

„Ich hab nicht den geringsten Plan. Äußerst seltsame Geschichte. Niemand hat was Relevantes gesehen. Ich hab keine Chance, zwischen Wahrheit und Lüge zu unterscheiden. Karl Weidinger dürfte nicht allzu beliebt gewesen sein, nicht einmal bei seinen engsten Freunden. Was soll man da von Freunden halten? Aber ich gehe mal davon aus, dass das normal ist. Als Motiv für einen Mord reicht es jedenfalls noch lange nicht."

„Mordwaffe gibt's auch keine."

„Ja, und der Todeszeitpunkt ist zu ungenau."

„Alibis abzufragen ist daher sinnlos."

„Kein Motiv, keine Mordwaffe, keine Alibis, keine Zeugen, die etwas zur Aufklärung beitragen können, kein Todeszeitpunkt, allem

Anschein nach eine stark eingegrenzte Anzahl von Verdächtigen, ein begrenzter Tatort – wie in einem Krimi von Agatha Christie. Mit dem kleinen Unterschied, dass wir es hier nicht mit einer Fiktion zu tun haben, die wir einfach umschreiben könnten." Buchinger seufzte. „Allerdings darf man eines nicht vergessen: Motive bedeuten gar nichts. Jeder hat ein Motiv, einen Menschen zu töten, und sei es noch so blöd wie Eifersucht, verlorene Ehre oder Selbstachtung. Motive bringen uns nicht weiter. Wir brauchen Tatsachen, also Spuren am Tatort. Oder, nicht ganz so einfach: Spuren im Charakter des Täters, die ihn eindeutig und ausschließlich für die Tat qualifizieren. Wenn man unsere bisherigen Recherchen zusammenfasst, bleibt nur ein Satz als richtige Schlussfolgerung übrig, nämlich: Alles ist sinnlos."

„Auch dieser Satz, also dein letzter? Buchingers letzter Satz?" In Mayers Augen blitzte so etwas wie ein Lächeln auf.

Buchinger wandte sich abrupt ihm zu. Er klopfte seinem jungen Kollegen anerkennend auf die Schulter. „Aus dir wird noch mal was! Wenn nicht wieder irgendein Kanzler Neuwahlen provoziert und die darauf folgende Regierung das Pensionsantrittsalter auf 70 erhöht, dann bin ich bald weg – und dann ist es wichtig, dass Leute wie du in diesem Laden das Sagen haben."

„Danke, Chef!"

Eine unüberhörbare Stille entstand zwischen den beiden. Woran mochten sie wohl denken? Dass er nie mit dem Arbeiten aufhören wollte, der eine? Dass ihm eine großartige und mit keiner anderen Biografie auf diesem Planeten vergleichbare Zukunft bevorstünde, diese unausweichliche und trügerische Hoffnung der Jugend, der andere? Jedes Alter hat seine eigene Dummheit. Viele wissen das, aber das Wissen nützt nichts. Das kann man traurig finden, aber auch schön. Die Hartnäckigkeit des genetisch verankerten Irrtums sorgt nämlich auch dafür, dass das Rad am Laufen bleibt und diese unfassbare Schönheit gebiert, die sich Leben nennt. Man denke nur an die vielen Ziele, die sich Menschen setzen und die letztlich angesichts der Ewigkeit in der Bedeutungslosigkeit zerbröseln.

Mayer beendete das Schweigen: „Nächster Kandidat?"

„Ja, bitte, machen wir weiter!"

Sie verließen die kleine Terrasse und die Dunkelheit des Vernehmungsraums verschluckte die beiden. Kurz bei Agatha Christie weiterlesen? Nein, bleib in der Realität! Buchinger kämpfte nur einen Augenblick lang mit sich selbst und seiner Neigung, die Realität für geringer zu erachten als die Welt der Literatur. Er griff zum Handy, einem Bestandteil der Realität. Oder der Fiktion?

„Ja, wie geht's dir?" Bellucci meldete sich mit dem unverkennbaren und unverwüstlichen Ton des Optimismus. „Ich weiß jetzt, was die Eiserne Zeit ist. Das ist ein Roman von Coetzee!"

„Das kann stimmen, aber den Roman meine ich nicht!"

„Ich weiß eh!" Bellucci lachte auf.

Buchinger verfiel mit dem Handy in der Hand in der Pose von Rodins Denker. Der Gedanke, dass er nicht der Einzige auf dem Planeten war, der gerne die anderen verarschte, war schon schlimm genug. Noch schlimmer war, dass auch er Opfer derartiger Attacken werden konnte. Und am schlimmsten war es, wenn Bellucci deren Urheberin war.

„Die Eiserne Zeit", fuhr sie fort, „ist eines der ältesten Wirtshäuser in Wien, am Naschmarkt, dort, wo man sein Gold abgeben musste, um eisernen Schmuck dafür zu erhalten. So sollte die kaiserliche Kriegskasse gefüllt werden. Berühmt für sein Gulasch

und für sein Murauer Bier. Ein Stehseiterl hab ich mir genehmigt. Und ein Kapperl geschenkt bekommen, wahrscheinlich wegen meiner schönen Augen. Während du Verbrecher jagst!"
Buchingers Sturz in die Verzweiflung war nicht mehr aufzuhalten. Was Bellucci mit „schönen Augen" meinte, konnte er nur vermuten. Klar war jedenfalls, dass Blicke von Männern nicht Belluccis Gesicht fokussierten, zumindest nicht die ersten Blicke. Und sie wusste das. Und dass er Bier so sehr liebte und das Anfangsstadium einer Mordermittlung so gar nicht, auch.

Markus Zupic betrat den Raum. Ein offensichtlich sportlicher Mann, schwarze Jeans, weißes Polo-Shirt, Schuhe mit den momentan alternativlosen weißen Sohlen, ein nicht wirklich dezentes Rasierwasser, könnte auch das Deo sein. Sehr schwarzes Haar, halblang, flott nach hinten gekämmt, als hieße sein Friseur Gegenwind.

„Buchinger, Morddezernat Wels", stellte der Inspektor sich vor.

„Sie wissen, warum Sie zu diesem Gespräch geladen wurden, Herr…", wieder tat er so, als würde er in gründlich angefertigten Unterlagen blättern, „Herr Zupic?"

„Ja."

„Gut, Sie sind 35 Jahre alt, geboren am 11. Oktober 1985, wohnhaft in Wels, Sie leiten eine kleine Firma, heute würde man sagen, ein Startup. Sie handeln mit 3D-Druckern, wenn ich das richtig verstanden habe."

„Das ist korrekt."

„Haben Sie eine Sanitäterausbildung absolviert, zum Beispiel als Zivildiener oder beim Heer?"

„Habe ich nicht."

„Erzählen Sie mir Ihre Geschichte!"

„Die Geschichte, warum ich keine Sanitäterausbildung gemacht habe?"

„Nein, die große Geschichte, die Geschichte Ihres Lebens, sodass ich mir ein Bild machen kann."

„Sind das jetzt neue Ermittlungsmethoden der Polizei? Was soll das bringen? Erinnert mich ein bisschen an Sitzkreise und flauschige Stoffbälle."

„Mir scheint, Sie halten wenig von der Art und Weise, wie ich meine Vernehmungen durchführe."

„Wenn ich so frei sein darf, ich halte sie für reine Zeitverschwendung", hätte Zupic jetzt eigentlich antworten müssen, aber man bewegte sich ja nicht in einem Roman mit Zitaten von Agatha Christie. Also sagte er schlicht „Ja."

„Machen Sie sich keine Sorgen! Erzählen Sie Ihre Geschichte!"

„Das ist nicht eine Geschichte, das sind mehrere Geschichten. Und sie werden immer wieder neu erzählt, sie verändern sich."

Buchinger ließ nicht locker. Zu sehr war er von der Richtigkeit seiner Methode überzeugt. Ganz egal, worüber die Menschen reden, letztlich erzählen sie immer ihre eigene Geschichte: „Machen wir einen Versuch, erzählen Sie von sich!"

„Ich war eine Berühmtheit und bin zu einer Normalität geworden."

„Berühmtheit?", fragte Buchinger nach.

„Ja, ich bin als Kind von Zuhause ausgerissen und halb Oberösterreich hat mich gesucht. Da war ich vielleicht sieben oder acht. Wir wohnten damals in Stadl-Paura, meine Mutter Lucija, sie war zu diesem Zeitpunkt etwa so alt wie ich jetzt, und meine Schwester Dora ..."

„Der Vater?"

„Den gab es nie. Meine Mutter hat uns ganz allein großgezogen, und das war verdammt hart. Sie ist zwar schon in Österreich geboren, aber die Wurzeln unserer Familie liegen in Kroatien. Wir fahren eigentlich jedes Jahr runter, ich liebe den Geruch des Landes, des Essens, ich liebe das Karstgebirge, das dem Meer vorgelagert ist. Die ideale Symbiose von Österreich und Kroatien: Wandern und Klettern im Dinarischen Gebirge mit Ausblick auf das tiefe Blau der Adria. Wir alle sind froh, dass wir in Österreich leben und arbeiten, aber auch wenn der Lebensstandard bei meinen Urgroßeltern bescheiden war im Vergleich zu hier, sind wir wahnsinnig gerne dort gewesen. Auf sandigen Plätzen Fußball spielen, den Zikaden zuhören, bevor man einschläft, der Klang der Sprache, streunende Katzen, der Geruch nassen Betons auf den Stegen ins Meer, Holzkohlengrill, Gemüse voller Geschmack. Können Sie sich das vorstellen?"

„Sehr gut sogar."

„Wir sind alle zweisprachig, meine Mutter, meine Schwester und ich. Und zweigeteilt ist unsere Seele. Ich habe die Frage immer gehasst, ob ich bei einem Fußballspiel zwischen Österreich und Kroatien zu den einen oder den anderen halte. Normalerweise gewinnt Kroatien, ob ich der einen oder der anderen Mannschaft die Daumen drücke. Es müsste sowas wie Bindestrich-Identitäten geben, die der Sache den ganzen Bierernst nehmen: Dann wäre ich ein Kroatien-Österreicher. So wie die Austro-Kanadier. Aber hierzulande gibt's nur schwarz oder weiß. Und wer nicht für uns ist, ist gegen uns. Ausgemachter Blödsinn! Aber das ist eigentlich eine andere Geschichte. Ich wollte nur klären, wie es zu allem kommen konnte."

„Das ist gut so, wir haben Zeit. Möchten Sie vielleicht ein Glas Wasser?"

Markus Zupic nickte.

„Mayer, ich weiß eh, dass das nicht deine Aufgabe ist, aber wärst du so lieb und würdest uns zwei Gläser und eine Karaffe Wasser organisieren? Ich werde mich mal revanchieren!" Wer könnte einer derartigen Frage, diesem über die Maßen einfühlsamen Reden Widerstand entgegenbringen? Noch dazu, wenn eine Höflichkeit wie diese von einem Vorgesetzten kommt? Das gibt's nicht oft unter der Sonne!

„Nicht nötig, Chef, mache ich gern."

Zupic fuhr fort: „Also Kroatien. Das Geld war immer knapp bei uns. Mutter hatte zuerst als Zimmermädchen gearbeitet – die Bezeichnung „Mädchen" alleine ist schon eine Beleidigung. Heißt in Österreich eine 50jährige Frau auch noch Zimmermädchen? Jedenfalls arbeiten in diesem Job kaum „richtige" Österreicherinnen. Das Gehalt ist schlecht. Der Ruf auch. Wir Kinder haben das irgendwie mitbekommen. Obwohl das vor der Zeit war, in der wir irgendwas aus der Erwachsenenwelt bemerkten. Und wenn wir in neue Schulklassen kamen oder in den Turnverein oder den Tennisverein, dann waren wir anfangs immer einfach nur Kroaten, nicht Schüler oder Turner oder Tennisspieler, sondern einfach nur Kroaten. Obwohl wir genauso sprechen wie alle anderen, genauso aussehen und unsere Einkäufe nicht nur in Plastiksäcken nach Hause tragen, während wir Knoblauch kauen. Da gibt es offenbar ein ganz genaues und empfindliches Sensorium, auch bei Kindern schon, und dieses Sensorium stempelt einen zumindest anfangs als Kroaten ab. Und dann wundern sich die Leute, wenn ich beim Fußball nicht zu Österreich halte!"

Mayer kam wieder zurück. Markus Zupic nahm einen Schluck, dann stellte er das Glas auf das kleine Tischchen zwischen den beiden ab. Sein Blick wanderte durch den Raum. Das Vernehmungszimmer sah aus, wie Seminarräume aussehen müssen: Spannteppich für die Allergiker, Pinnwände für Menschen, die irgendwelche wichtigen Botschaften in die Welt posaunen wollten, ein unvermeidlicher Beamer, der Turbomotor moderner Pädagogik, und eine Flipchart, auf der „Herzlich Willkommen" stand. „Willkommen" wie in 90 Prozent aller Seminarhotels natürlich falsch, also groß geschrieben. Als gäbe es keine ReferentInnen mehr, die noch richtig schreiben können. Gendern ist wichtiger, hatte Buchinger gedacht, als er einen der häufigsten Rechtschreibfehler der Gegenwart entdeckte. Der Blick von Markus Zupic, dem zweiten Kornettspieler der Saxbomb, dem Mann mit kroatischen Wurzeln, blieb allerdings nicht an der Flipchart, sondern an der Kamera hängen, und Buchinger meinte eine leichte Irritation wahrnehmen zu können.

„Ist nur für Dokumentationszwecke", erklärte er, „falls wir im Nachhinein bei einer Aussage nicht mehr wissen, wie sie im Wortlaut getätigt wurde."

„Ist mir egal. Ich hab mich nur gewundert, mit welchem Equipment die Polizei heutzutage arbeitet."

Wenn du wüsstest!, dachte Buchinger. Wir sind schon froh, wenn wir ein Diensthandy zur Verfügung gestellt bekommen und Kugelschreiber. Ich warte nur darauf, bis wir auch die privaten Handschellen mitbringen müssen. Allerdings: Welcher Polizist ist schon so pervers, dass er privat Handschellen besitzt? Will ich eigentlich gar nicht wissen!

„Ihre familiären Wurzeln finden sich also in Kroatien. Und Sie sind einmal von zuhause ausgerissen. Nach Kroatien?"

„Nein, aber fast. Mutter hat immer so positiv von meinem Vater erzählt, den ich noch nie gesehen habe. Er würde auf uns warten, er wird einstweilen wohl sein großes Boot herrichten für gemeinsame Fahrten am Meer, er wohnt ganz weit weg, da unten, im Süden. Mit der Hand deutete sie immer die Richtung an, in der mein Vater zu finden wäre. Ich hatte immer schon das Gefühl, dass er meine Rettung wäre, wenn ich mir die Knie blutig geschlagen hatte, wenn mir ein Kind „Tschusch!" nachschrie als Reaktion auf ein Foulspiel, wenn ich mich einsam fühlte und Angst hatte vor der Zukunft. Denk dran, tröstete mich meine Mutter, du wirst zwei Sprachen perfekt können und du wirst in den Bergen zuhause sein und am Meer. Du wirst bergsteigen und tauchen, Rasnici essen und Kasnocken. Doch das tröstete mich nicht wirklich. Ich wollte einen Vater haben, der die Jungs vom Fußballplatz ordentlich verdrischt, der aus einem super Auto aussteigt mit dem Lächeln eines Siegers, der mit Geldscheinen wachelt wie andere mit einem Fächer.

Eines Nachts, es war halb vier, habe ich meinen Rucksack gepackt, mit Mannerwafferl wie jeder Österreicher und mit einer Flasche Wasser, einer Taschenlampe, einem Reserveleiberl und ein paar Schilling in der Hosentasche. Bei Nacht und Nebel bin ich los, brutal in Richtung Süden, die Richtung, die mir meine Mutter gezeigt hatte. Was ich mir erwartete, weiß ich heute nicht mehr genau. Vielleicht, dass mein Vater mich in die Arme schließen würde, überglücklich vor Freude, den verlorenen Sohn wieder bei sich zu haben. Wir würden fischen und Eis essen. Dass er mich gar nicht erkennen würde, der Gedanke kam mir nicht. Und dass die Suche südlich der österreichischen Landesgrenze erst so richtig losgehen würde, war mir auch nicht bewusst. Heute denke ich, dass meine Verzweiflung riesig gewesen sein muss, um ein derart aussichtsloses Unterfangen zu starten. Ich war so unfassbar sicher, dass alles gut werden würde. Alle würden nur so staunen, dass der kleine Markus so weit gehen konnte. Dass ich die Familie zusammenbringen konnte, so wie die Blues Brothers die Band. Für einen Buben mit sieben Jahren ist klar, dass man das Glück nur draußen finden kann, in einer feindlichen Welt, mit enormen Anstrengungen, nach bestandenen Abenteuern und unter Überwindung von Ängsten. Und Ängste hatte ich genug. Ich kann mich noch sehr gut erinnern, wie es mir im Wald ging, keine 500 Meter von Zuhause entfernt. Der Stacheldrahtzaun, die blassen Gebäude des Munitionslagers dahinter, die Geräusche einer nur vermeintlich schläfrigen Natur. Überall knisterte etwas, unsichtbare Tiere raschelten im bröseligen Laub, der Mond verdeckte mehr, als er erhellte. In dem Zustand der Angst wuchsen die Wesen der Nacht zu nie gekannter Größe heran.

Am Morgen, als es heller wurde, legte ich mich schlafen. Mit den ersten Lichtstrahlen verflüchtigte sich die Angst und ich konnte in einen kurzen, aber beglückenden Schlaf sinken. Heute weiß ich, dass es den Menschen auf Palliativstationen ähnlich ergeht. In der Nacht werden sie von Dämonen heimgesucht, die sie in die letzten Winkel ihrer Zimmer jagen. Mit dem Erwachen des Tages verschwinden sie wieder, es wird ruhig auf der Station und die vom nahenden Tod Gezeichneten finden im Schlaf ihre Ruhe. Das weiß ich von meiner Mutter. Sie hat lange auf einer dieser Palliativstationen gearbeitet, in Linz, bis vor ungefähr zwei Jahren.

Nach dem Aufstehen, ich hatte etwa eine Stunde geschlafen, ging ich tapfer weiter. Den Gedanken, wie traurig meine Mutter und meine Schwester sein würden, wenn sie mein Bett leer vorfinden würden, konnte ich gar nicht zu Ende denken. Ich sah den Traunstein vor mir. Dass ich Hürden wie diese nehmen müssen würde, war mir nicht bewusst gewesen. Ich pflückte einen Kolben jungen Kukuruz und hatte das Gefühl, wie ein absolut Einzelner, wie Robinson Crusoe zu sein. Dieser Roman ist wie ein Treibstoff für die Fantasie eines Kindes. Das wusste ich in dieser Nacht aber noch nicht.

Das Gehen hatte damals schon etwas Berauschendes an sich. Und das ist es für mich geblieben. Dass es ein durch und durch philosophischer Zustand sein kann, wie Thomas Bernhard schreibt, wusste ich natürlich auch noch nicht. Und auch nichts von Popovics Gedanken, dass die Krise der Motor für nachhaltige Veränderung sein kann. Er hat ja im Velebit ausführliche Wanderungen unternommen. Irgendwie beneide ich ihn darum, um seine Suche in der Einsamkeit des Gebirgszugs, sehr weit weg von jeder Zivilisation. Ich halte nichts von Philosophie und Kunst, aber eines finde ich doch witzig: Nämlich dass es immer schon Zivilisationskritik gab, schon bei den alten Griechen, die keinen Strom kannten und kein Handy und keine Bildschirme, auf die man stundenlang starren kann, während vor der Haustür eine Welt erblüht. Wanderer wie Popovic sind auf der Suche nach dem, was wichtig ist im Leben. Was wir begehren, hat auf dem Berg keine Bedeutung. Was auf dem Berg keine Bedeutung hat, kann keine Bedeutung haben. Ich hatte schon eine Antwort auf die Frage, was Bedeutung hat. Ich wusste, was ich wollte. Ich wollte gehen, bis ich meinen Vater sehen würde. Meine Welt schrumpfte, bis außer dem Gehen nichts mehr übrig blieb. Gleichzeitig spürte ich auf kindliche Weise: Gehen ist eine ganze Welt, Gehen ist alles. Bald hörte ich das Folgetonhorn von Polizeiwägen, allerdings aus großer Ferne. Ich dachte mir nichts dabei, gar nichts. Dann das Knattern der Hubschrauber. Sehr laut. Sie flogen in geringer Höhe über mich drüber, machten irgendwo in der Ferne kehrt und brausten wieder über meinen Kopf. Stimmen riefen nach mir, wirkliche Stimmen, wie aus gigantischen Lautsprechern, zuerst männliche Stimmen, dann glaubte ich meine Mutter zu hören. Ich hielt das für einen Trick, um mich von meiner Heldentat abzuhalten. Als mich kurz vor Altmünster - ich konnte den Traunsee schon sehen, irgendwie schön, doch bei weitem nicht das Meer – ein Mann ansprach, wusste ich, dass ich berühmt geworden war.

- Wo gehst du hin?
- Weiß nicht genau. In diese Richtung jedenfalls ... Ich deutete mit derselben Handbewegung wie meine Mutter die Richtung an.
- Du bist schon fleißig gewandert. Möchtest du einen Saft? Mit Eiswürfeln?
- Ich darf nichts von fremden Leuten nehmen, sagt Mama.
- Das hat sie sehr klug gesagt, deine Mama. Du brauchst keine Angst zu haben, du kannst den <u>Hollersaft</u> auch hier heraußen trinken. Ich hol dir ein Glas, ok?
- Ok, ich warte hier. Aber dann muss ich weiter.

Es dauerte ziemlich lange, bis der Alte wieder zu mir kam, ein Glas Saft in der einen, das Handy in der anderen Hand. An den Rest kann ich mich nur ungefähr erinnern: Meine Mutter war plötzlich da, komplett verweint, ich wurde in ein Krankenhaus gebracht, auf eine Station, wo nur Frauen waren. Zumindest sah ich nur weibliche Patienten. Ich vermute heute, es gab dort keine Kinderpsychiatrie, also legten sie mich zu den Frauen. Reporter kamen, machten Fotos von mir, Mutter hat mir dann die Zeitungsartikel vorgelesen."

„Die Frage, ob Sie sich erholt haben, erübrigt sich wohl", meinte Buchinger. „Sie sehen beneidenswert gesund aus."

„Ja, aber es war nicht leicht. Ich musste so viel lernen: Dass man nicht weggehen soll, wenn man sein Glück sucht. Man schleppt nur sein eigenes Elend woanders hin. Dass es niemanden außerhalb deiner Sphäre gibt, der dich rettet wie ein Gott aus einer anderen Welt. Dass man mehr reden muss, dann verkriechen sich die Gespenster schneller wieder."

„Schöne Erkenntnisse! Aber starker Tobak für einen Siebenjährigen."

„Es hat eh Jahre gedauert, bis mir das alles klar wurde. Damals war ich also für einen kurzen Moment berühmt. Dieser Augenblick in der Öffentlichkeit war so etwas wie ein Wendepunkt in meinem Leben: Alles sollte daraufhin anders werden. Damit beginnt der zweite Teil meiner Geschichte."

„Die Geschichte der Normalität, wenn ich mich richtig erinnere."

„Ja, die Geschichte von einem ganz normalen Leben. Ich war ein braver Schüler, ich fügte mich in die Tatsache, dass manches nicht verfügbar war und nie verfügbar sein wird, ich mache Sport, wie Sie sehen." Zupic hob seinen linken Arm und zeigte Buchinger eine dieser Uhren, die heutzutage so viele Menschen trugen. Sie zeichneten alles auf, von der Anzahl der Schritte über erklommene Höhen bis hin zur Menge an ejakulierten Samenzellen beim Sex.

„Wie hoch ist Ihr Puls?", fragte Buchinger.

Zupic drückte an seiner Uhr herum und antwortete: „85."

Also ist die Antwort doch nicht immer 42!

„Normal, oder?"

„Für mich eigentlich hoch, als Ruhepuls. Ich beobachte meinen Körper genau, weil ich mich auf ihn verlassen können muss, beim Radfahren, beim Laufen. Nicht so wie Karl, der auch so eine Uhr hat, also hatte, aber nur zum Angeben. Er würde nie Sport betreiben. Er hätte nie Sport betrieben. Wenn er auf dem E-Bike saß, dann nur, weil alle Übergewichtigen seiner Generation die Motoren ihrer Bikes zum Glühen bringen wollten. Das ist kein Sport: E-Biker sind Schnarchsäcke auf Rädern. Risikopatienten in hochalpinem Gelände. Ich bin leidenschaftlicher Radfahrer, aber E-Biker würde ich nie grüßen. Das würde denen aber eh nicht auffallen, denn die grüßen sowieso nicht. E-Biker sind keine Radfahrer und keine Sportler. Seilbahnfahrer sind ja auch keine Bergsteiger. E-Biken verhält sich zum Radfahren wie Masturbieren zum Geschlechtsverkehr. Hab ich mal gelesen."

„Gefällt mir. Ist ziemlich doof. Könnte also von mir sein. Von gegendertem Radfahren halten Sie auch nichts?"

„Das würde ich nicht sagen. Wenn er mit dem herkömmlichen Rad unterwegs ist und sie mit dem E-Bike, dann können sie gemeinsam Touren unternehmen, und das ist schön. Umgekehrt oder mit zwei Mountainbikes ist das schwer vorstellbar. Wer will schon eine Frau mit Oberschenkeln, die locker 1000 Höhenmeter am Tag wegdrücken?"

„Leicht sexistisch, oder? Aber ich meine es wirklich umgekehrt: Er kriegt motorische Unterstützung, weil er ein Leben genossen hat, mit vollen Tellern und vollen Gläsern, während sie ihre Lust auf Bewegung auslebt." Natürlich sprach Buchinger von seiner eigenen Unsportlichkeit und Belluccis Bewegungsdrang. Mayer musste schmunzeln.

„Ausgemachter Blödsinn!"

„Und welchen Teil Ihrer Geschichte halten Sie jetzt für normal?"

„In den vielen Jahren nach dieser traumatisierenden Flucht hab ich nicht nur psychisch gesund zu werden versucht. Ich wurde ein begeisterter Sportler. Privat, nicht beruflich. Ich bin ein sportlicher, für Luxus empfänglicher Raunzer geworden. Das halte ich für normal."

„Halten Sie das für einen Bestandteil der menschlichen Grundausstattung, diese negative Einstellungen allen anderen und insbesondere allen Andersdenkenden gegenüber?"

„Nein, gar nicht. Außer bei E-Bikern: Hier halte ich die fundamentale Ablehnung für normal, im Sinne von gerechtfertigt. Ich denke, die Menschen sind unendlich prosozial, freundlich, neugierig und positiv. Erst durch den Vergleich mit den anderen kommt das Misstrauen in die Welt, ein Sinn für Gerechtigkeit. Insofern ist das mangelnde Vertrauen ein Motor für eine bessere Welt und notwendig."

„Herr Zupic, ich möchte etwas konkreter werden. Wenn wir das Gesagte auf Sie selber anwenden, dann stellen sich folgende Fragen: Kennen Sie dieses Misstrauen gegenüber anderen Menschen aus eigener Erfahrung, insbesondere das Misstrauen durch den Vergleich mit Karl Weidinger? Und, abschließend betrachtet: Was erscheint Ihnen erstrebenswerter, das Leben als Berühmtheit oder die Existenz eines Normalbürgers?"

„Ich ahne, worauf Sie hinauswollen. Aber ich muss Sie enttäuschen. Natürlich vergleiche ich mich mit anderen und ich bin auch nicht vor Neid gefeit. Aber Karl? Nein, dieser Vergleich macht mich gar nicht unglücklich. Und zu Ihrer letzten Frage: Was gibt es Besseres als ein unaufgeregtes Dasein, in dem man seine Lebenslinie unverbogen zeichnen kann?"

„Ich verstehe Sie sehr gut", antwortete Buchinger, bevor er zu den erwartbaren Fragen kam. „Wann haben Sie Weidinger das letzte Mal gesehen? Ich meine, bevor Sie gemeinsam mit den anderen den Toten fanden?"

„Das war circa eine Stunde nach unserem Auftritt."

„Haben Sie mit ihm gesprochen? War er alleine?"

„Nein, zweimal nein. Marie und Vroni waren da. Vroni beugte sich von hinten zu ihm und redete auf ihn ein. Sehr leidenschaftlich, so schien es. Sein Gesicht hab ich nicht gesehen. Seine Körperhaltung war aber ungefähr so wie später. Als wir entdeckten, dass er schon tot war."

„Wie würden Sie Ihr Verhältnis zu ihm beschreiben?"

„Angespannt. Er war ein richtiger Ausländerhasser. Und ich habe ja kroatische Wurzeln. Trotzdem sind wir ganz gut miteinander ausgekommen. Dass er mit Leber so verfeindet war, hat mir nicht gefallen, auch den anderen nicht. Aber das ist eine andere Geschichte."

„Ein gemeinsamer Bekannter?"

„Ja."

„Ich könnte das eh im Akt nachschauen, aber wenn ich Sie frage, geht's vielleicht schneller: Wo hat Weidinger gewohnt?"

„In Stadl-Paura."

„Ja, aber wo?"

„Mooshammergasse 19. Er hat sein ganzes Leben nur in Häusern mit der Nummer 19 gelebt. Ein interessantes Detail, aber momentan vollkommen nebensächlich."

„Man weiß nie! Wer hat Karl Weidinger umgebracht?"

Zupic war eigentlich *nicht der Mann, dem man die Informationen aus der Nase ziehen musste.* Sie sprudelten nur so aus ihm heraus. Jetzt aber stockte er.

„Woher soll ich das wissen? Ich habe keine Ahnung."

„Haben Sie Weidinger umgebracht?"

„Sind Sie übergeschnappt?"

„Kein Grund zur Aufregung! War nur ein Versuch. Hab ich mal irgendwo gelesen."

Zupic entspannte sich wieder sichtlich. „Lesen Sie weniger! Blöder Versuch!"

„Ich weiß. Danke für das Gespräch. Sie hören wieder von uns. Mayer, bitte schalte die Kamera aus!"

Mayer benötigte eine Sekunde, um sich von dem Schock zu erholen: Wie schaltete man ein ausgeschaltetes Gerät aus? Doch er war Profi und Schauspieler genug, um auf der Kamera einen Knopf zu drücken.

„Eine Frage noch!" Zupic hatte bereits die Türschnalle in der Hand, als Buchinger ihn noch einmal ansprach. Er liebte diese Methode, dieses enervierende Nachsetzen Inspektor Colombos. „Sid, Ihr Kollege, wird ja von Ihnen allen gehänselt, weil er wie ein humanoider Roboter wirkt. Was denken Sie: Ist Sid ein Computer auf zwei Beinen?"

„Nein, natürlich nicht. Er weiß, was er sagt. Wenn ein Mensch das Wort „Apfelstrudel" sagt, dann verbindet er dieses Wort mit Sinneseindrücken: Er schmeckt süß, riecht nach der Küche der Großmutter, ein zu heißer Bissen tut weh und so weiter. Künstliche Intelligenz hat keine Sinne, daher weiß sie auch nicht, was es bedeutet, einen Apfelstrudel zu essen."

Als Zupic gegangen war, musste sich Mayer sofort über den Laptop beugen. Es gab einiges zu tun. Zuerst mal die Mooshammergasse 19 suchen und die Gegebenheiten dieses Hauses ansehen. Es war ein Eckhaus, daher gab es zwei gegenüberliegende Häuser, Mooshammergasse 18 und Schifferstraße 4. In eines dieser Häuser muss Weidingers Ehefrau geflüchtet sein.

„Mayer, bitte recherchier mal im Meldeamt, wer in diesen Häusern lebt bzw. vor zwei Jahren gelebt hat. Dann wissen wir, wer der Mann ist, der Weidinger die Frau ausgespannt hat. Dann müssen wir noch etwas recherchieren, aber ich weiß noch nicht, was." Mayer kannte seinen Chef lange genug, um sich nicht zu wundern.

Buchinger trat auf die Terrasse. Die große Unruhe, mit der er auf die umliegenden Dächer blickte und dem Straßenlärm lauschte, hatte weder mit Wien noch mit der Jahreszeit zu tun. Niemand mochte den März. Die Hasstirade auf E-Biker konnte es auch nicht gewesen sein – die hatte ihn eher amüsiert als verunsichert. Witzig war es ja schon: Wenn wir gemeinsam eine Tour machen, schauen alle meiner Frau auf den Fahrradrahmen, um zu sehen, ob sie Unterstützung durch einen Akku bekommt. Und nicht auf den Busen, so wie früher. Lag es an den E-Bikes oder am Busen? Oder waren die „echten" Radfahrer vielleicht die echten Idioten? Die neben der puristischen Form des Radfahrens keine andere duldeten? In welch irren Zeiten leben wir eigentlich?

Es war etwas anderes, eine Kleinigkeit, die er gehört hatte, die er sich gedacht hatte, oder die sich nur als Ahnung eines Gedankens in seinem Unbewussten geregt hatte, bevor sie wieder verschwand. Wo, wenn nicht in Wien, der Stadt Sigmund Freuds, lag

eine Überlegung wie diese nahe." Hier, wo entdeckt worden war, dass die Psyche zwar funktionierte wie ein Uhrwerk, aber nach ihren eigenen Gesetzen der Hydraulik, die die Triebkräfte des Menschen durchs Gestänge des psychischen Apparats lenkte. Apparat, Uhrwerk, Triebkraft ... das war's!
„Mayer!"
„Ja, ich hab's schon!" Ausnahmsweise klang seine Stimme diesmal nicht nach jugendlichem Optimismus.
„Lass das, wir machen das ein andermal!"
„Wir ist gut!"
Buchinger überhörte Mayers Einwand.
„Die Uhr, das ist es, die Uhr!"
„Verstehe ich nicht."
„Ist es dir nicht aufgefallen? Zupic trägt immer eine Uhr, die seinen körperlichen Zustand aufzeichnet. Weidinger als Antisportler trug auch eine Uhr wie diese. Sie zeichnet unter anderem den Puls auf. Wenn wir Weidingers Uhr bekommen, können wir ganz einfach sehen, wann sein Puls aufhörte zu schlagen. Genial! Oder? Sie zeichnet aber nur einen Zeitraum von acht Stunden auf."
„Klar, genial, Chef!"
„Mach schnell, wir brauchen diese Uhr, und zwar sofort!"
„Wo ist sie?"
„Keine Ahnung, in einer Asservatenkammer irgendwo in Wien. Ich ruf in der Zwischenzeit Stottan an, sie kann uns alle Türen öffnen. Schnell, ins Auto!"
„Ich soll mit dem Auto fahren? In Wien?"
„Keine Zeit für Spielchen, Mayer. Lauf!"
Und weg war er.

10 Zwischenspiel

Als sich Mayer wieder meldete, war Buchinger damit beschäftigt, sich mit Taschentüchern abzuwischen. Bellucci hatte nach ihm gerufen. Ein Leben wie im gedoppelten Schlaraffenland. Bei mir fliegen die fertigen Brathendln nicht nur einfach durch die Luft, nein, sie rufen mich sogar!, dachte er. Er wäre kein Kind seiner Zeit, wenn er nicht aufgrund dieser Assoziation ein schlechtes Gewissen gehabt hätte: Ist es nicht frauenfeindlich, die knusprigen Hühner mit Frauen zu vergleichen? Die Reduktion des Weiblichen auf seine Reize – ist das nicht eine grobe Vereinfachung und demütigende Gleichsetzung mit der Lust? Auch wenn er dieser Frage jetzt und höchstwahrscheinlich nie nachgehen wollte, eines blieb gewiss: Wir leben in komplizierten Zeiten. Wir leben in lustfeindlichen Zeiten! Ich mache mir ja schon selbst Vorwürfe, wenn ich das Leben mit meiner Frau mit dem Paradies vergleiche!

Noch so ein tiefer Riss in seinem Leben, im Leben jedes Mannes, wie er vermutete: Einerseits hoffte er, er möge nie enden, dieser ständige Wechsel zwischen Begierde und Erschöpfung, dieser lustvolle Balanceakt zwischen völliger Selbstaufgabe und dem Versuch, seinen Gedanken mehr Macht einzuräumen als dem Gefühl natürlicher Geborgenheit. Andererseits wäre er manchmal auch schon glücklich, wenn sein Geschlecht ihn in Ruhe lassen würde und sein Sehnen und Trachten sich andere Ziele suchten als Belluccis Brüste, Schenkel, Hals und Hände. Wie vergeblich diese Hoffnung doch war! Kurz nachdem das Begehren seinen Ausdruck im Stöhnen und ein paar Spritzern Prostaglandin gefunden hatte, sich quasi seiner natürlichen Basis entsann, ging das Spiel von Neuem los. Als wären unsere Emotionen nichts anderes als eine hochstaplerische Verkleidung körperlicher Prozesse. Und der Verstand die hilflose Marionette der Emotion. Wo hatte er das gelesen, diesen Satz vom emotionalen Hund, der mit seinem rationalen Schwanz wedelt? Blöd, dass ihm das gerade jetzt einfiel! Der Mensch, ein Tier! Deshalb waren auch alle Besuche im Zoo überflüssig.

„Die Uhr zeichnet ab 3 Uhr morgens keinen Puls mehr auf." Mayer war ganz aufgeregt. „Wir wissen nun exakt den Todeszeitpunkt."

Das mit der Uhr konnte jeder leicht durchschauen – es kommt in allzu vielen Kriminalromanen vor, dachte Buchinger. Trotzdem war auch er glücklich, den Fall wenigstens ein Stück weit vorangetrieben zu haben. „Mayer, wenn du schon unterwegs bist: Bitte mach den Mann ausfindig, der in diesem Nebensaal des Rathauses an der kleinen Bar Getränke ausschenkte. Und befrag ihn, ob er was Interessantes gesehen hat. – Wir treffen uns morgen um 9 Uhr wieder, im Vernehmungsraum, ok?"

„Ok."

Der Tag war weit fortgeschritten. Während sie sich anzogen, planten Bellucci und Buchinger noch einen abendlichen Spaziergang. Buchinger hasste Spaziergänge – aber was hasste er nicht außer Bellucci? Er musste mal eine Liste erstellen: Dinge oder Ereignisse, die ich wirklich nicht hasse.

„Soll ich dir den Fall lösen?", fragte Bellucci, als die beiden bereits durch die Josefstadt liefen. Sich langsam zu bewegen verabscheuten sie nämlich alle beide.

„Ich liebe deine Bescheidenheit!"

„Keine Ursache! Erzähl mal, dann sehen wir weiter!"

„Gut, also da sitzt ein Saxofonist tot an seinem Platz auf einer kleinen Bühne im Rathaus. Wir bekommen grünes Licht, ohne großes

Tamtam und Öffentlichkeit zu ermitteln. Stottan steckt dahinter, das Ministerium steckt dahinter, der Ruf Wiens steht auf dem Spiel. Anscheinend sind nur die anderen sechs Bandmitglieder des Mordes verdächtig. Drei von ihnen habe ich verhört. Durch den genialen Schachzug eines Beamten der Welser Kripo weiß ich nun auch die Tatzeit: Der Mann ist um exakt drei Uhr gestorben, an einer allergischen Reaktion, hervorgerufen durch eine Injektion. Die drei, mit denen ich heute gesprochen habe, sind äußerst interessante Menschen. Alle beobachteten, dass irgendwer mit dem Saxofonisten gesprochen hat, als er anscheinend schon tot war. Interessant, dass alle jemand anderen gesehen haben."

Buchinger blieb kurz stehen, als brauchte er den Stillstand, um seine Gedanken zu ordnen.

„Wenn tatsächlich eines der Bandmitglieder den Mord begangen haben soll…"

„Man müsste halt einfach schauen, wer sonst noch auf dem Ball war, und einen nach dem anderen durchleuchten, ob es eine Verbindung zum Mordopfer gibt", unterbrach ihn Bellucci.

„Was ich an deiner Idee liebe, ist das Wort „einfach". Weißt du, wie viele Gäste dort waren gestern Nacht?"

„Ich nehme mal an: 1000?"

„Es sind fast 3000 gewesen. Also unmöglich, die alle zu durchleuchten. Das machen wir erst, wenn die Ermittlungen ins Leere laufen. Wenn tatsächlich eines der Bandmitglieder den Mord begangen haben soll, dann muss ein Motiv her. Ich weiß natürlich, dass es auch Motive gibt, die überhaupt nichts mit dem Opfer zu tun haben. Auch davon gehe ich jetzt aber nicht aus."

„Eine starke Annahme, Herr Inspektor!"

„Ja, aber was bleibt mir anderes übrig? Jedenfalls sind alle in der Band seit Jahren miteinander irgendwie befreundet, alle finden Weidinger, das Mordopfer, irgendwie unsympathisch. Die eine, weil er ein Frauenhasser war, der andere, weil er ein Ausländerhasser war, und der Dritte, weil er ein sturer Prinzipienreiter war. Die schiachen breiten Schneidezähne hat übrigens niemand erwähnt…"

„Allesamt keine Mordmotive…"

„Denke ich auch. Außerdem kann ich nicht genau überprüfen, welche Aussage wahr ist und welche falsch."

Sie beschleunigten ihre Schritte noch einmal um eine Nuance. Angeblich ist die Schrittgeschwindigkeit in Europa sowieso schon um einiges höher als etwa in südamerikanischen Städten. Bald kam die Hauptbücherei der Stadt Wien in ihren Blick mit dem Restaurant am Dach.

„Lust auf eine Kleinigkeit?" Buchinger kannte seine Frau. Sie würde nie nein sagen. Nicht, wenn es um Lust ging.

Gefühlte 1000 Stufen später war es mit der Lust auch schon wieder vorbei. Sonntag abends kein Betrieb.

„Macht nichts, wär eh ein vegetarisches Restaurant gewesen!", meinte Buchinger nach einem Blick auf die Speisekarte an der Eingangstür. Bellucci befürchtete, dass er diesen Blödsinn auch noch ernst meinte. Sie kannte ihren Mann.

„Andererseits…", nahm Buchinger den Faden wieder auf, „wundert es mich gar nicht, wenn sich Freunde so genau beobachten und so genau über die Fehler der anderen Bescheid wissen. Man vergleicht sich ja doch immer nur mit Menschen in seiner Nähe. Sich mit den zehn reichsten Männern der Welt oder den zehn schönsten Frauen zu vergleichen muss depressiv machen."

Buchinger benötigte drei Sekunden, die zumindest Bellucci furchtbar lang erschienen, um zu überlegen und sich schließlich zu korrigieren: „Das trifft auf dich natürlich nicht zu!"

„Haben deine Verdächtigen die anderen Mitglieder der Band beim Mordopfer gesehen? Nachher, meine ich, also rund um die Tatzeit?"

„Ja, das schon. Aber, wie gesagt: Jeder hat jemand anderen gesehen."

„Schlecht! Aber vielleicht ergeben die Befragungen morgen ja ein deutlicheres Bild."

„Ich habe auch nach medizinischer Vorbildung gefragt, um herauszufinden, ob jemand in der Lage ist, eine Injektion zu verabreichen..."

„Diese Spur würde ich aber nicht weiterverfolgen", warf Bellucci ein. „Erstens ist es wahnsinnig leicht, hier zu lügen, zweitens kann auch jemand, der noch nie eine Spritze in der Hand hatte, diese benützen. Der Übungsaufwand ist überschaubar. Vor allem, wenn die Spritze sowieso den Tod bringen soll. Da ist es wurscht, ob man gut injizieren kann."

Als sie wieder im Hotelzimmer ankamen – sie hatten an der Bar noch einen Drink gekippt, Buchinger ein Soda Zitron, Bellucci eine Bloody Mary – und Bellucci sich auszog und Buchinger wieder mal bemerkte, dass er dem brunftigen Tier sehr viel näher war als einem seelenlosen Computer, sagte sie:

„Ich hab übrigens heute mit einer deiner sogenannten Verdächtigen gesprochen. Hätt ich fast vergessen zu erzählen. Eine junge Frau. Ich habe dich gesucht, wusste ja noch nicht, dass du oben im Dachgeschoß residierst."

„Wie bitte? Eine Zeugin? Die sollten doch alle auf ihren Zimmern bleiben!"

Bellucci wusste natürlich, dass er sich aufregen würde. Wenn sie die Geschichte erzählte, während sie die Nylons abstreifte, die Bluse auszog und den BH mit elegantem Schwung in Richtung Schrank schleuderte, dann wusste er sicher nicht, wie er reagieren sollte. Mit Zorn oder mit sexueller Attacke? Aus dem Motivkonflikt resultiert zumindest im Tierreich die Übersprungshandlung, etwas ganz anderes also. So war es auch. Buchinger schlürfte zum Kühlschrank und holte sich ein Bier. Bellucci konnte weitermachen: „Ja, ist aber doch nicht weiter tragisch! Sie hat zwei G'spritzte geholt, einer deiner Wachebeamten hat mit seinem Handy gespielt."

„In Österreich funktioniert wirklich gar nichts mehr!"

„Sei nicht so streng, mein Lieber! Was soll eine 28-jährige Flügelhornspielerin mit zwei Gläsern Wein in den Händen schon verbrochen haben? Sie ist bei der Landjugend und euphorisch und verliebt! So wie's ausschaut, zum ersten Mal in ihrem Leben!"

„Verliebtheit ist kein Indiz für Unschuld, eher für Verrücktheit."

„Du wirst schon sehen, die Frau ist unschuldig."

„Und in wen ist die verliebt?"

„Ich habe keine Ahnung, darüber haben wir nicht gesprochen. Nur darüber, was für ein göttlicher Zustand das ist. In wen sie verliebt ist, das wirst du selber herausfinden, Kommissar!"

„Kommissar gibt's kan!"

11 Susi, das Akkordeon

Um Punkt 9 Uhr meldete sich Mayer wieder. „Chef, wir starten!"

„Ich bin schon unterwegs!", so Buchinger, während er schon wieder mit Abwischen beschäftigt war.

Im Vernehmungszimmer erstattete Mayer Bericht – wie immer frisch rasiert, dienstbeflissen, optimistisch und voller Freude an seiner Arbeit. Aus dem Jungen wird was werden, dachte Buchinger nicht zum ersten Mal.

„Also, mit den Häusern gegenüber von Weidinger verhält es sich so: In einem wohnte ein gewisser Julius Leberter, Unternehmer, verstorben vor etwa zwei Jahren. Im anderen Haus, Schiffergasse 4, lebte und lebt ein gewisser Prof. Luftinger, Lehrer an einem Gymnasium in Linz, mit Vornamen ebenfalls Julius, damals wie heute verheiratet. Er ist ungefähr so sexy wie ein Stein. Ein farbloser Stein."

„Mayer, aus dir wird noch was werden!" Diesmal dachte Buchinger diese Formulierung nicht nur, er sprach sie sogar aus. Ob Mayer leicht errötete?

„Habe auch lange an dieser Formulierung gearbeitet. Dachte schon, dass sie dir gefallen wird. – Noch ein interessantes Detail: Im Veranstaltungskalender von Stadl-Paura findet sich ein Hinweis auf eine Ausstellung, in der seine Exponate gezeigt wurden. Er macht Fotos, auf denen jeder Mensch wie George Clooney aussieht. Auch Frauen. Jedenfalls scheidet Luftinger meiner Meinung nach aus. Ich hab noch einige Telefonate geführt gestern Nacht: Er wird als krummbeiniger Kauz beschrieben, der selbst dann, wenn er wollte, wohl kaum die Idealbesetzung für die Rolle des Casanovas wäre. Vielleicht deshalb die Fotos mit George Clooney. Der würde nie einem anderen Mann die Frau wegnehmen. Können."

„Bravo, gut gemacht!"

„Also bleibt Julius Leberter über. Zu ihm flüchtete Weidingers Frau Eurydike, genannt Euli. Eurydike konnte im Ort niemand korrekt aussprechen, daher der Kosename. Damit hätten wir drei Dinge geklärt ..."

„Erstens: die Tatzeit, drei Uhr morgens. Zweitens: die Identität des Mannes, zu dem Weidingers Frau flüchtete. Drittens, dass die in den bisherigen Interviews genannten Personen Julius und Leber eine einzige Person sind."

„Ja, wir kommen voran, Chef! Übrigens: Dem Barkeeper in dem kleinen Saal, wo die Saxbomb aufgetreten sind, ist gar nichts aufgefallen. Er war am Ende dieser Nacht selbst schon ziemlich betrunken. Wenn ich es mir recht überlege, waren alle in dieser Nacht betrunken. Der Mann mit dem Saxofon ist ihm aufgefallen, er muss ziemlich lange so dagesessen sein. Ab und zu kamen Leute zu ihm, aber er könnte niemanden identifizieren. Mit einem Wort: ein Schlag ins Wasser!"

„Gut, immerhin! Du müsstest bei Gelegenheit noch bezüglich Julius Leberter recherchieren. Alles, was du kriegen kannst: Einkommensverhältnisse, biografische Daten, Mitgliedschaften, Einstellungen: das volle Programm."

„Ich könnte das gleich machen, die erste Zeugin des heutigen Tages kommt nämlich nicht. Zumindest nicht gleich. Sie möchte sich noch ausschlafen, wenn du gestattest."

„Was!?" Buchinger brüllte selten bis nie. Doch jetzt war es ihm mal gelungen.

„Sie hat erfahren, dass du deine Gesprächspartner nach ihren Geschichten befragst, also hat sie sich hingesetzt und ihre Geschichte aufgeschrieben. Übrigens die halbe Nacht lang. Ich soll dir diese Zettel geben."

„Was zum Teufel...! Wie hat sie von den anderen was erfahren können?" Buchinger schrie schon wieder.

„Österreich, Chef! Offensichtlich beschäftigen sich die Beamten lieber mit ihren Handys als mit ihren Dienstaufträgen. Vielleicht sollte man sie besser bezahlen."

„Schau runter zu diesen Armleuchtern und sag ihnen, dass sie morgen arbeitslos sind, wenn sie so weitermachen!"

„Beide sind pragmatisiert, ich hab schon mit ihnen gesprochen. Aber ich werde ihnen deine Drohung übermitteln, vielleicht wissen sie ja gar nicht, dass Pragmatisierung mit Kündigungsschutz gleichzusetzen ist. Dann studiere ich die Infos zu Julius Leberter. Ich komme in einer Stunde wieder, da bringe ich Susi Antel mit, das Akkordeon. Und du hast inzwischen Zeit, ihr kleines Skriptum zu studieren."

Susi Antels Notizen
Sehr geehrter Herr Dr. Buchinger,
Sie wollen die bzw. eine Lebensgeschichte von uns sechs Bandmitgliedern hören. Ich habe eine schlaflose Nacht vor mir, daher schreibe ich eine meiner Geschichten nieder, obwohl ich mir eigentlich nicht vorstellen kann, wie Sie mit dieser Methode den Täter ausfindig machen können. Aber Ihnen eilt ja ein irrer Ruf voraus, nämlich dass Sie aus einer minimalen Anzahl von Prämissen geniale Schlüsse ziehen können, die sogar noch richtig sind. Woher ich das weiß? Von einem Telefonat, das ich eben geführt habe. Ja, ich besitze zwei Handys! Das hat sich schon in meiner Schulzeit bewährt, etwa bei Lateinschularbeiten. Ich verrate das nur im Vertrauen und weil ich davon ausgehe, dass wir morgen alle nach Hause kommen werden. Die schriftliche Erzählung ist

mir also lieber als ein Verhör unter vier Augen. Was nicht heißen soll, dass ich mich vor der Begegnung mit Ihnen drücken will. Ich kenne Sie ja gar nicht und stehe natürlich gerne Rede und Antwort. Vor allem natürlich deshalb, weil ich mit diesem Vorfall in der gestrigen Nacht so überhaupt nichts zu tun habe. Ganz allgemein bin ich so etwas wie ein Fremdkörper in den Saxbomb, erstens weil ich im Vergleich zu den anderen ziemlich jung bin, zweitens weil ich mit meinem Akkordeon eine ganz andere Rolle ausfülle als die Bläser, Sids Schlagzeug natürlich ausgenommen. Er ist auch ein Fremdkörper. Klar, Sid ist der Inbegriff eines Fremdkörpers.

Meine Geschichte beginnt wie alle Geschichten in dem Alter, in dem die Eltern problematisch zu werden beginnen, also in der Pubertät. An die ersten paar Jahre im Leben kann sich sowieso niemand erinnern, die folgenden Jahre erscheinen Kinder einfach nur lieb und für die Kinder selbst sind diese Jahre ein unerfreuliches Wechselbad zwischen unbeherrschbaren Ängsten und überraschender Freude, ständig wachsender Neugier und einem einzigen großen Staunen. Wenn es auch komisch klingen mag: Hier, in der Pubertät, beginnt das Altern. Du bekommst an der Budel keine Extrawurst mehr angeboten, keiner sagt mehr „Ich hab dich schon gekannt, da warst du noch so klein". Wenn man 22 ist, so wie ich jetzt, dann kennt man die aktuelle Hitparade nicht mehr und kann keine Texte aktueller Songs mitsingen. Aber das ist ein anderes Thema, es gehört zu einer meiner Geschichten, meiner Leidenschaft für den Tod. Wo auch immer ich hinkomme, nach Matrei am Brenner, nach Paris oder Thailand – ich besuche immer mindestens einen der Friedhöfe, weil es mich interessiert, wie die Menschen mit dem Tod umgehen. Der Umgang mit dem Tod zeigt den Stellenwert des Lebens. Mir gefällt auch, dass im Französischen der Orgasmus „petite mort" heißt, also kleiner Tod. Ich finde, das trifft die Sache auf den Kopf. Vom Augenblick höchster Lust bis zum Tod ist es – wenn überhaupt – nur ein kleiner Schritt. Vielleicht ist das dasselbe: die Lust und das Vergessen. Ich denke, es ist kein Zufall, dass ich jetzt über den Tod schreibe. Es war schon einigermaßen spooky, wie wir Karl gefunden haben. Als würde er noch leben, mit seinem Sax in den Händen. Rausgerissen aus dem Leben. Marie hat mir erzählt, dass er nur deshalb nicht umgefallen ist, weil er ein Korsett tragen musste wegen seiner Skoliose. Das hielt den leblosen Körper irgendwie aufrecht.

Mir macht der Gedanke zu schaffen, dass du irgendwas Banales machst, du schälst beispielsweise eine Banane oder du suchst deine Sonnenbrille, und plötzlich bist du weg. Während du noch Pläne machst, und sei's nur für die nächsten Augenblicke, gibt's keine Augenblicke mehr. Das muss man mal verkraften. Auch die Tatsache, dass der Sterbende, besser: der Tote, keine Trauer empfinden wird, weil er gar nichts mehr empfindet, ist nicht ganz so leicht zu schlucken. Was heißt eigentlich „nichts empfinden"? Ich hätte ja nichts gegen das Sterben, wenn nicht der Tod käme nachher. Dass nichts mehr da ist, ist so unfassbar, mehr kann man dazu nicht sagen oder schreiben. Nichts mehr ist da. Nicht einmal die Leere, keine Gedanken, keine Pläne, nichts. Trotzdem rackern wir uns durch unsere Leben, als wäre irgendwas darin von Bedeutung. Komisch, dass einem die unendlich lange Zeit ohne Bewusstsein vor der Geburt weniger Angst macht als die unendlich lange Zeit nach dem Sterben. Zweimal unendlich, zweimal unendliche Langeweile, trotzdem ein riesengroßer Unterschied.

Ich habe mich ein wenig vergaloppiert, ich möchte eigentlich eine andere Geschichte erzählen, eine Geschichte meines Lebens. Sie können dann ja entscheiden, ob es DIE Geschichte meines Lebens ist. Sie beginnt also irgendwann, als wir Mädchen alle ein Smartphone bekamen und gleichzeitig bemerkten, dass nicht alle Menschen Mädchen sind. Ich schreibe jetzt nicht über die alten Weiber, also Frauen über dreißig oder vierzig, sondern über die Burschen. In den Jahren davor wären wir nie auf eine solche Idee gekommen, aber plötzlich machte es uns unglaublichen Spaß: Meine Freundin Marie und ich, wir tanzten vor laufender Kamera, synchron natürlich, mit leicht nach unten gezogenem Ausschnitt und einem Schmollmund, wie die Welt ihn noch nie gesehen hat. Zu Songs wie „Call Me Maybe" und „I Follow Rivers" oder „Timber". Immer schon im gleichen Hopserrhythmus, immer für Veröffentlichungen auf Facebook oder Insta, immer mit einem Lächeln für die imaginierten Traumboys. Es dauerte gar nicht lange, wir besuchten bereits die vierte Klasse Gymnasium, da musste ich erkennen, dass wir uns gar nicht synchron bewegten. Bei Marie verschafften sich nämlich - anfangs kaum merklich, dann mit zunehmender Kraft - Rundungen eine Aufmerksamkeit bei Betrachtern, die mir gänzlich fehlte. Axel war der angesagteste Junge unserer Schule und man musste schon auf beiden Augen blind sein, wenn man nicht sah, dass er in Marie verknallt war. Und dass er als Sohn eines Notars aus derselben Welt kam wie Marie. Sie kennen sich aus mit kleinen geheimen Zeichen – welche Schuhe darf man tragen? Welche Gadgets muss man haben?
Bei mir wuchs rein gar nichts. Ihre T-Shirts begannen vorne rum zu spannen, bei mir hingen sie locker runter. Nicht, dass ich den Busen vermisst hätte! Ich merkte nur, dass Marie interessant zu

werden begann für die Burschen und dass sie schon nach kurzer Zeit bei unseren wilden Tänzen ihre Brust fest wickeln musste, damit sich ihr Busen nicht selbstständig machte bei flotten Schritten. Wenn die Jungs aus unserer Klasse mit ihr redeten, sahen sie ihr hemmungslos in den Ausschnitt. Es spielte keine Rolle, ob sie irgendwas von einem Gespräch mitbekam oder ob das, was sie sagte, irgendeinen Sinn ergab: Hauptsache, der Busen zeigte in die richtige Richtung!

Wir machten uns immer noch gemeinsam über unsere ProfessorInnen lustig, die unglaublichen Blödsinn verzapften. Sie sprachen davon, dass Geld nicht wichtig sei im Leben und dass das Aussehen nicht wichtig sei im Leben und dass man nicht darauf achten solle, was andere von einem denken. Unsere Leben sahen ganz anders aus: Lifestyle, Style und Likes – das war es, was wir wollten. Insgeheim hoffte ich natürlich, dass das professorale Krampfaderngeschwader recht haben würde und dass nicht Äußerlichkeiten zählen würden, sondern „innere Werte": Bei den äußeren Werten hatte ich sowieso keine Chance. Man verwechsle Mangel an Gelegenheit nicht mit Enthaltsamkeit! Maries Eltern besaßen eine Firma und verdienten in einem Monat sicher so viel wie meine Eltern in einem Jahr. Dass sie dieselbe katholische Privatschule besuchte wie ich, war für sie eine gesellschaftliche Selbstverständlichkeit, bei mir war es eine Frage der Überzeugung: Meine Mutter robbte jede Woche vor irgendeinem Altar herum und war so mit Schuld beladen, dass sogar der Heiland schon nicht mehr aus und ein wusste. Mein Vater wusste das sowieso nicht, der tröstete sich bei anderen Frauen.

In den Schulpausen probten wir unsere neuesten Kreationen aus der Tanzwerkstatt. Die Girls-Clique fands cool, die Burschen machten sich über uns lustig und starrten mit einer Erregung, für die sie kein Ventil fanden, auf Maries Brüste. Im Unterricht verdrehten wir den Lehrern die Köpfe: Das war nicht schwer, denn wer in einem katholischen Privatgymnasium arbeitet, hat keine Ahnung vom richtigen Leben. Das brachte uns strengere Kleidungsvorschriften ein: Spaghettiträger waren verboten, tiefe Ausschnitte waren verboten, ultrakurze Röcke waren verboten, für Unterstufenschülerinnen waren lackierte Nägel verboten. Hier – beim Tanzen in den Pausen und beim Sekkieren der Lehrer – endeten allerdings die Gemeinsamkeiten von Marie und mir bereits. Wir bewegten uns nicht in derselben Welt, in der Welt der Reichen und Schönen, auch wenn wir denselben Schulweg hatten und wenn wir nebeneinander saßen. In der letzten Reihe natürlich. Und sobald der Faden zwischen zwei Menschen mal gerissen ist, gibt es kein Halten mehr. Dann schleicht sich Eifersucht in die Beziehung, dann Missgunst, schließlich Gehässigkeit. Ich hasste ihre selbstbewusste Art aufzutreten, ich hasste die Art und Weise, wie sie ihren Körper zur Schau trug. Sie wusste nämlich um seine Kraft, und dass sie es wusste, zeigte sie auch. Ich täuschte Migräne vor, wenn wir wieder ein Video produzieren wollten, vor eintönigem Hintergrund, in einer Küche oder einem Flur, um selber besser zur Geltung zu kommen.

Doch diese harmlose Flucht reichte mir bald nicht mehr, ich war dieser Ausreden müde. Schwerere Waffen mussten her. Ich schmiedete einen Plan und führte ihn minutiös aus. Im Turnunterricht entschuldigte ich mich – die Lehrerin sah nur kurz von ihrem Handy auf, dann spielte sie weiter irgendeine Art von Tetris. In der Garderobe durchwühlte ich hastig Maries Tasche, bis ich fand, was ich suchte, nämlich ihr Handy. Dass ich ihren PIN kannte, war selbstverständlich unter so dicken Freundinnen. In den nächsten Sekunden schrieb ich zig Mails an unsere Professoren, alle mit demselben Inhalt: „Ich liebe Sie. Mich reizt Ihre Gestalt." Wir mussten mal ein Gedicht mit diesen Worten bei Luftinger auswendig lernen, diesem Sexualneurotiker. Er konnte Mädchen ganz einfach nicht in die Augen sehen, immer kam ihm irgendein Busen dazwischen. Schlich sich von hinten an und <u>speanzelte</u> über die Schulter direkt in den Ausschnitt. Ursprünglich wollte ich ja schreiben „Ich würde Ihnen für eine bessere Note gerne wieder mal einen blasen", aber das war mir dann doch zu deftig. Vor allem die Formulierung „wieder mal" hielt ich für besonders gelungen, aber insgesamt erschien sie mir halt doch zu brutal.

Es dauerte nicht lange, bis die Bombe explodierte, genau einen Tag. Allerdings ist sie anders explodiert, als ich erwartet hatte. In mindestens zweifacher Weise anders explodiert. In der großen Pause wurde schon gemunkelt, dass Marie es zu weit getrieben habe, dass sie die Grenzen des Anstands übertreten, den Bogen zu weit gespannt hätte. Man flüsterte sich die heißesten Gerüchte zu: Sie habe mit einem Lehrer geschmust, sie habe sich für ein Video auf Youtube ausgezogen und es hätte drei Stunden gedauert, bis das Video wieder gelöscht wurde. Jedenfalls bestellte die Direktorin die gesamte Schule für 10:45 in den Festsaal im ersten Stock. Von hier aus hat man einen wunderschönen Blick in den Schulpark, mit Weiden, drei großen Teichen und einer Birkenallee. Man sieht auf das Stadtzentrum mit dem alles überragenden Turm der gotischen Kirche am Horizont. Es war mucksmäuschenstill im Saal, keiner der fast tausend Schüler redete, als die Direktorin, eine international publizierende Expertin für spätmittelalterliche Grabinschriften, das Podium betrat. Sie schilderte in einer ewig langen Vorrede das Böse, zu dem Menschen fähig seien, in den dunkelsten Farben. Dann kam sie auf den Punkt: „Auch hier, in diesem Raum, in dieser ehrwürdigen Schule mit fast fünfhundertjähriger Tradition, sitzt eine Person, die Verabscheuungswürdiges getan hat." Viele Köpfe drehten sich in Maries Richtung, die ganz blass neben mir saß und meine Hand drückte. Die Arme! Sie glaubte immer noch, sie könne sich auf mich verlassen. Wir hielten den Atem an, als die Direktorin fortsetzte: „Ich bin fassungslos angesichts des Geschehenen. Ich werde nicht dulden, dass von den Medien verdorbene Jugendliche Unschuldige mit in ihren Abgrund reißen. Deshalb fordere ich Susi...!" Und während sie noch forderte und ich mich wunderte, warum sie Susi sagte und nicht Marie, ertönte ein Schrei aus der Richtung der großen Fenster in den Park und alle sahen hin und alle sahen Axel kopfüber vom Dach unseres dreistöckigen Gebäudes mit beinahe 500jähriger Tradition stürzen, geradewegs in den Tod. Darum hat ihn auch keiner in der Versammlung im Festsaal gesehen, darum hatte Marie vergeblich Ausschau nach seinem gegelten Haarschopf gehalten. Alle schrien auf und stürmten zu den Fenstern, beugten sich raus und sahen das Unvermeidliche: Axel lag mausetot in einer langsam größer werdenden Blutlache auf dem Gehweg entlang des Gebäudes. Kinder und Jugendliche schrien durcheinander, die Direktorin und die ProfessorInnen hatten überhaupt keine Chance, die Masse zu beruhigen. – So verschaffte mir der Tod von Axel noch einen Aufschub von einem weiteren Tag. Dann jedoch wurde ich mit sofortiger Wirkung zuerst suspendiert, schließlich von der Schule geschmissen. Warum

124

Axel in den Tod gesprungen war, weiß angeblich niemand. Sein Leben hatte doch so glatt und positiv ausgesehen! Meines übrigens nicht.

Als ich Axel da so liegen sah, wusste ich, dass mich der Tod interessiert. Ich war nicht wirklich geschockt, ich musste auch nicht schreien oder weinen. Ich dachte nur: Gestern war er noch so schön und begehrt, jetzt liegt er da. Mein Blick auf seinen toten Körper war eher mit wissenschaftlichem Interesse zu erklären als mit Anteilnahme. Aber ich war nicht vollkommen empfindungslos: Sein Blut vor Augen und das Geschrei der anderen im Ohr wusste ich, dass mit mir etwas nicht stimmte. So sollte ein Mensch nicht sein. So sollte man nicht auf das Unglück anderer reagieren. Man soll keine Freude haben am Elend anderer. Man soll es nicht mit kalten Augen anstarren. Man soll vor seinem eigenen Elend nicht flüchten, indem man seinen Mitmenschen eines zufügt.

Der Rest von meinem letzten Tag im ehrwürdigen Gymnasium ist schnell erzählt: Ich wurde ohne öffentliche Hinrichtung entlassen. Man war mir sehr schnell auf die Schliche gekommen: Die Mails waren ja alle während der Turnstunde abgeschickt worden, Marie war nachweislich im Turnsaal, ich war nachweislich „am Klo", und die Professorin musste zähneknirschend zugeben, dass sie auf die Sekunde genau wusste, wann ich den Turnsaal verlassen hatte. Offensichtlich hatte sie irgendein Onlinespiel gespielt, bei dem die Uhr mitschrieb. Sie bekam übrigens wegen ihres Verhaltens im Unterricht Probleme, was mich damals sehr freute. Heute auch noch.

Noch einmal versuchte ich den Kopf aus der Schlinge zu ziehen. Ich meldete mich noch am selben Abend bei der Polizei, um einen

Übergriff anzuzeigen: Man habe mich an einer Bushaltestelle mit einer Injektionsnadel verletzt, ich befürchtete, an einer eventuellen Verunreinigung der Nadel oder an einem injizierten Gift oder einer injizierten Droge zu sterben. Eine Beamtin nahm meinen Bericht geduldig auf, ließ mich das Protokoll unterschreiben und gab mir eine Kopie mit nach Hause. Als ich der Direktorin am nächsten Morgen den Bericht von meiner Nadelattacke vorlegte, lachte sie nur und sagte, ich solle so schnell wie möglich verschwinden. Ich hätte mir den Einstich sicher selber verpasst. So blöd sind die Leute also gar nicht. Nicht einmal in der Schule. Ich war erstaunt.

Ich kam auf irgendein mittelmäßiges Gymnasium in Wels, einer Stadt, die ich damals noch nicht kannte. Man hatte mit meiner Aufnahme strenge Auflagen verknüpft: Ich musste Berichte schreiben, in Sozialeinrichtungen arbeiten, wöchentlich einmal mit einer Sozialarbeiterin reden und durfte nie mit einem Handy in der Schule angetroffen werden. Eine mühsame Geschichte. Meine Mutter jedenfalls erhöhte die Frequenz der Kirchenbesuche und litt sicher schon bald unter wundgescheuerten Knien.

Diese Vorfälle könnte man sicher auch anders erzählen, vielleicht käme ich bei einer leicht veränderten Art von Erzählung etwas besser weg. Aber so, wie ich es hier dargestellt habe, so sehe ich die Dinge. Wenn man ehrlich ist, dann muss man zugeben, dass es gar nicht gut aussah für mich, so, als ob mein Leben mit gut 14 oder 15 schon abgebogen wäre. Als wäre meine Lebenslinie schon ordentlich angeknackst. Wir sind dann auch noch übersiedelt, landeten in Stadl-Paura. Kein kleiner Weg für mich: von der Landeshauptstadt in dieses Provinznest.

Geschichten mit Happy End mag ich ja nicht, aber wenn das Leben so verläuft, was soll man dann dagegen sagen? Jedenfalls ging wirklich alles gut aus für mich. Man könnte natürlich einwenden, dass jeder Mensch sich seine oder ihre Geschichte so lange zurechtbiegt, bis alles passt. Aber ich denke ehrlich, dass ich die Kurve gekratzt habe. Ich denke heute über die pubertierende Susi so, wie man sich an einen schmerzhaften Sturz erinnert. Und gefallen war ich ja tatsächlich.

Eigentlich war es ja als Protest gedacht, dass ich mich in der Musikschule anmeldete und mich für Akkordeon einschrieb. Eine städtische Teenagerin, die auf FM4 steht und vor der Kamera wie verrückt herumhüpfte, die von Volksmusik keine Ahnung hat und in deren Welt das Akkordeon so GAR keine Rolle spielte, interessierte sich plötzlich für dieses Instrument, das sie neben der Zither für das Letzte auf der Welt hielt. Triangel vielleicht ausgenommen. Meine Mutter hatte nichts dagegen, so ein teures Instrument anzuschaffen: Immer noch besser, die Tochter drückt das Akkordeon, als sie drückt sich Haschischspritzen in die Venen, wie sie sagte. So begann eigentlich zufleiß mein neues Leben, das mich zum Akkordeon, nach Stadl-Paura, zu den „Saxbomb" und schließlich in einen Nebensaal des Wiener Rathauses führte, wo wir die gespenstisch lebendige, aber reglos verharrende Leiche Karls fanden. Meine noch aus frühen Tagen herrührende Faszination des Todes ist geblieben, meine Schadenfreude und meine Lust am Leiden der anderen ist verschwunden. Wohl deshalb, weil ich inzwischen weiß, dass nur schwache Menschen Freude am Scheitern und Leiden der anderen haben. Der Sinn des Leidens und Scheiterns liegt darin, dass wir daraus lernen.

Ich studiere an der Uni Innsbruck Medizin. Ich nehme an, dass ich in der Logik der Kriminalpolizei als höchst verdächtig gehandelt werden muss: bösartiger Teenie, am Tod fasziniert, kann Injektionen verabreichen und hat das auch schon mal getan. Aber inzwischen hat sich mein Leben ziemlich gewandelt: Ich habe einen Freund, er ist 25 und Dachdecker. Ich lese viel. Ich versuche, im falschen Leben ein richtiges zu führen. Ich ernähre mich vegan, ich halte nichts von den Besitztümern, nach denen die ganze Welt strebt. Angeblich. Ich denke nämlich, dass die Menschen nach ganz anderen Dingen streben, als uns die Werbung, Social Media und die inszenierte Prominenz weismachen wollen. Wenn es nicht lustig ist, dann zumindest grotesk: Einerseits kaufen wir nämlich zu viel von Dingen, von denen wir gar nicht wussten, dass wir ein Bedürfnis danach haben. Ich denke da zum Beispiel an hoch auflösende Handykameras und Apps, die die Schritte oder die Kalorien zählen. Andererseits zahlen wir dann für Berater, die uns helfen, das Zeug wieder loszuwerden: die Kilos an der Hüfte, das Gerümpel unserer Wohnungen und die Unordnung, mit der wir unsere Leben mühsam vollgestopft haben, nicht nur mit Dingen, sondern auch mit Tätigkeiten. Apps verwalten zum Beispiel. Oder Gebrauchsanweisungen studieren. Oder Dateien ordnen, die Festplatte aufräumen. Geräte laden, Geräte synchronisieren, Zugangscodes speichern. Das ruft professionelle Ausmister auf den Plan, die bei uns Ordnung machen wie wir in Kinderzimmern. Wir benötigen digitale Nachlassverwalter, damit wir uns posthum des Datenmülls entledigen können, den wir über Jahrzehnte produziert haben: Postings, Fotos, Videos, Webseiten, Zugänge zu Amazon und e-banking und Netflix usw. Gespenstisch: Wie Tote mit ihren Accounts präsent bleiben können, als wären sie noch da. Wie Phantome: gleichzeitig da und nicht da. – Jetzt bin ich schon wieder beim Tod gelandet, klar, der tote Karl spukt noch in meinem Kopf herum. Wie könnte es anders sein?

Buchinger legte das kleine Manuskript zur Seite. Während der Lektüre musste er nicht nur einmal aufschreien. Wie zum Teufel konnte Susi Antel den Text drucken? Wer hatte ihr erzählt, dass er sich die Lebensgeschichten erzählen ließ? Wie konnte es passieren, dass dieses <u>Gfrast</u> ein zweites Handy bei sich hatte? Ist es heutzutage wirklich so schwer, dass man – als Staatsdiener - seinen Job tat, dass man verlangen konnte, dass die Leute ihre Pflicht erfüllen? Und nicht nur schauen, wie sie selbst auf ihre Kosten kamen? Mussten Wachleute wirklich auf ihrem Handy spielen und den Dingen in ihrer Umgebung ihren Lauf lassen? Er war so zornig, dass er nicht entscheiden konnte, ob er runter gehen und die beiden Polizisten im ersten Stock töten sollte oder lieber sofort seinen Dienst quittieren. Sollten doch andere Idioten diesen Job machen, ihm reicht's! Seine Übersprungshandlung diesmal: Auf die Terrasse gehen und sich nach einer Zigarette sehnen. Mindestens einmal täglich sehnte er sich nach einer ordentlichen Tschick.

Davon abgesehen: Die Schrift Susi Antels war äußerst interessant zu lesen gewesen. Noch dazu ohne Rechtschreib- und Beistrichfehler. Das gibt es heutzutage nicht mehr oft! Der Text gibt einen guten Einblick in die Psyche der Studentin, dachte er, allerdings lässt er einiges offen. Zum Beispiel die Frage, wie sie mit Weidinger auskam. Zum Beispiel, wieso schon wieder der Name Luftinger fiel. Ist der nicht schon einmal vorgekommen? In welchem

Zusammenhang? Oder täuschte er sich? Dem musste man nachgehen.

Es klopfte. Mayer war wieder da. Seine Recherchen zu Julius Leberter hatten offenbar Ergebnisse gebracht, denn er schaute drein wie ein Volksschüler am Zeugnistag.

„Was sagst du zum Text des Akkordeons?"

„Ich bin schockiert! Unsere Zeugen haben anscheinend gar keine Probleme zu telefonieren, Kontakt untereinander aufzunehmen und Manuskripte zu drucken. Und die beiden Armleuchter da unten haben nichts anderes zu tun, als auf ihre Handys zu schauen. Wozu stellen wir überhaupt Regeln auf, wenn sich niemand daran hält? Das Ganze kommt mir schon so vor wie im letzten Halbjahr der Corona-Pandemie."

„Ich weiß, Chef. Aber was die beiden Armleuchter betrifft, haben wir gar keine Chance. Sie sind von einer anderen Abteilung. Was wir von ihnen halten, ist denen vollkommen egal. Die sitzen hier ihre Zeit ab, schreiben Plusstunden auf ihr Konto und kassieren zusätzlich Diäten."

Buchinger atmete hörbar aus. Vielleicht geh ich doch irgendwann einmal gerne in Pension, dachte er. „Der Text hat viel gebracht, meiner Meinung nach. Ich hab etliches Neues über die Band und über die Psyche allgemein gelernt. Und du? Warst du erfolgreich?"

„Na ja, ich habe Informationen zu Leberter und seiner Frau gesammelt. In aller Kürze: Da gibt es nichts Aufregendes. Finanziell solider Mittelstand, kein reicher Mensch, keine Steuerschulden. Insolvenz seiner Firma vor etwa 20 Jahren, wirtschaftliche Neuorientierung. Politisch unauffällig, seine Unterschrift findet sich auf manchen Petitionen, zum Beispiel gegen eine neue Schottergrube, gegen die Einstellung von Lokalbahnstrecken und so weiter. Keine Vorstrafen, ein unbescholtener Bürger. Klassische Biografie: Heirat, drei Kinder, Scheidung, die erste Frau in irgendwelchen Ashrams in Indien, neue Beziehung. Einige Postings auf Internetseiten über Radtouren durch halb Europa. Verstorben in Portopiccolo, das ist das einzig Auffällige. Portopiccolo ist ein winziges Kaff unweit von Triest, eigentlich kein richtiger Ort, sondern eine Ferienanlage, die man in einen aufgelassenen Steinbruch gepfercht hat. - Kann ich jetzt das Akkordeon reinholen? Sie wartet schon draußen vor der Tür."

„Der wird schon nicht fad werden, sie muss sicher noch das eine oder andere Telefonat führen. Mit einem Handy, das sie nicht haben dürfte."

„Ist aber eine sehr schöne Frau."

„So was solltest du nicht sagen. Du machst dich strafbar." Meinte Buchinger diesen Schrott ernst? „Na gut, schick sie rein! Und schau doch bitte mal nach, ob es eine Verbindung gibt zwischen dem Akkordeon und Professor Luftinger."

Susi Antel war wirklich eine Person, die man mindestens als ansehnlich bezeichnen konnte. Von dem 14-jährigen Gör war nichts mehr geblieben. Eine adrette junge Dame betrat den Raum, nicht allzu groß, die dunklen Haare hochgesteckt, wie es heute modern ist. Ihre Figur traute sich Buchinger gar nicht zu betrachten, das stand ihm in seiner Funktion als beamteter Kriminalist des Staates Österreich nicht zu. Aus den Augenwinkeln vielleicht. Ein bisschen höchstens. Was er sah: hautenge Jeans, eine schmale Taille, ein Shirt, das um die Oberweite ziemlich spannte. Marie, über die sie in ihrem Text geschrieben hatte, wäre ihrerseits nun sicher neidisch auf Susi Antel. Wäre Buchinger etwas jünger gewesen, vielleicht um schlappe drei oder vier Jahrzehnte jünger, er hätte sicher nicht anders gekonnt, als sich wie ein Gockel aufzublasen und mit der Balz loszulegen.

„Susi Antel", sagte er, „danke für Ihr kleines Skriptum, danke auch für Ihre Offenheit, zum Beispiel was das zweite Handy betrifft! Darf ich Sie bitten, es mir nun auszuhändigen?"

„Ich würde es Ihnen ja gerne geben, aber ich hab's Marie geborgt, meiner Kollegin am Flügelhorn."

„Das freut mich, dass die Kommunikation innerhalb der Band so gut funktioniert, auch dann, wenn sie nicht stattfinden darf."

Die Akkordeonistin tat, als würde sie die unüberhörbare Kritik nicht hören, und meinte: „Ja, alles ist gut innerhalb unserer Truppe."

„Dann geben Sie mir zumindest die Telefonnummer! - Diese Marie, ist das dieselbe wie das Busenwunder in Ihren Erinnerungen?"

„Nein, um Gottes willen: Die Marie, mit der ich die Hopserei aufgeführt habe während unserer Schulzeit, würde mich nicht einmal grüßen. Was ich ziemlich gut verstehen kann."

„Ich habe noch einige andere Fragen zu Ihrem Text und zu der Mordnacht vorgestern. Sie schreiben ja, dass die Saxbomb, dass die Musik allgemein Teile Ihrer Rettung waren. Wie fühlt sich das an, als Akkordeonistin in einem Bläserensemble zu spielen?"

„Sid ist auch kein Bläser."

„Ja, das stimmt. Er ist meines Wissens der Schlagzeuger."

„Und ein perfekter noch dazu! Um auf Ihre Frage zu antworten: Es fühlt sich gut an. Wir spielen ja nicht immer auf einer Veranstaltung wie dem Ball der Oberösterreicher. Wir haben auch

Auftritte, wo weniger Alkoholisierte im Publikum sitzen. Da spielen wir gern Bang Bang, Sie kennen den Titel wahrscheinlich. Der Song ist durch Nancy Sinatra populär geworden. Die Melodie schält sich behutsam aus einem langsamen Chaos von Tönen heraus, die beiden Kornette und ich wechseln uns mit der Übernahme des Motivs ab, manchmal hat auch Karl mitgemischt. Das ist ganz großes Kino. Haben wir uns von Vincent Peirani abgeschaut, das müssen Sie sich unbedingt mal anhören. Wir spielen in Zeitlupe, ich halte einen Ton, der dann kaum bemerkbar in die melodieführende Stimme übergeht."

„Weil Sie Karl Weidinger ansprechen: Wer könnte ein Interesse daran haben, ihn zu töten?"

„Seine Ex-Frau vielleicht, aber die war ja nicht auf dem Ball. Sonst fällt mir niemand ein, auch wenn Karl kein einfacher Charakter war. Ein Nazi in meinen Augen, trotzdem nicht unsympathisch. Können Nazis sympathisch sein? Darüber habe ich schon viel nachgedacht…"

„Mit welchem Ergebnis?"

„Karl war Vegetarier, Tierfreund, Weiberer, prosozial und hilfsbereit, gesellig, er konnte mit wirklich jedem reden, mit Rechtsanwältinnen und Verkäufern der Kupfermuckn, er hielt die Europäer für überlegene Herrenmenschen, zumindest die Europäer weit nördlich des Mittelmeeres. Wenn man seine Spezialthemen nicht berührte, war er ein durchaus sympathischer Kerl. Auch die knallharten Schlächter in Mauthausen sind am Ende ihres ‚Arbeitstages' in ihre kleinen Häuschen an der Donau zurückgekehrt, haben gejausnet und ihren Kindern den Rücken gestreichelt. Das Böse hat kein unsympathisches Antlitz. Das Alltägliche ist hässlich genug."

„Mir kommt vor, als wären Sie als Jugendliche geflüchtet, von der empfundenen Minderwertigkeit in einen Sadismus. Sehen Sie das auch so?"

„Ja, das sehe ich auch so. Aber das ist lange her."

„Kommen wir zu dem Abend im Rathaus. Sie haben gemeinsam gespielt, dann war Schluss, alle haben sich auf irgendeine Art zerstreut, Karl Weidinger muss irgendwann einmal zurückgekommen sein auf die kleine Bühne. Haben Sie ihn dort gesehen?"

„Ja, ich habe sogar mit ihm gesprochen."

„Worüber?"

„Dass es ein guter Auftritt war und dass das Ambiente so beeindruckend ist. Das Rathaus, der erleuchtete Park vor den riesigen Fenstern, der Turm des Stephansdoms und so weiter."

„Genau dasselbe haben Sie in Ihrem Text auch geschrieben. Kann es sein, dass Ihnen manchmal die Fantasie davongaloppiert und Sie dann beispielsweise das Gymnasium einfach nach Wien verlegen ins Wiener Rathaus?"

„Nein, das wäre absurd. Es handelt sich um zufällige Ähnlichkeiten."

„Haben Sie andere Bandmitglieder in der Nähe von Weidinger gesehen?"

„Ja, Peter und Markus waren einmal bei ihm. Ich bilde mir ein, da ist er schon so dagesessen, wie wir ihn später vorgefunden haben. Ich könnte mich aber täuschen. Gehört habe ich nichts, ich war zu weit weg, es interessierte mich nicht, was sie zu sagen hatten, und es war ziemlich laut."

„Standen die beiden vor ihm, saßen sie neben ihm? Wie kann ich mir die Szene vorstellen?"

„Peter ist vor ihm gestanden, er hat sich zu Karl runter gebückt. Markus stand leicht hinter Karl, eine Hand auf seiner Schulter. Sah alles sehr entspannt und freundschaftlich aus."
„Wie spät war es da?"
„Keine Ahnung, vielleicht um drei herum."

12 Sid, das Schlagzeug

In Kriminalfällen zeigt sich einerseits das Individuelle, also das Leiden des Opfers und die psychische Konfiguration des Täters, dachte Buchinger. Wenn man hier noch „der Täterin" ergänzt, weiß man, dass der Sprecher oder die Sprecherin irgendwann nach der Jahrtausendwende in der westlichen Wertewelt zuhause ist. Es zeigt sich andererseits das Allgemeine der menschlichen Natur und erst im Nachhinein wird dem ungeübten Betrachter bewusst, wie sehr der Zeitgeist in dieses Allgemeine hineingespielt hat: die Krisen, die zur Sprache kommen, die Musik im Hintergrund, modische Erscheinungen in der Sprache und natürlich in der Kleidung, die Vornamen Josef, Adolf und Luca sowie Maria, Birgit und Emma. Und so weiter. Ohne großes Interesse an menschlichen Biografien und daran, wie sie von den Zeitläuften beeinflusst werden, kann man meinen Job nicht machen.

Gelber Muskateller und Gemischter Satz – an diesen beiden wird deutlich, was Zeitgeist bedeutet. Plötzlich entdecken alle Männer das Geheimnis des Gemischten Satzes, plötzlich und zeitgleich entdecken alle Frauen, dass ihnen der Gelbe Muskateller schmeckt. Irgendwann ebbt diese Welle wieder ab und alle saufen Roséwein. Es gab Zeiten, da galt Valpolicella als der Gipfel der Rotweingenüsse, ein Jahrzehnt später war's der Brunello. In den

Romanen Thomas Manns wird Chablis kredenzt, Hercule Poirot trank am liebsten Cassis. In den Tagen großer Beliebtheit von in Eichenfässern gereiften Weinen – Barrique! – boomte die Produktion von Kopfwehtabletten. Dann gab es einmal die Hochzeit von Frascati und Soave und Cuvees aller Art, vermutlich, weil die Namen so toll klingen. Selbst das Bier, Buchingers bevorzugtes Getränk, unterlag modischen Strömungen.

Buchinger lehnte sich zurück. Um nachzudenken, wie er sich selbst weiszumachen versuchte. *Habe ich Sie nicht oft sagen hören, dass man sich nur zurücklehnen und nachdenken muss, um einen Fall zu lösen?* Natürlich wusste er, dass er sich selbst belog. Er war müde von den Lebensgeschichten und vom Nachdenken. Wollte sich eine Pause gönnen: ein bisschen in „Mord im Orientexpress" lesen, ein bisschen schlafen. Er begann im Buch zu blättern, zuckelte für heutige Verhältnisse unglaublich langsam quer durch den Balkan, roch den Russ der Lokomotive und fühlte das nicht wirklich sanfte Schaukeln der damaligen Luxuswaggons. *Ich habe so einen leisen Verdacht, dass dieses Verbrechen sehr genau geplant und durchgeführt wurde.* In dem Augenblick, als ihm die Augen zufielen, konnte er noch gar nicht wissen, dass sein Schlaf länger dauern hätte können. Mayer nämlich hatte große Probleme, den nächsten Zeugen beziehungsweise Verdächtigen, Sid, den Schlagzeuger, zu Buchinger zu schicken. Und sogar diese Formulierung war noch eine glatte Untertreibung. Sid war nämlich gar nicht da. Sein Bett war gänzlich unberührt. Umso aufgewühlter war hingegen das Bett von Marie, dem Flügelhorn, im Zimmer am anderen Ende des Gangs. Nicht weniger aufgewühlt war Mayer, denn auch Marie war nicht da. Der Beamte, der in dem

Stockwerk Wache halten sollte, blickte Mayer mit Augen an, in denen noch die Tetris-Blöcke langsam nach unten rieselten.

„Sie wollten nur kurz was einkaufen gehen."

„Und Sie haben es ihnen nicht verboten? Das war doch Ihr Auftrag!"

„Ist doch kein so großes Problem! Ich hab sie gefragt, ob sie mir ein warmes <u>Leberkässemmerl</u> mitnehmen."

„Wenn das der Chef erfährt, macht er mir die Hölle heiß. Und Ihnen auch!", sagte Mayer und setzte sich neben den Mann, etwa 40 Jahre alt, unrasiert, Typ Clint Eastwood. Zückte sein Handy und begann Hill Climb Racing zu spielen. Wenn du am Handy spielst, hast du die Kontrolle über dein Leben verloren. Und das war genau das Lebensgefühl Mayers in diesem Moment.

Mittlerweile war Buchinger wieder erwacht, es waren kaum zehn Minuten vergangen. Er sprang auf, als wäre er bei einer Straftat ertappt worden, und stürmte auf die Terrasse, als hätte er dort etwas verloren. Leicht irritiert starrte er auf die Straße weit unter ihm und betrat wieder den Seminarraum aus den späten 70ern. Er drehte sich einmal im Kreis, als könnten ihm die Pinnwände Essenzielles mitteilen. Je älter du wirst, desto mehr Zeit verbringst du mit völlig nutzlosen Dingen. Du reparierst stundenlang irgendeine Kleinigkeit, bringst aber nichts zusammen und musst das Ding schließlich wegwerfen. Du denkst dir beim Kochen, dass du noch ein wenig Majoran brauchen könntest, und drehst dich nach links zum Vorratsschrank. Als du ihn öffnest, findest du sofort das Salz und nimmst es mit flotter Bewegung raus. Bei der Rührschüssel merkst du, dass irgendwas nicht stimmt, und grübelst eine halbe Ewigkeit, warum und wie das Universum momentan schief hängt. Diese Irrwege nehmen immer mehr Zeit und Energie in Anspruch. Wenn man Pech hat, dachte Buchinger, dann verliert man sich am Ende komplett.

Doch noch war es nicht so weit. Mayer hatte sich nie mehr gemeldet, Buchingers Bereitschaft zu heftigen Zornausbrüchen war sofort wieder geweckt. Er stürmte runter in den ersten Stock, wo er den Vorzugsschüler Mayer neben einem Hünen, der wie Hagen von Tronje wirkte, am Handy spielen sah. Mayer sprang auf und kniete sich vor Buchinger nieder, als wäre er Siegfried an der Quelle in den letzten Sekunden seines Lebens.

„Chef", begann er, doch Buchinger winkte ab. Irgendetwas an Mayers Geste, an der Absurdität der Situation rührte ihn.

„Was ist los?", fragte er. „Steh bitte auf, ich schlage dich sicher nicht zum Ritter."

„Zwei der Zeugen, das Schlagzeug und das Flügelhorn, sind verschwunden. Einkaufen. Und dieser Gesetzeshüter hier...", Mayer lachte künstlich auf, „hat sie einfach gehen lassen. Für ein Leberkässemmerl."

Liebe oder Respekt zeigen sich am besten, wenn sie auf die Probe gestellt werden, nicht bei Schönwetter. Buchinger reagierte überhaupt nicht auf das Versagen Mayers, er sagte nur: „Ruf sie an! Sie haben das Handy der Akkordeonistin."

Damit war das Problem schon gelöst. Mayer telefonierte kurz mit den beiden, sie würden in einer Stunde etwa wieder hier sein, sie verstünden gar nicht, warum sie sich nicht Wien anschauen sollten, wenn sie schon mal hier waren, aber sie würden sich sofort von den Pinguinen losreißen und zurückkehren.

„Aber mein Semmerl nicht vergessen!", schrie Clint Eastwood noch ins Handy.

„Sind die beiden ein Paar?", fragte Buchinger.

„Ich denke, dass man davon ausgehen kann", antwortete Mayer wie gewohnt höflich und vorsichtig. „Jedenfalls war eines der Zimmer unbenutzt, das andere ziemlich benutzt. Chef, es tut mir so leid..."

„Papperlapapp! Wir müssen arbeiten. Gibt's sonst noch ein Pärchen in dieser Combo?"

„Ich weiß nicht, ob man das so bezeichnen kann. Jedenfalls war gestern auch das Zimmer von Zupic leer, er nächtigte bei Zehetmair. Die beiden Kornette sozusagen."

„Schwule also. Und warum sagst du mir das nicht?"

„Du hast erst gestern am Vormittag gesagt, ich solle großzügiger sein, toleranter, großstädtischer. Ist ja wurscht, ob die beiden schwul sind oder nicht."

Buchinger *gab sich eine Weile seinen Gedanken hin*. „Da hast du schon recht. Aber im jetzigen unübersichtlichen Stadium des Falles sind alle Informationen wichtig. Weidinger war sicher extrem homophob. Da müsste ich mich schon schwer täuschen." Ich verstehe nicht, wie man homosexuell sein kann - das Normale ist doch schon unangenehm genug. Stammt dieser Spruch von Peter Altenberg oder von Egon Friedell? Buchinger war sich nicht sicher. Aber ein Wiener musste es gewesen sein, das stand für ihn fest.

„Fahren Sie nach Hause!", meinte Buchinger in die Richtung Clint Eastwoods. „Und nehmen Sie Ihren Kollegen mit! Wir brauchen Sie hier nicht mehr."

Zu Mayer gewandt: „In einer guten Stunde also werden sie da sein. Bitte warte hier auf sie und schick mir dann den Schlagzeuger. Ich geh in der Zwischenzeit wieder rauf in den Vernehmungsraum."

Buchinger war kaum dazu gekommen, es sich in der Welt Agatha Christies gemütlich zu machen, einer Welt, in der die Schuldigen noch identifiziert, überführt und verurteilt wurden, da meldete sich sein Handy mit dem Klingelton, der ihn jedes Mal nervte, aber nie genug, um ihn endlich zu ändern. Buchinger hob nicht ab. Am liebsten wäre ihm „Le Meteque" von George Moustaki als Klingelton. Das würde ihn jedes Mal an einen Urlaub in Griechenland erinnern mit Joghurt und Oliven und Retsina, vor allem aber an die im Text angesprochene grenzenlose Leidenschaft. Mit den „cheveux aux quatre vents", den Haaren, die in alle Windrichtungen sprießen, würde es wohl nichts mehr werden. Das verhinderte eine fortgeschrittene Glatze perfekt. Und die Identifikation mit der „gueule de métèque", der Kanakenfresse, ist eine gefährliche Sache heutzutage, wird schnell als cultural appropriation angesehen, so wie man eifrig Pippi Langstrumpf, Winnetou, Jim Knopf und Dreadlocks aus den Bibliotheksregalen und von Bühnen fegt. Wir leben in einer Welt, die ihre eigene Basis nicht kennt, die die Widersprüche zu entdecken nicht mehr in der Lage ist. Eine intellektuell völlig verarmte Welt: Dieselben Menschen, die sich gegen Rassismus stark machen, betonen genau diesen Rassismus, indem sie Aneignung kultureller Ausdrucksformen verurteilen. Und das Witzige daran: Es sind diese aufgeregten Verteidiger von Minderheiten, die sich derart aufregen, und nicht die Minderheiten selber. Was ist aus der postmodernen Gleichzeitigkeit und Gleichgültigkeit von Wertesystemen geworden? Aus der liberalen Durchmischung von Kulturen und Traditionen und Ethiken? Wird die historische Bedingtheit von Schriften völlig außer Acht gelassen werden? Wird man die Lektüre von

Aristoteles verbieten, weil er der Meinung war, dass Frauen weniger Zähne haben als Männer? Einfach nur, weil sie Frauen sind? Werden zukünftige Generationen dies als sexistisch werten? Und wenn Männer Röcke tragen wollen? Wird man dies als Übergriff auf Frauen werten, als kulturelle Aneignung?

Wieder läutete das Handy, diesmal das andere.

„Buchinger, wie schauts aus?", plärrte Stottan ins Telefon. Der Tonfall ließ keinen Zweifel daran, dass sie keine Frage gestellt, sondern eine Kriegserklärung in den Äther geschmettert hatte.

„Ich bin knapp vor einer Lösung", log Buchinger, der noch immer in demselben Dunkel tappte wie am Anfang seiner Ermittlungen.

„Hören Sie, Buchinger, wir können durchaus auch davon ausgehen, dass Weidinger eines natürlichen Todes gestorben ist. Ich meine, wenn die Ermittlungen nichts ergeben. Das ist kein Gewichtsverlust, das ist einfach die Realität. Wir müssen nicht alle Probleme lösen."

Gewichtsverlust?, dachte Buchinger.

„Soll ich die Ermittlungen einstellen?"

„Nein, so habe ich das nicht gemeint. Ich wollte nur sagen: Sie müssen sich nicht endlos abplagen, man kann die Angelegenheit auch ruhen lassen."

Das ist das Schöne an Österreich: Immer läuft irgendwas hinter einem Schleier, der nie gelüftet wird. Interessen mächtiger Männer und Frauen werden geschützt, das Fußvolk strampelt sich ab. Kaum war das Gespräch beendet, meldete sich das Handy schon wieder.

Bellucci war's, die Ursache seiner Leidenschaft für „Le meteque", den Song voller Begierde und Ungehobeltheit und Kraft:

Et nous ferons de chaque jour

Toute une éternité d'amour
Que nous vivrons à en mourir.

„Ich wollte dir nur kurz erzählen, dass ich in einer tollen Ausstellung gelandet bin. Bin im Kunsthistorischen Museum, hier gibt's eine Sonderausstellung über Freundschaft: Raffael, Tizian, Kirchner, Degas und so weiter. Sehr schöne Bilder. Sehr verstörende Einsicht, wenn man die Gemälde miteinander vergleicht. Alles kommt nämlich vor, Berührungen, Nähe oder Distanz, Blick in dieselbe Richtung oder sie blicken einander an, in der Öffentlichkeit oder heimlich. Weißt du, was übrig bleibt?"

Natürlich wusste Buchinger das nicht.

„Ohne weitere Information ist es unmöglich zu sagen, ob zwei Menschen, die wir gerade beobachten, Freunde sind. Ob eine Handlung ein Akt der Freundschaft ist oder nicht, hängt vom Kontext ab. Wenn jemand einer anderen Person Hilfe anbietet, muss das auch nicht immer freundlich gemeint sein: Der Hilfesuchende könnte in eine Situation der Abhängigkeit gebracht werden. Jetzt schau ich mir jedes Bild ganz genau an und überlege, ob die dargestellten Personen befreundet sind und ob man sich vorstellen kann, dass sie eine andere Beziehung zueinander haben."

„Klingt interessant, aber... ich muss jetzt arbeiten!", antwortete Buchinger mit Blick auf seine antiquarische Ausgabe und drückte Bellucci weg.

Mayer schaute kurz rein, um Bericht zu erstatten. Das Internet hatte wieder einmal wertvolle Dienste geleistet: „Zwischen Antel und Luftinger gibt es übrigens nichts Berichtenswertes. Er war ihr Lehrer, wir haben eh schon mal über ihn gesprochen. Er wohnt gegenüber von Weidinger, ein unauffälliger Schatten."

Es war bereits gegen Mittag, als Sid, das Schlagzeug, das Vernehmungszimmer betrat. Hier ist seine Geschichte:

„Die Unersättlichkeit der Meerschweinchen in sexuellen Belangen war beispiellos. Eigentlich sind sie schuld, denn ihre Darbietung blieb nicht nur einzigartig, sondern sorgte auch für die Entwicklung einer Sexualneurose und die Vernichtung einer Existenz. Mutter versuchte vergeblich, uns von ihrem verderblichen Beispiel fernzuhalten, sie war eine Verfechterin echter, menschlicher, promisker Sexualität, doch die Faszination, die von diesen ständig kopulierenden Sexmonstern ausging, war stärker als Mutters Verbote.

Mein Bruder Lukas und ich, wir hatten trotz der Zartheit unseres Alters gelernt, die pornografischen Darbietungen von Klausi und seiner Spielgefährtin im Käfig zu genießen. Klausi war das vier Wochen alte Meerschwein. Zumindest Anna, unsere Schwester, fand Klausi wunderschön.

Wenn Klausi seinen Turbo einschaltete, traf uns dies selten unvorbereitet. Wir hatten vorsorglich bereits drei Sessel rund ums Freigehege der Meerschweinchen gestellt und warteten auf Klausis großen Auftritt. Wir, das waren Lukas, Anna und ich. Anna war neun, Lukas und ich waren immer einen Deut jünger – und so sollte das auch bleiben. Eines von uns Kindern hatte immer ein Auge auf die Schweine, und wenn's losging, ertönte immer derselbe Schrei: „Es geht los! Komm...!" An der letzten Stelle des Ausrufs mussten die Namen der gerade nicht Anwesenden eingefügt werden, also Lukas oder Anna oder mein Name.

Ich habe meinen Eltern nie verziehen, dass sie mich Fritz genannt hatten, das war ja kaum besser als Hugo oder Bruno oder Adolf.

Auffällig irgendwie, dass sich in all diesen doofen Namen ein „o" findet. Eigentlich muss man ja aber schon froh sein, wenn diese Generation der simulierten Hippies nicht auf einen Namen wie Peace oder Che oder Almdudler verfiel.

Wir kamen angerannt, egal was gerade anstand. Ich sprang von einer der Birken, auf der ich ein Baumhaus errichten wollte, Lukas ließ einen Frosch frei, der so blöd war, sich von ihm fangen zu lassen, Anna ließ ihren Kamm fallen und kam im Hopserlauf. Irgendwie kauerten wir auf den Sesseln und feuerten Klausi an, der bereits auf seiner Mutter hockte. „Hocken" ist eigentlich eine Untertreibung für das hektische Zucken, mit dem sich Klausi auf dem Rücken seiner Mutter ins Meerschweinchennirvana kopulierte.

Der Weg ins sexuelle Paradies Klausis war extrem kurz – ein Umstand, der uns immer faszinierte. Wenige Sekunden nach dem Beginn der Besteigung ließ er von seiner Mutter ab und begann mit seiner Schnauze den Rasen nach irgendwelchen Gräsern abzusuchen, als ob er vergessen hätte, dass er eben noch mit Sex beschäftigt gewesen war.

Wir wussten natürlich nur unzureichend Bescheid über die Vorgänge, deren Gesetzen die Meerschweinchen quasi willenlos zu folgen hatten. Dennoch bleib eine eigentümliche Faszination, die uns das Schauspiel wie eine Art von Gleichnis sehen ließ, als sei die hemmungslose Triebhaftigkeit der Nager eine Verheißung auf ein besseres Leben.

Dabei muss gesagt werden, dass man sich ein besseres Leben als unseres kaum vorstellen konnte:

Lukas verbrachte die Tage meist mit Tagträumereien. Er lag in Welten und Geschichten versunken am leicht abschüssigen Rand unseres Gartens, wo die Himbeeren in der Sonne brüteten und saftig-süß aus den Knospen quollen, und fantasierte eine Welt, die uns verschlossen blieb. Er fing Grillen, um sie wieder freizulassen, und streichelte aus ihren Nestern gefallene Amselküken zu Tode. Er flocht kleine Blumenkränze für unsere Mutter, und als er noch sehr klein war, versuchte er mit seiner kleinen Schaufel einen kleinen Hügel im Garten aufzuschütten, damit sie skilaufen konnte, eine ihrer Lieblingsbeschäftigungen.

„Sag mal, bist du noch ganz dicht?", fragte ich ihn.

„Wieso? Mama liebt es schizufahren."

„Das schaffst du doch nie, selbst ein drei Meter hoher Hügel ist noch gar nichts fürs Schifahren."

„Aber man muss doch irgendwo anfangen, oder? Wenn's dann noch ein wenig schneit, dann wird der Hügel ein bisschen höher. Nur der Lift macht mir Sorgen. Wie soll ich einen Lift bauen?"

Genauso verrückt schien mir, dass er mit den Bäumen in unserem Garten redete und allen möglichen Krempel sammelte, um daraus die ultimative Weltmaschine zu basteln. Dieses Chaos stapelte sich im Keller, eine Maschine wurde nie daraus. Außerdem sammelte er Blätter von allem möglichen Unkraut, trocknete und beschriftete sie und hortete sie in unserem gemeinsamen Zimmer. Oft kam es mir vor, als lebte ich in einem ausgetrockneten Urwald, der für die Nachwelt präpariert worden war.

Lukas sammelte also allen Krempel, der irgendwie nach Technik aussah, im Keller: Schrauben, rostig und weniger rostig, Spulen, Magnete, Knäuel von Drähten, ausgelaufene Batterien, zertrümmerte Glühbirnen, Schleifpapier und ausgediente Keramiksicherungen. In unserem Zimmer entfaltete sich die organische Gegenwelt: Äste, die er aus den Traunauen herbeischleppte, Vogelfedern, sanfte und weiche Moospölsterchen, Kaulquappen, die er vergeblich fütterte, bis sie schließlich tot in der trüben Suppe eines Gurkenglases trieben, Ahornblätter, zusammengefaltete Ahornblätter, zerstampfte Ahornblätter (zu seinem sechsten Geburtstag hatte er einen Mörser geschenkt bekommen), Erdklumpen und ab und zu Regenwürmer.

Er machte allerdings nichts mit diesen Dingen, er betrachtete sie nur. Sie veränderten sich nicht, mit Ausnahme der Kaulquappen oder der Würmer, die starben, oder der noch grauslicheren Dinge, die ich einfach aus dem Fenster warf. Weil mir allein der Gedanke an die Natur, die so stumpfsinnig und ziellos gebar und sterben ließ, damals schon zutiefst zuwider war.

Großvater war ein ganz anderes Kaliber, er liebte es, Dinge verändern zu können, den Umständen eine Richtung vorgeben zu können: Er lebte im Dachgeschoß unseres Hauses, das damals, in meiner Kindheit, eher an ein prächtiges Schloss erinnerte denn an ein simples Einfamilienhaus. Er hatte ein Turmzimmer und ein „Atelier" für sich, und dort oben experimentierte und werkte er den ganzen Tag lang: Er komponierte Schokoladenmischungen und rührte Senfkreationen, vor allem aber war er besessen von dem Gedanken, dass man alles wiederverwenden könne und auch müsse. Er zersägte Fahrradrahmen, die er aus dem Altstoffsammelzentrum geholt hatte, und schweißte so lange an ihnen herum, bis etwa eine komfortable Hollywoodschaukel entstanden war. Die man allerdings nicht mehr in den Garten transportieren konnte, für den sie gedacht war, weil die Türöffnungen nicht breit genug waren. Als Großvater meinte, man müsse das Dach aufschneiden und die Schaukel mit einem Kran ins Birkenwäldchen beim Gartenhaus heben, wurde Vater das einzige Mal, an das ich mich erinnern kann, laut: Mit dem Blödsinn müsse Schluss sein!

Die Schaukel steht seitdem in Großvaters Reich. Sein Hämmern ist verklungen, niemand schweißt und bohrt und lötet und flucht mehr dort oben nach seinem Tod. Der Geruch exotischer Gewürze ist längst verflogen, niemand mehr überrascht und beglückt dort oben noch Kinder mit Früchten in gefrorenem Schokomantel oder gegrillten Erdbeeren mit Basilikumsenf. Das Dach auf dem Atelier könnte eine Reparatur gut brauchen, heutzutage wäre es sicher ein Leichtes, die Schaukel aus Großvaters Werkstatt in den Garten zu verfrachten. Man müsste gar nicht viel zerstören – das haben die Umstände inzwischen von alleine geschafft. Die Zeit, wenn man so will.

Dabei schien den beiden, Großvater und Großmutter, die Zeit nichts anhaben zu können. Niemanden hätte es gewundert, wenn sie ewig gelebt und einander geliebt hätten. Mein Urgroßvater hatte die beiden zusammengebracht, lang vor Tinder und anderen Datingplattformen. Trotzdem hat´s funktioniert, besser als heute oft. Er war auf einer seiner Geschäftsreisen in Tirol unterwegs, verkaufte Fässer. Dort traf er auf ein Mädchen, das in einem Hotel ein Praktikum absolviert hatte. Damals nannte man das sicher noch nicht „Praktikum", aber es war so etwas. Er dachte sich, das fesche Mädchen würde seinem Sohn gefallen, und ließ einen Teil des Auftrags und der Lieferung offen und schickte seinen Sohn dorthin ins Zillertal. Auf Brautschau und als Fassverkäufer. Dieser Sohn, mein Großvater, kehrte schwerst verliebt aus Tirol zurück, schrieb Briefe und holte schließlich seine zukünftige Frau zu sich nach Oberösterreich. Man muss sich das vorstellen! Man schrieb das Jahr 1948, der 18-jährige Sohn war für meinen Urgroßvater wie ein offenes Buch, er konnte in seiner Psyche lesen, wie man in einem Buch umblättert. Und es passte! Für beide, für alle drei: meinen Urgroßvater, meinen Großvater und meine Großmutter."

Wie leicht einem doch die Entscheidung fällt, wenn man das Angebot verknappt, dachte Buchinger.

„Für Großmutter war das Leben ohne ihren Mann, meinen Großvater, absolut sinnlos. Sie ist wenige Monate nach ihm verstorben und hat die düsteren und bleischweren Tage bis zu ihrem Tod mit Lesen zugebracht. Als wollte sie nie wieder in eine Welt außerhalb von Buchdeckeln zurückkehren. Religiös wurde sie auch – in unserer Familie ein deutliches Zeichen intellektuellen Verfalls. Und weil nur Esoterik noch schlimmer ist als althergebrachte Religion, bekam ich das Haus vererbt und nicht meine Mutter. Großmutter traute ihrer Tochter mit ihren drogengeschwängerten Spintisierereien keinen Millimeter über den Weg. So wurde ich Besitzer eines riesigen, mittlerweile verfallenden Hauses mit einem riesigen Garten. In der Mitte erhebt sich immer noch ein kleiner Hügel, der mal eine Schipiste werden hätte sollen.

Es ist gar nicht so leicht, den Anfang einer Geschichte zu finden. Der Anfang kann überall sein. Eigentlich ist es für die Erklärung des Zustandes jetzt beliebig, wo man beginnt. Es ist auf jeden Fall richtig. Auf jeden Fall falsch. Es gibt keinen Faden, der irgendwo anfängt und den man nur aufnehmen müsste.

Lisa, unsere Haushaltshilfe, habe ich schon lange nicht mehr gesehen, aber sie ist heute sicherlich noch genauso geerdet wie damals, als wir uns noch Personal leisten konnten. Sie kaufte für uns ein und sorgte dafür, dass zu halbwegs vernünftigen Zeiten Essen auf den Tisch kam. Von den Ideen – sie nannte sie Verirrungen -

unserer Eltern hielt sie nicht viel. Eigentlich hielt sie gar nichts davon. Sie setzte auf althergebrachte Tugenden: Sparsamkeit, Pünktlichkeit, Höflichkeit, ehrliche Arbeit. Wofür sie gar kein Verständnis aufbringen konnte: Vegetarismus, Drogen, schnelle Autos, Radfahrer mit Pampers in der Hose, Fertiggerichte, unrasierte Männer, rasierte Frauen und Frauen ohne BH. Für die Bewältigung fundamentaler Probleme stand ihr ein ganzes Arsenal an Sprüchen zur Verfügung. Mit ihnen konnte sie Denk- und Entscheidungsprozesse extrem beschleunigen, wenn nicht sogar gänzlich ausfallen lassen: Die Sprüche entschieden für sie. „Eile mit Weile." „Lange Haare – kurzer Verstand." Und natürlich: „Erwarte nicht zu viel!"

Sie hielt das Haus zusammen. Sie war für uns da und hatte immer eine kleine Überraschung für uns, wenn wir nach der Schule gemeinsam spielten, einen Kuchen, einen Obstsalat, ab und zu sogar ein Eis. Mutter war nachmittags selten zu sehen, die Vorhänge in ihrem Zimmer waren zugezogen: Entweder hatte sie Kopfweh und war für die Umwelt unansprechbar oder sie machte ihre Yogaübungen und war für die Umwelt unansprechbar oder sie experimentierte mit getrockneten Pilzen oder selbstgezüchtetem Hanf, den sie in einem mit Alufolie ausgekleideten Schrank mit einer Wärmelampe bestrahlte, und war für die Umwelt unansprechbar. Hätte sich jemals jemand im Haus verirrt, das Zimmer meiner Mutter hätte er problemlos gefunden. Es verströmte den intensiven Geruch von Patschuli und Räucherstäbchen und diversen ätherischen Ölen. Nicht zu vergessen die Sitar-Musik. Heute wundere ich mich darüber, damals war das ganz normal für uns. Heute wundere ich mich darüber, wie unsere Mutter derart aus der Zeit fallen hatte können. Die Musik ihrer Jugend war eher der

Punk oder schlechtestenfalls Abba. Aber die Hippies und deren Musik waren in den Jahren, als sie jung war, bereits hoffnungslos verstaubt. Immerhin rede ich von einer Zeit um die Jahrtausendwende. Wer nicht vollkommen verrückt war, trauerte den scheinheiligen Leistungsverweigerern mit ihren Ikonen Joan Baez, Richie Heavens und Canned Heat doch keine Sekunde nach. Noch dazu, wo die Musik abgrundtief schlecht war. Und rührselig. Die haben doch tatsächlich geglaubt, dass die Welt eine bessere wird, wenn man bei einem Folk-Konzert mit einem Feuerzeug schunkelt.

Seit wenigen Jahren lebe ich alleine in diesem riesigen Haus. Mutter arbeitet oder eher meditiert in irgendeinem Ashram in Nordindien. Ich frage mich immer, wie sie dort ohne deutschsprachige Quizsendungen am Nachmittag ihr Leben aushält. Vater finanzierte ihr anfangs diesen Luxus, damit er seinem eigenen nachgehen kann: Inzwischen hatte er sich ja von der großen finanziellen Katastrophe seines Lebens erholt und mit Euli wieder eine Frau fürs Leben gefunden und konnte seiner Leidenschaft, quer durch Europa zu wandern oder mit dem Rad zu fahren, nachgehen. Er las beispielsweise Lessing oder Einstein oder Dante und folgte ihren Spuren quer über den Kontinent.

Und da kommt Karl Weidinger ins Spiel, nur noch ein wenig Geduld! Ich sehe die ganze Sache heute so: Mit den kopulierenden Meerschweinchen begann meine Geschichte, die Geschichte einer Sexualneurose. Vom Anblick des wie elektrisiert werkenden Klausi habe ich mich nie mehr erholt. Ich spürte weder den natürlichen Drang in mir, der mir gesagt hätte, wie man beim Geschlechtsakt tut, noch hatte ich einen Funken Zuversicht, eine Frau zu finden, die es mit mir treiben wollte. Ich begann zu stottern. Nichts ging mehr flüssig. Nur das Klopfen gelang mir ohne unangebrachte Pausen, ohne Stocken, ohne eruptive Beschleunigung. Allerdings nervte mein Klopfen alle anderen zu Tode. Großvater schuf daher ein kleines Refugium für mich oben in seinem Dachgeschoß, eine Kemenate, mit Eierschachteln ausgekleidet, wo ich mich austoben konnte.

Von einem der Dachfenster hat man einen grandiosen Blick auf die oberösterreichischen Ausläufer der nördlichen Kalkalpen, also auf den Traunstein, das Warscheneck, den Großen Priel. Ich war fasziniert von dieser Silhouette, allerdings nicht von der Silhouette, wie sie sich dem Auge offenbart, wenn man von Stadl-Paura aus einfach nach Süden blickt. Nein, etwas ganz anderes faszinierte mich. Großvater hatte mir eine App am Handy installiert, die einem die Namen der Gipfel anzeigte. Es gab eine Option, die die Berge nicht in natura zeigte, sondern stark reduziert nur als schwarze Linien auf weißem Grund. Durch Zufall bemerkte mein Großvater, dass ich allein anhand der schwarzen Zackenlinien, die die Konturen von Steilhängen und Sätteln und karstigen Klüften nachzeichneten, die Berge benennen konnte. Und zwar mittlerweile, durch ausdauerndes Studium im virtuellen Raum, in ganz Österreich. Ich kannte die Physiognomie jedes Berges aus jeder Himmelsrichtung. Reden ohne zu stottern konnte ich nicht, vor allem nicht mit Mädchen, aber die Berge, die kannte ich. Raufklettern konnte ich auch nicht, meine Tage waren ausgefüllt mit meinem Schlagzeug und mit meiner Berg-App. Großvater war begeistert, ja euphorisiert.

Bei einem gemeinsamen Abendessen im Haus, Lisa hatte wieder mal für uns alle gekocht, erzählte er meinen Eltern davon.

Meine Mutter meinte: „Ach, der Bub, er kann ja so lieb sein."

Mein Vater meinte: „Was ist das für eine Beschäftigung für einen jungen Mann?"

Mein Großvater meinte: „Der Bub hat ein unglaubliches Talent, er hat ein unendlich großes Gedächtnis. Daraus kann man Kapital schlagen! Ich gebe ja zu, dass es zu nichts nütze ist, aber meine Generation hat noch den Katechismus auswendig gelernt und wir sind auch keine besseren Menschen geworden. War also auch zu nichts nütze. Man muss der Welt zeigen, was der Bub kann!"

Vater winkte ab: „Ich hab momentan sehr viel um die Ohren."

Mutter sagte nur: „Fritz, komm her, lass dich drücken, ich hab dich lieb!"

Großvater knallte seine Serviette auf den Tisch, dass die Kandelaber wackelten, und stürmte aus dem Esszimmer. Großmutter rief ihm noch halbherzig nach: „Aber Adi ...!"

Mein Großvater telefonierte noch am selben Abend mit seinem Patenkind Karl, Karl Weidinger. Der überzeugte sich von meiner Fertigkeit, und weil er als Unternehmer relativ frei über seine Zeit verfügen konnte, beschlossen die beiden, der uralte Opa und sein altes Taufkind, dass Karl Weidinger mich zur größten Fernsehshow Europas, nämlich „Wetten dass...", begleiten sollte.

Bestaunt von Millionen von Fernsehzusehern in Deutschland, Österreich und der Schweiz gewann ich meine Wette vor laufenden Kameras und damit begründete sich mein Ruf als Wunderkind.

Karl Weidinger schleifte mich daraufhin durch halb Europa und präsentierte mich wie früher in Schaubuden auf Jahrmärkten als skurriles Gedächtnisgenie. Ich nehme an, ich weiß, warum er sich so für mich aufopferte: Ein Mann, der sich so rührend um ein Kind kümmert, das gar nicht das seine ist, hat bei Frauen alle Chancen.

Nur bei seiner eigenen nicht, die war ihm egal. Später ist sie ihm ja auch davongelaufen. Nämlich zu meinem Vater."
Buchinger schreckte auf: „Wie heißt Ihr Vater?"
„Julius Leberter."
„Aber laut meinen Informationen heißen Sie nicht Leberter, sondern...", Buchinger blätterte kurz in seinen Unterlagen, „... Wiesmann."
„Darum nennen mich in der Band alle Vicious, wie Sid Vicious. Wiesmann klingt so ähnlich wie Vicious. Ich bin ein großer Fan der Sex Pistols, ich liebe vor allem ihre Version von „My Way". Ich trage den Familiennamen meiner Mutter. – Jedenfalls, um die Geschichte zu einem Ende zu bringen: Eines Nachts, wir waren gerade in Köln, bin ich von einem Geräusch in unserem Hotelappartement aufgewacht und wollte in Karls Zimmer der Ursache des Geräuschs nachgehen. Was ich sah, hat meiner Familie weitere drei Jahre Therapie gegen das Stottern gekostet: Karl jagte in großkarierten Socken eine etwas ältere und dickliche Dame mit unglaublich weißer Haut durchs Zimmer, mit einem Samtpeitscherl in der einen Hand und einer tropfenden Erektion in der anderen. Ihr Gang hatte etwas beunruhigend Faszinierendes an sich: Gewissermaßen lauernd, wie ein alter, fetter Puma, grau und müde, bewegte sie sich. Die Knie leicht gebeugt, aber nicht federnd. Geduckt, aber nicht, um auf ihre Beute zu springen, sondern weil die Schwerkraft die Knie beugt, das gute Essen, der müde Lebensstil. Oder vielleicht doch noch federnd, allerdings musste die Feder dann schon ziemlich ausgeleiert sein.
Meine Verstörung war grenzenlos. Dieser Vorfall hat die Freundschaft zwischen meinem Vater und Karl nicht gerade vertieft, wie Sie sich vorstellen können. Dass Karl auch für den wirtschaftlichen

Untergang meines Vaters, für die Insolvenz seines ersten Unternehmens, verantwortlich war, wusste damals ja noch niemand. Mein Vater ist seit zwei Jahren tot, jetzt ist auch Karl tot. Irgendwie schaut es so aus, als hätte die Gerechtigkeit sich durchgesetzt."

Dieser Sid Vicious Wiesmann machte eigentlich gar keinen verschüchterten Eindruck auf Buchinger. Seine Eloquenz überraschte ihn, immerhin hatte der Schlagzeuger gestottert und von den Bandmitgliedern das Attribut „Nerd" umgehängt bekommen. Computerfreaks sind normalerweise ja nicht für ihre Sprachgewandtheit und ihr Redebedürfnis bekannt.

„Ich sag's ganz offen: Ich bin mit meinem Leben und meinem Schicksal im Reinen. Mir tut zwar das Kreuz verdammt weh, aber in Wien habe ich die Frau meines Lebens nicht kennen-, aber lieben gelernt. Nicht zuletzt durch die Vermittlung Karl Weidingers. Insofern bin ich auch mit ihm ausgesöhnt", ergänzte Sid abschließend.

Und Buchinger ergänzte für sich: Ich muss gar nicht beim Sex verunfallen, um Kreuzweh zu haben. Das ist das Vorrecht des Alters.

„Haben Sie Karl Weidinger noch einmal gesehen an dem bewussten Abend? Und wenn ja, war jemand bei ihm?"

„Ich war wegen eines Bandscheibenvorfalls ja nicht allzu mobil in jener Nacht, konnte also gar nicht weit weg von dem kleinen Saal, in dem wir gespielt haben. Ich hab Karl nicht mehr allzu oft gesehen, einmal waren Vroni und Susi bei ihm, einmal Peter, glaube ich. Aber ich kann mich wirklich kaum erinnern, war benebelt vom Sex, von den Tabletten, von der Musik, von unserem erfolgreichen Auftritt."

„Verstehe. Sie werden von den anderen Mitgliedern der Band oft damit aufgezogen, dass Sie eigentlich ein Roboter wären. Können Sie sich das erklären?"

„Natürlich. Einerseits ist es der Neid. Ich kenne mich bei Computern aus, die anderen nicht. Die Beleidigung ist eine Möglichkeit, sich gegen die Überlegenheit zu wehren. Eine schlechte allerdings, wie ich meine. Sehr leicht durchschaubar. Andererseits ist es so, dass ich der Meinung bin, dass eine extrem große Datenmenge alle oder fast alle Probleme unseres Planeten lösen können wird. Denken Sie nur an den Kriminalfall, den Sie aufklären sollen: Hätte man alle Daten und ein intelligentes Programm, wäre der Fall sofort gelöst. Man füttert eine künstliche Intelligenz mit allen Berichten, Fotos, Aussagen und so weiter, dann würde das Programm in Sekundenschnelle eine Antwort ausspucken. Unabhängig von Gemütszuständen der Kommissare ..."

„Es gibt keine Kommissare hier in Österreich."

„Ist ja wurscht. Also unabhängig von der Psyche der Kommissare und den Gefühlen aller Beteiligten und anderen menschlichen Störfaktoren. Man muss nur aufpassen, dass man die richtige Frage stellt. Nicht dass der Computer ‚42' als Antwort ausspuckt und kein Mensch weiß, was das bedeuten soll. Deshalb halten mich alle für einen Nerd, weil ich davon überzeugt bin, dass künstliche Intelligenzen viele oder alle Probleme besser lösen können als der Mensch."

„Was denken Sie: Woran kann man erkennen, dass eine Äußerung oder eine Handlung menschlich ist und nicht das Ergebnis eines Algorithmus?"

„Das ist meiner Meinung nach ganz leicht: Die Emotion ist das Menschliche. Nur Menschen leisten sich den Luxus, ein

Störprogramm, also eine psychische Krankheit, zu einem Wunder hochzustilisieren. Ich meine die Verliebtheit. Kein Mensch entkommt diesem Mechanismus: Du bist verliebt und hältst deinen Zustand für einzigartig im Universum, in Wahrheit ist dieses Hochgefühl nichts anderes als eine Form von Wahnsinn, den man durch das Wirken von Hormonen leicht erklären kann."

„Was ist Ihr Wahnsinn, Ihr Fehler, Ihr Unterscheidungsmerkmal von einem Computer?"

„Erstens bin ich verliebt, zweitens hat diese Verliebtheit sehr sehr viel mit Körperlichkeit zu tun. Ich kann mir kein Programm vorstellen, wo die künstliche Intelligenz weiß, was es bedeutet, einen Körper zu haben und einen anderen Körper zu begehren. Drittens leiste ich mir den Luxus der Ineffizienz, indem ich einen Garten betreue, den Garten bei meinem Haus. Wer weiß, wie ein Ahorn wächst, dem braucht man das Konzept der ewigen Wiederkehr des Gleichen nicht zu erklären. Ein Garten ist ein Sinnbild für die Sinnlosigkeit in dieser Welt. Gartenarbeit ist ein Sisyphos-Projekt, kein outputorientiertes Programm würde in diese Arbeit investieren. Man sticht die Erde um, recht das Laub zusammen, widmet sich mit Groll dem Unkraut, um ... in Bälde dasselbe wieder zu tun. Wer im Garten tätig ist, dem fällt die Antwort auf die Frage nach dem Warum dieser Bemühungen leichter als all jenen, die den Garten nur als ästhetisches Projekt kennen: Es geht letztlich darum, der Welt etwas Gesundes zu hinterlassen, und wenn's nur ein handtuchgroßes Beet ist."

Buchinger sah die Sache naturgemäß etwas anders. Trotz seines Umweltbewusstseins blieb er skeptisch bis pessimistisch: Mit den paar Karotten aus dem Bio-Hochbeet kann man nicht mal die Zwerghasen im artgerechten Freigehege ernähren. Dennoch:

Dass die Arbeit mit der Erde mehr an Resonanz bereithielt als das Hämmern auf der Tastatur, stand auch für Buchinger außer Frage.

„Gartenarbeit ist ein aussichtsloser Kampf gegen die Natur, bei dem man nie aus den Augen verlieren darf, dass ein Sieg gegen die Natur (gegen unerwünschte Triebe, Viecher, Unkraut, Rasenwachstum, abgefallene Blätter und Äste) nur darin bestehen kann, ebenselbige vollständig auszumerzen, was der eigenen Tätigkeit die Existenzberechtigung nähme. Denn wo kein Unkraut wächst, braucht es auch keine Gegenmaßnahmen gegen Unkraut. Bäume, die keine Blätter verlieren, machen die Blätter kehrende Landschaftspflege arbeitslos. Noch radikaler natürlich: Keine Bäume machen keine Blätter. Der absolute Nullpunkt in der Entwicklung von Gartenarchitektur ist mit der Negation von Natur durch blau schimmernde Steine in Vorgärten erreicht, wenn man bedenkt, dass es auf diesem unseren Planeten nichts gibt, das weniger lebendig ist als ein Stein. Eine Bankrotterklärung von ästhetisch kaum überbietbarer Niveaulosigkeit, in der sich das entfesselte Kleinbürgertum mit seiner Fantasie von Ordnung austobt und selbst ein Denkmal setzt. Als wären Gartenzwerge nicht genug. Warum nur leben die Leute ihren extrem schlechten Geschmack nicht im Stillen aus? Schließen die Türen, ziehen die Vorhänge vor und genießen hypertrophierte Niveaulosigkeit zum Beispiel im Fernsehprogramm oder indem sie halb nackt vor den aus allen Fugen geratenen Körpern der ebenso halb nackten Lebenspartner posieren? – Sie sehen: Ich pflege meine Hingabe an die Sinnlosigkeit. Und dies mit dem Garten, der sich zwischen Biedermeierkult einerseits und chinesischer Weisheitslehre andererseits bewegt: Dumme laufen, Kluge warten, Weise gehen in den Garten. Außerdem hat mir der Garten und da insbesondere die

Holzarbeit geholfen, mit meiner Sexualneurose fertigzuwerden. Da gibt es doch diesen Film „Der gezähmte Widerspenstige", in dem sich Adriano Celentano mit Holzhacken gegen die anstürmenden sexuellen Impulse zu wehren versucht. Auch in der Erzählung Stifters „Der beschriebene Tännling" muss ein Baum für starke Affekte herhalten. Bei mir läuft das völlig anders: Aus lauter Frust, kein Holz spalten zu können, entweder weil's zu kalt oder nass ist oder weil einfach kein Holz da ist zum Spalten, will ich Sex. Kriege ihn aber nicht. Bekam ich nie. Als wir Studenten waren, lebten wir in einer WG, drei Burschen. Immer hungrig, immer frierend, immer ohne Geld, immer ohne Frauen. Wenn einer von uns durch irgendeinen Job mal was verdient hat, kauften wir sofort ein: Essen, Alkohol und vor allem Holz. Wir riefen alle Mädchen an, die wir kannten, und luden sie zu einem zwanglosen Meeting ein. Das sagten wir zumindest. In unserer Vorstellung sollte dieses Meeting selbstverständlich zu einer nicht jugendfreien Orgie ausarten. Den Ofen in der Küche brachten wir zum Glühen. Die Hoffnung, dass sich die Mädchen ohne unser Zutun einfach ausziehen würden, weil die Hitze zu groß wäre, erfüllte sich nie. Am Ende des Abends war alles wie vorher: Das Feuer erlosch schön langsam wieder und in der Küche wurde es kalt. Wir waren alleine, aber ziemlich betrunken.

Ich vermute aber, dass das alles seit diesem Wochenende anders sein wird."

„Und darum muss die künstliche Intelligenz die menschliche ablösen? Weil die Menschen von Emotionen geleitet werden und sich freiwillig der Ineffizienz widmen?"

„Ja, so sehe ich das. Und weil sie insgesamt besser und schmerzfreier funktioniert. Es wird wohl Zwischenstadien geben,

Mikrochips unter der Haut, Assistenzsysteme in Geräten, die die Einflussmöglichkeiten von Menschen minimieren. Aber am Schluss wird der Mensch verschwinden, und das ist gut so. Die Maschinen werden diesem irrationalen Nervenbündel sicher nicht nachtrauern. Klar: Trauer ist ja auch so eine Störfunktion."

„Eine Frage habe ich noch: Ich habe Weidingers Handy durchforstet und nichts Auffälliges gefunden. Außer einer Notiz. Weidinger hatte ja keine Kinder, wenn ich mich nicht irre?"

„Nein, keine Kinder."

„Trotzdem gibt es da eine Eintragung, in der es heißt: Oma schmeckt dein Striezel nicht! – Verstehen Sie, was das bedeuten könnte?"

Buchinger dachte natürlich an einen Code, den es zu knacken gilt. Sollte man nur die Anfangsbuchstaben betrachten? OsdSn. Stand das O für Organisation? Oder für Operation? War Stottan deshalb so nervös, wenn es um die Ermittlungen in diesem Fall ging?

„Nein, keine Ahnung. Klingt aber bescheuert."

Mayer jedenfalls war nicht besonders erfolgreich mit seinen Anfragen beim Verteidigungsministerium und beim Innenministerium, ob „Oma schmeckt dein Striezel nicht" der Codename für eine Geheimoperation, verdeckte Ermittlungen, einen international koordinierten Zugriff auf ein Drogenkartell oder ähnliches sein könnte. Er wurde jeweils viermal telefonisch weitergereicht und erntete immer dieselbe Reaktion, nämlich Gelächter. Ob man denn bei der Polizei in Oberösterreich nicht wisse, wie ein ordentlicher Deckname aussehe? Delfin etwa oder Adler, maximal Hofer. Aber sicher nicht irgendwas mit ‚Striezel'. Im BVT, dem Bundesamt für Verfassungsschutz und Terrorismusbekämpfung, lachte man überhaupt nicht, sondern war von ausgesuchter

159

Höflichkeit. Wie sich herausstellen sollte, vermutete man in dieser hochsensiblen Organisation einen kabarettistischen Hinterhalt, beispielsweise von Stermann und Grissemann oder Alex Kristan.

13 Marie, Flügelhorn

Was macht uns Menschen aus, dachte Buchinger. Dass wir zu Grausamkeiten fähig sind? Da war er, was Roboter betrifft, nicht allzu optimistisch. Die würden für den Vorteil von vielen sofort die Minderheit eliminieren. Ohne mit der Wimper zu zucken, hätte er beinahe gedacht. Wimpern gab's ja gar nicht. War es also der Körper, auf den sehr viele Menschen ironischerweise zu wenig achteten, der den Menschen ausmachte? Ein Computer kennt keine Blähungen, kein Kreuzweh und keine Orgasmen. Bleibt das am Ende von 3000 Jahren Philosophiegeschichte und Nachdenken des Menschen über sich selber übrig, die Blähungen? Was ist bloß aus dem Ebenbild Gottes geworden, dem vernunft- und sprachbegabten, mit der Staatskunst ausgestatteten Wesen, das zum Lachen und zur Kultur fähig ist? Ein Körper, der sich an seine Geschichte erinnern kann und dabei wehmütig wird? Eine Ansammlung von Zellen, die weiß, dass sie sterben wird? Verdrehte Welt: Menschen machen sich Sorgen über Maschinen, die vielleicht einmal Bewusstsein erlangen könnten. Aber niemand sorgt sich, dass in der Zwischenzeit die Menschen ihr Bewusstsein verlieren könnten. Dass sie wie ferngesteuerte Objekte zwischen Drogen, Propaganda, Handyspiel und anderer lustvoller Zerstreuung sich selbst verlieren könnten und in virtuellen Welten verirren.

Ihm schwirrte der Kopf. Konstrukte wie Freundschaft, mit der Bellucci sich gerade beschäftigte, und Liebe, die Buchingers Leben spät, aber doch, ins Lot brachte – nichts anderes als in die Irre weisende Programme? Er würde heute noch das letzte ausstehende Gespräch führen und sich dann ausgiebig Zeit nehmen fürs Nachdenken. Die Lösung des Falles kann heute noch nicht erfolgen, weil der Herr Inspektor mit dem Nachdenken noch nicht fertig geworden ist, dachte er.

Es war gar nicht so leicht, ein Würstelstandl zu finden für ein schnelles spätes Mittagessen. Mayer hätte eh lieber einen Kebap gegessen oder Ramen, aber dafür fühlte sich Buchinger zu alt. Er suchte nach einem Wien-Bild, das ihn seit seinen Jugendtagen begleitete, ein Bild, in dem sich Heurigenlokale, Bierkeller, von Jugendlichen besetzte Parkanlagen, quietschende Straßenbahnen und U-Bahn-Schächte mit dem Gestank von Gummi tummelten, gemischt mit dem unverwechselbaren Sound des Wienerischen: mit lang gezogenen Vokalen, falschem Dativ und einem schönen glockenreinen „A" wie in „fahrn". Der Rest von Österreich grölt euphorisiert mit Wolfgang Ambros „foan", wie in „Schifoan". Oder die bildungsbürgerliche Variante, genannt Schönbrunner Deutsch: Dann sagt man nicht „Tag", sondern „Dag". Und man geht nicht „auffi" wie im Rest Österreichs, sondern „rauf".

Ein Schwall warmer Luft quoll aus dem engen Würstelstandl, eine Mischung aus kochendem Wasser und verbranntem Käse.

„Darf's sonst noch ein Wunsch?", fragte die Dame.

Was für ein göttliches Deutsch! Grundfalsch und trotzdem verständlich!

Ums Eck stritt ein Sandlerpärchen. Er schrie: „I glaub, du missverstehst ans ned!"
Herrlich! Er hätte in dieser akustischen Suppe baden können! So wie Elias Canetti damals.
„Ham Sie Käsekrainer?"
„Ja sicher."
„Dann hätt i gern a Burenwurst."
Besser geht's nicht. Einen Tag die Ohren durchspülen lassen in diesem Sprachkessel und man wusste, ob man das lieben oder hassen musste. Gleichgültigkeit konnte es hier nicht geben, befand Buchinger.

Marie Hauser, Flügelhornistin der Band, betrat den Raum. Eine 28-jährige Frau, bekleidet mit einem (selbstgenähten?) Rock und einem schlichten schwarzen Shirt. Sie trug eine Art Ballerinas, jedenfalls Schuhe ohne erkennbaren Absatz. *Ihr Auftreten war so ruhig und unaufgeregt wie ihre Frisur.* Wahrscheinlich war die einzige Sünde in ihrem Leben, dass sie einmal eine Flasche Buntglas irrtümlich in den Container für Weißglas geworfen hatte. Wer sie betrachtete, konnte schwerlich annehmen, dass ihre enthemmte sexuelle Begierde die Ursache für einen Bandscheibenvorfall sein könnte.

„Frau Hauser, Sie sind die letzte Person, die ich heute im Zusammenhang mit dem Mord an Karl Weidinger befrage."
Marie Hauser schluchzte bei dem Wort „Mord" hörbar auf. Die Erste übrigens, der die Angelegenheit anscheinend naheging. Oder sie war eine perfekte Schauspielerin.
„Sind Sie Schauspielerin?"
„Nein, leider nicht. Ich bin Busfahrerin."

„Ich nehme an, Sie haben so wie alle anderen aus Ihrer Band keine Ahnung, wer ein derart grausames Verbrechen begangen haben könnte, und Sie haben im Laufe des Abends, um den es geht, niemand Verdächtigen in der Nähe von Karl Weidinger gesehen."

„Sie haben recht, ich kann mir überhaupt nicht vorstellen, wer das getan haben könnte. Aus unserer Band sicher niemand. Wir kommen sehr gut miteinander aus. Ich war selbst nur ganz selten im Saal. Einmal habe ich ihm ein Getränk gebracht, einmal habe ich Vroni bei Karl gesehen. Glaube ich. Ich hatte andere Interessen. In dieser Nacht." Die junge Frau strich sich mehrere Male das halblange Haar aus dem Gesicht, wirkte aber nicht wirklich nervös. Eher irritiert. Buchinger, ein Liebhaber des Umwegs, wählte genau diesen. Wie sonst hätte er dieser Frau anderes als Dreiwortsätze entlocken können? Schüchternheit mag ja lieb sein, aber sie nervt.

„Was ist gute Musik?"

„Gehört das zum Verhör?"

„Das ist kein Verhör. Ich bin leidenschaftlicher Fan der Konzerte von Arcangelo Corelli. Und Bach liebe ich sehr. Ich genieße es, an einem Sonntagmorgen laut Barockmusik zu hören, während der Kaffee seinen Geruch entfaltet. Wenn ich mich schon mal mit einer Musikerin unterhalten darf, dann will ich auf jeden Fall die Frage nach guter Musik stellen. Was denken Sie?" Aus lediglich erahnten Gründen verschwieg er, dass er das Dreckige von „Le Meteque" und das Ungestüme der Punkbands der 80er-Jahre ebenso liebte wie Bach.

„Gute Musik muss einen erschüttern. Das denke ich."

„Was meinen Sie mit erschüttern? Muss man bei guter Musik weinen?"

Marie Hauser lachte auf. „Nein, das wäre blöd."

„Sondern...?" Die zurückhaltende und einsilbige Art der jungen Frau machte Buchinger langsam nervös. Eher grantig als nervös.

„Also wenn Sie schon Barockmusik lieben: Das berühmte „Adagio" von Albinoni ist tatsächlich so ein Stück, bei dem man weinen muss: die helle Violine, der Basso continuo, das dumpfe Heulen des Soundteppichs im Hintergrund. Alles so wunderschön, wie ein ewiges Aufbäumen des Willens gegen den Tod. Trotz der Schwere des Schicksals sind wir in Gott geborgen. Oder die Filmmusik von Michael Nyman: Das hat etwas mit Ergriffenheit zu tun, wie einen diese insistierende Musik immer weiter nach unten zieht. Oder das berühmte Oboenkonzert von Marcello in d-Moll: Das ist Schönheit. Oft denke ich, man müsste etwas derart Schönes komponiert haben, dann könnte man sterben. Mozart hatte die Begabung. Der arme Salieri, sein Widersacher am Wiener Hof, hatte sie nicht. Gott prüfte ihn, indem er ihm die Fähigkeit verlieh, das Genie Mozarts zu erkennen, das Genie seines Feindes. Es ist so furchtbar bitter, wenn man das Schöne erkennt, aber es nicht erschaffen kann."

„Ihr persönlicher Favorit in der Musik?"

„Schwer zu sagen. Ich liebe zum Beispiel den Auftritt der Procol Harum in Dänemark, wo die alten Herren noch einmal „A Whiter Shade Of Pale" zum Besten geben. Man sagt ja immer, die Melodie sei von Bach geklaut, aber das ist purer Blödsinn. Jedenfalls: Bei guter Popmusik stirbt der Sänger für dich auf der Bühne, er jammert seinen Schmerz ins Mikro und befreit die Hörerinnen dadurch von diesem Jammer des Lebens. Eine Erlösung sozusagen."

„Sie sind religiös?"

„So wurde ich erzogen. Ich halte was auf die Bibel. Ich war Ministrantin. Ich glaube an Jesus Christus und seine Auferstehung. Ich glaube nicht an den Papst und nicht an die Heiligen."

„Geht das, dass man einige Säulen des Glaubens einfach weglässt?"

„Das ist mir wurscht." Die Frau begann ihm sympathisch zu werden. „Ich glaube auch, dass Gott eine Frau ist, zufleiß." Jetzt war's mit der Sympathie schon wieder vorbei.

„Und Karl Weidinger? War er religiös?"

„Überhaupt nicht. Seine Meinung war: Alle Menschen, die an Gott glauben, sind Trottel."

„Gab es deshalb Streit zwischen Ihnen?"

„Gar nicht. Ich bin immer schon wegen meines Glaubens gehänselt worden. Das ist das Kreuz des Herrn, das ich tragen muss. Bei Karl war das allerdings ganz anders." Wieder verstummte sie. Dass sie sich jedes Wort aus der Nase ziehen ließ, war Buchinger von den bisherigen Gesprächen mit den Stadlingern nicht gewohnt. Die redeten einfach munter drauf los.

„Was war anders bei Karl Weidinger?"

„Es war extrem primitiv. Da lohnte sich keine Diskussion. Schon in der Bibel heißt es, und zwar bei …"

„Können Sie mir ein Beispiel geben?"

„Er hasste Weihrauch. Als wenn das ein Argument gegen den Glauben wäre! Er glaubte nicht an die Verwandlung von Wasser zu Wein. Wie ein Kind! Gott könne man weder sehen noch hören, daher existiert er nicht. Das ist dumm, so was diskutiere ich gar nicht."

„Aber er hat Sie öfter damit aufgezogen."

„Ja, aber wie gesagt: Mich erschüttert nichts so schnell in meinem Glauben."

„Erzählen Sie mir bitte Ihre Geschichte!"

„Warum ich religiös bin, oder was?"

„Was Sie wollen. Mir ist nur wichtig, dass Sie Ihre Geschichte irgendwann mit Karl Weidinger verknüpfen."

„Das ist leicht. Fast jedes Leben eines Menschen, der in Stadl-Paura lebt oder lebte, ist irgendwie mit Karl verbunden. Er war ein unglaublich präsenter Mensch. Und dann sitzt er so armselig da, über sein Sax gebeugt..." Wieder schluchzte sie.

„Das erinnert ein wenig an Dornröschen, plötzlich rührt er sich nicht mehr, wie eingefroren. Rundum Musik, das Leben geht weiter, die Menschen haben gute Laune, aber einer ist tot. Da kann einem der Glaube helfen, denke ich. Karl war eine sehr auffällige Persönlichkeit: einige Jahre im Gemeinderat, häufig am Fußballplatz, als Zuschauer natürlich, in zig Vereinen, polternd, fordernd, Schmäh führend, hinter jedem Rock her. Wirklich kennengelernt habe ich ihn erst vor zwei Jahren in Portopiccolo. Er war dort auf Urlaub. Aber ich hatte vorher schon, das ist jetzt schon einige Jahre her, mit ihm zu tun.

Ich bin ja Busfahrerin von Beruf, ich fahre Kurzstrecken im oberösterreichischen Verkehrsverbund, meist zwischen Wels und Attnang-Puchheim und Bad Ischl. Das ist, wenn man so will, nicht nur mein Broterwerb, sondern auch mein demütiger Dienst an der Menschheit: Eigentlich wollte ich ja Theologie studieren. Ich hab mich als studierte Pfarrassistentin gesehen mit pastoralen

Aufgaben. Gespräche mit Mitgliedern der Gemeinde, Trost spenden für Leidende, Feste organisieren helfen wie die Taufe, die Hochzeit und so weiter.
Das Studium war eine herbe Enttäuschung. Die Enttäuschung ist kein Bestandteil der Dinge, sondern Ergebnis einer falschen Einstellung. Es hat ein Jahr gedauert, bis ich endlich bemerkt habe, dass Theologie nichts mit dem Glauben zu tun hat. Das ist ungefähr so, wie Literaturwissenschaft nichts mit der Schönheit der Literatur zu tun hat. Das sollte man wissen, ich hab's aber nicht gewusst. Darum habe ich das Studium beendet und bin Busfahrerin geworden. Wenn man die Sache genau betrachtet, ist es nämlich reichlich egal, was man tut: Man muss es nur mit ganzem Herzen tun können. Eine Busfahrerin übernimmt für kurze Zeit Verantwortung für eine Reisegesellschaft, muss die Irrtümer und Bosheiten einzelner schwarzer Schafe dieser Gemeinschaft aushalten können und wissen, wo die Reise hingeht. Ich habe verzweifelte Menschen beruhigt, pöbelnde Nazis rausgeworfen, stänkernden Schülern eine Standpauke gehalten, und alten und kranken Menschen beim Aus- und Einsteigen geholfen. Ich habe mich zweimal geweigert weiterzufahren, einmal, weil türkische Jugendliche zwei Mädchen belästigt haben, einmal, weil zwei Burschen mit ihren ausländerfeindlichen Reden nicht aufhören wollten. Das hat mir zwei Disziplinarverfahren eingebrockt, aber ernsthafte Probleme bekam ich nie: Es gibt einfach zu wenige Busfahrer!"
Diese geballte Ladung an Bravheit war einfach zu viel für jemanden wie Buchinger. Um die Erzählung aus dem Erfahrungsschatz einer Heiligen abzukürzen, fragte er: „Und einer dieser pöbelnden Nazis war Karl Weidinger."

„Nein, die Geschichte ist etwas komplizierter. Eines Tages stieg eine Frau von etwa 65 Jahren in den Bus und wollte offensichtlich ein Ticket bei mir kaufen, aber die Worte dafür wollten ihr nicht einfallen. Ich fragte: ‚Nach Wels?' Sie nickte. Dann war unsere erste Begegnung bereits vorbei."

Es wird sich noch herausstellen, dass die Frau der verkleidete Weidinger war, der auf perverse Art versuchte, mit der jungfräulichen Busfahrerin in Kontakt zu treten, dachte Buchinger. Aber das war schon wieder zu einfach und boshaft gedacht. Kleine Sünden werden bekanntlich sofort betraft, diesmal in Form einer Erzählung, die noch lange nicht aufhören sollte.

„Ein halbes Jahr später sah ich die Frau wieder. Ich konnte mich an sie erinnern, ihre hochtoupierten und kohlrabenschwarz gefärbten Haare, ihr grelles Makeup auf sehr heller Haut, die breiten Schneidezähne – das vergisst man nicht so schnell. Ich druckte ihr ein Ticket nach Wels aus, fragte, ob sie dort zuhause wäre, sie nickte und lächelte. Erst als sie von mir wegging, bemerkte ich den Gehstock, offenbar ging es ihr schlechter als noch bei unserer letzten Begegnung.

Es verging ein weiteres halbes Jahr, ich besuchte meine Großmutter im Altersheim, man hatte ihr in der Zwischenzeit eine Zehe amputieren müssen. Da sah ich sie wieder. Nicht die Zehe, sondern die Frau. Sie saß im Aufenthaltsraum, der eigentümlich nach Fett roch und nach Apfelkompott. Ich hasse Apfelkompott, vor allem den Geruch der Gewürznelken."

Buchinger bedauerte inzwischen, dieser schüchternen Frau auf die Beine geholfen zu haben. Mittlerweile redete sie, ohne Atem zu holen, begeistert von ihrer Geschichte. Die Vorliebe für Umwege sollte ich noch einmal überdenken. Bisweilen wäre eine

Abkürzung nicht zu verachten, vor allem bei langen Erzählungen ohne brauchbaren Inhalt. Nur zum Beispiel. Ich sollte eine Liste erstellen über Ereignisse, die dringend einer Abkürzung bedürfen. Warten beim Zahnarzt. Witzig eigentlich, dass das Warten auf etwas als unangenehm erlebt wird, das Warten eines Geräts aber als positiv.

„Ihr Rollstuhl stand am Fenster, sie starrte regungslos ins Freie, auf einen Fußballplatz, eine Schule, die unauffällige Skyline von Wels. Ich sprach sie an, sie drehte mir den Kopf zu, konnte aber nicht mehr reden. Sie brachte nur Vokale heraus. Ich dachte, sie wäre gelähmt, und fragte sie danach. Sie hob einen Arm und schnappte sich das Teehäferl, das auf dem Tisch neben ihr stand. Damit war die Frage beantwortet. Sie lächelte. Ein wunderschönes Lächeln eigentlich. Ich blieb eine Weile stumm neben ihr sitzen, wir betrachteten gemeinsam die Silhouette von Wels, die so unspektakulär ist, dass man am liebsten einschlafen möchte. Dann begann ich ihr zu erzählen. Dinge aus meinem Alltag und was ich mir über diese Dinge dachte. Bei meiner Oma machte ich das auch ab und zu, aber sie konnte kaum reagieren, lag einfach nur da.

Während ich so redete, geschah Eigenartiges: Was ich bisher nie bedacht hatte, fiel mir nun wie selbstverständlich ein. Als ich etwa von Burschen erzählte, die mich verarschen wollten, sagte ich, dass sie dumm wären. Amalia, so hieß die Frau, so las ich zumindest auf dem Schildchen, das immer auf dem Tisch neben ihr stand, drehte abrupt den Kopf und blickte mir scharf in die Augen. Nein? Waren sie nicht dumm?

Sie schüttelte unmerklich den Kopf.

Böse?

Sie nickte.

Nicht Dummheit ist die Ursache des Bösen, sondern ein Mangel an Nachdenklichkeit. Das habe ich von Mali – Amalia - gelernt. Nicht weil die Menschen nicht denken können, verfallen sie auf dumme Gedanken, sondern weil sie das Denken verweigern. Das war das Erste, was Mali mir beibrachte. Und das gefiel mir. Zuhause schrieb ich in mein Notizbuch, in das ich meine Erfahrungen im Alltag eintrug: Der Mangel an Reflektiertheit ist die Ursache des Bösen. Das klang schon richtig gut. Und passte wunderbar zu meinen anderen Ausführungen über die Dummheit, etwa: Wie töricht die Menschen doch sind! Leben blöd und blind für das Ziel, auf das sie zusteuern, nämlich den Tod, in den Tag hinein. Dann erfahren sie, dass sie gesundheitliche Probleme haben, und beginnen das Leben zu genießen. Sie schätzen den Augenblick und schauen weniger gehässig auf ihre Mitmenschen. Angesichts der plötzlich wahrgenommenen Endlichkeit werden sie von einem Bedeutungszuwachs überschüttet, dem sie nur mit Tränen antworten können. Wie grenzenlos dumm! Es hat sich nämlich überhaupt nichts verändert – mit einer kleinen Ausnahme: Sie wissen nun, wie dumm sie waren. Und ich wusste von diesem Tag an, dass es eben nicht die Dummheit war, sondern ein Mangel an Bereitschaft zu denken.

Warum die Menschen weniger nachdachten? Darüber unterhielt ich mich mit Mali beim nächsten Besuch. Ich kam nun regelmäßig, öfter als bisher zu meiner Oma. Ich schaute kurz bei Oma rein, inzwischen musste sie künstlich ernährt werden, dann setzte ich mich zu Mali, wir schauten gemeinsam aus dem Fenster, ich sah ihr Lächeln, anfangs noch um den Mund, später in den Augen. Der Verfall ging übrigens rasend schnell vor sich. Innerhalb weniger

Monate konnte sie sich überhaupt nicht mehr bewegen, ihr Gesicht wurde grau und wächsern. Aber ich konnte ihre Reaktion spüren, ich sah ihre Zustimmung oder Ablehnung in ihren Augen. So therapierten wir uns quasi gegenseitig: Ich half ihr über einen Alltag, der die Hölle gewesen sein muss, ihr wacher Geist in einem verfallenden Körper stachelte mich zu bislang unbekannten Überlegungen an."

Wieder einmal korrigierte Buchinger, während er zuhörte, seine Meinung über einen Menschen. Diesmal dachte er: *Sie war in diesem Augenblick richtig schön.*

„Mit ihr hielt ich Zwiesprache, fast wie Don Camillo mit seinem Jesus am Kreuz."

Buchinger seufzte hörbar auf. Das machte übrigens Bellucci immer wütend, dass er seine Abneigung gegen Religion nicht einfach für sich behalten konnte. Obwohl er genau das, nämlich Stillschweigen zu bewahren in Sachen Religion, von allen anderen forderte.

„Eine Woche, bevor sie starb, saß ich wieder neben ihr. Sie war so gealtert und ausgetrocknet, dass es aus den Achseln staubte, wenn sie schwitzte. Wieder schauten wir auf das trostlose Bild, das Wels abgab, wieder wunderte ich mich darüber, wie grau und schwer der Himmel sein konnte. Ich weiß noch genau, worüber wir redeten: Es gibt nur einen Gedanken, den du lernen musst auszuhalten, sagte ich mehr zu mir selbst als zu ihr, ansonsten droht tiefe Verzweiflung: nämlich, dass alles, was dir jemals wichtig war oder gar wesentlich schien, nichts ist. Dass du dich an Strohhalme klammerst, indem du den Dingen anhaftest. Dass letztlich – natürlich – alles zu Staub zerfällt und nichtig wird. Oder weniger noch: Es ist wie nie gewesen. Aus dieser Tragödie gibt's nur einen Ausweg: nicht die Liebe, nicht die Verewigung in deinen Werken. Nur: Musik hören! Dann kannst du die unfassbare und unfassbar traurige Sinnlosigkeit von allem erahnen und dich gleichzeitig trösten lassen.

Das meinte ich ernst, nicht zynisch. Ich holte meine In-Ear-Sticks aus meiner Jackentasche und steckte sie ihr in die Ohren. Drückte auf Play und in ihrem Gehirn muss sich die Welt von Marcellos Oboenkonzert in d-Moll ausgebreitet haben. Ich spielte ihr das Adagio vor und sah ihre Tränen. Ich stand auf und umarmte sie, das ist, wenn eine Person sitzt, gar nicht so einfach. Ich bilde mir ein, dass ich spürte, wie sie zitterte. Ich weiß gar nichts von ihr, nur das Wenige, das mir die Betreuerinnen in dem Heim erzählt haben, etwa dass sie keinen Kamillentee und keinen Hagebuttentee mochte. Sie konnte mir nichts erzählen, wir haben nichts gemeinsam, es gab nur diese wenigen Stunden am Fenster, in denen sie zur Geburtshelferin meiner Gedanken wurde und ich zu ihrer Wegbegleiterin auf den letzten Metern. Und wer bei Marcellos Oboenkonzert weint, kann kein schlechter Mensch sein, das traue ich mich zu sagen.

Ich öffnete die Augen, gerade noch rechtzeitig, um Karl heranstürmen zu sehen, Karl Weidinger. Ich war damals erst kurz Mitglied der Band, ich wusste nur wenig von ihm: Dass er ein Macho war und engagierter Tierfreund, dass er Saxofon spielte natürlich und ziemlich reich, zumindest wohlhabend war. Er blickte mich an, als wäre ich Erbschleicherin, Diebin, Teufel und seine Volksschullehrerin zugleich."

Doch! Sie hat Humor!, schrie Buchinger innerlich auf.

„Ich hatte mich getäuscht. Er war mir gar nicht böse. Heute weiß ich, dass er überhaupt nicht verstehen konnte, wie jemand machen konnte, was ich getan hatte, nämlich Zeit für einen wildfremden Menschen opfern, ohne dass dies irgendeinen Nutzen gehabt hätte. Er setzte sich neben Mali und redete ihr gut zu, erzählte von kleinen Begebenheiten des Alltags, teils an ihre Adresse gerichtet, teils auch an mich. Er machte sich über die Pflegerinnen lustig, die froh sein sollten, dass sie in einem so schönen Land wie Österreich einen gut bezahlten Job erhalten hätten. Dass sie Kinderbeihilfe für eine ganze Horde von Kindern zuhause in der Slowakei oder in Tschechien bekämen, ohne dass jemand überprüfen würde, ob sie überhaupt Kinder hätten. Dass sie mit der österreichischen Kinderbeihilfe in ihren Heimatländern zu Millionärinnen würden und gigantische Häuser bauen könnten. Das alles sagte er so leicht vor sich hin, während er Mali, seiner Schwester, den Unterarm streichelte. Da wusste ich, dass dieser Mann ein vollkommener Idiot war, liebenswürdig und verabscheuenswert zugleich. Außerdem wurde ich das Gefühl nicht los, dass er sich vor mir inszenierte wie ein Pfau. Ich weiß, dass Frauen normalerweise das Interesse, das Männer an ihnen haben, unterschätzen. Ich bin aber anders. Ich halte alle Männer für geile Böcke. Sie sind so voll Testosteron, dass sie überall Busen sehen."

Wo sie recht hat, hat sie recht, dachte Buchinger.

„Irgendwann einmal hat es jede Frau verstanden: Um in einer Männerwelt zu überleben, darfst du diesen Tieren überhaupt kein Signal der Freundlichkeit senden. Denn das Testosteron lässt sie dieses Signal mit umwerfender Sicherheit als Aufforderung zum Sex missverstehen. - Das zweite Mal, dass ich Karl außerhalb der Bandproben und der Auftritte sah, war vor zwei Jahren in Portopiccolo, das ist ein kleiner Ort in Italien, nahe Triest. Wir verbrachten einen – zumindest anfangs - entspannten Abend, und zwar zu dritt, das war das Interessante daran. Karl, ich und – besonders überraschend - Julius. Die beiden waren ja bis aufs Blut verfeindet. Es war ein zufälliges Treffen. Ich hatte ein Symposium der europäischen katholischen Jugend besucht, Karl war mit seiner momentanen Lebensgefährtin unterwegs, die an diesem Abend ein Konzert eines Schnulzensängers in Triest besuchte, und Julius wanderte, wie sehr oft, auf den Spuren von irgendwem durch das Land."

„Und wie kamen sie zusammen?"

„Karl hat dort gewohnt und seine Freundin nach Triest gefahren. Auf dem Rückweg hat er mich auf der Straße quasi aufgeklaubt. Er meinte, ich solle mit ihm auf einen Drink kommen, er würde mir anschließend das Taxi zurück in meine Jugendherberge bei Duino zahlen. Auf den Serpentinen runter in dieses mondäne Dorf sahen wir Julius, leicht verwirrt, er studierte gerade eine Straßenkarte. Julius stieg in den Wagen ein. Ich nehme an, er dachte, er würde weiterkommen auf seiner Wanderung. Er suchte den Rilkeweg bei Duino. Da wohne ich!, schrie ich vor Begeisterung. Wie klein die Welt doch ist, und daher voller Überraschungen! Kennen Sie den Film ‚Il Postino'?"

„Klar, wer würde sich nicht an die Metaphern erinnern? Zufällige Treffen, Redehemmung, italienisches Flair ..."

„Genauso war es dort: Ein Hafen, eine Osteria, ein Klavier und ein Sänger, wir drei an einem Tisch direkt am Wasser. Wir hörten Interpretationen von ‚Yesterday' und ‚Je ne regrette rien', die man selbst als Musikexpertin kaum wiedererkennen konnte. Aber man kennt das ja aus touristischen Orten. Unmengen an Wein für die beiden, Mineralwasser für mich. Die Sonne ging unter. Ich bin ja eigentlich gar nicht kritisch und sehr anfällig für Klischees und

Kitsch. Aber der Anblick dieses Dorfs im Halbrund, die Yachten im Hafen, die Sonne, wir drei so einträchtig an der Adriaküste, das hatte sogar für mich etwas Atemberaubendes. Die beiden sprachen wieder miteinander! Karl hatte vor Jahren, vor Jahrhunderten das Erfolgsrezept von Julius geklaut. Es hing irgendwie mit Meerschweinchen zusammen und deren Paarungsverhalten. Julius muss einige Jahre in die Erforschung der Bedürfnishierarchie dieser grauslichen Viecher gesteckt haben und war drauf und dran, diese Erkenntnisse zu Geld zu machen. Wie es genau herging, weiß ich nicht: Jedenfalls ist Karl in den Besitz der Aufzeichnungen von Julius gekommen. Er wurde reich, die Firma von Julius schrammte am Konkurs vorbei. Erst viele Jahre später erholte sich Julius von diesem Schock wieder, dass sein bester Freund und Weggefährte ihn betrogen hatte. Dass Karls Frau zu ihm gezogen war, linderte vielleicht den Schmerz ein wenig."

„Und an diesem Abend sitzen Sie drei friedlich an einem kleinen Tisch und reden gemütlich über Gott und die Welt?"

„Über Gott nicht! Der eine – Julius – war ja eher auf fernöstliche Gottheiten spezialisiert oder einfach nur Atheist, und Karl war alles egal außer seinem Vorteil, sprich Gewinn."

Wie einfach doch die Welt war für christliche Fundamentalisten! Und Fundamentalistinnen! Wer nicht für uns ist, muss wohl gegen uns sein. Dass heute kein einziger Mensch mehr auf diesem Planeten an Zeus glaubte oder an Jupiter oder Thor, gab ihnen überhaupt nicht zu denken. Dachte Buchinger.

Marie Hauser, inzwischen gar nicht mehr redescheu, fuhr fort: „Eigentlich redete fast nur Karl, über seine Novalgin-Allergie, über das scheußliche Wien, über das Glück und das Unglück, wenn man ein jüngere Frau <u>budern</u> konnte oder musste, über die

Sorgen, wenn man etwas besaß. Ich erinnere mich an die Themen noch sehr genau, weil Julius jede These von Karl so elegant und eloquent und klug entkräftete. Das war eine große Freude für mich. Die Reihenfolge der aufgetischten Weine kriege ich aber nicht mehr so genau hin. Die beiden haben schon zur Pasta und zum Fisch drei Flaschen Pinot Grigio getrunken. Dann ging`s ziemlich flott weiter: Nach je einem Seitl gegen den Durst hatten die Kellner genug zu tun, immer wieder neue Flaschen, jetzt Rotwein, zu servieren, vor allem Cabernet Franc. Karl bestellte mir wie versprochen ein Taxi, ich fuhr zurück zu meinem Quartier. Ich erinnere mich noch an das gute Gefühl beim Aufbruch: die wunderschöne Bucht, das alles in allem doch harmonische Essen, vielleicht würden die beiden ja doch wieder zusammenkommen, immerhin waren sie ja jahrelang gut befreundet gewesen."

„Aber …?"

„Aber am nächsten Tag bekam ich eine Sms von Sid, dass sein Vater Julius in Portopiccolo, Italien, verstorben war. Erst ein paar Tage später die Details: in einem Lift gefunden, Herzinfarkt, alkoholisiert, keine Chance."

14 Hercule Poirot

Inzwischen war es Montagabend geworden.
 Der Tag ist hin, die Sonne gehet nieder.
 Der Tag ist hin und kommet nimmer wieder.
 Mit Lust und Last, er sei auch, wie er sei,
 Bös oder gut, es heißt, er ist vorbei.
 Die Zeit vergeht und wir mit ihren Stunden
 Wohl dem, der sich in diese Zeit gefunden

Und, was die Welt in Torheit zugebracht,
Aus wahrer Klugheit sich zunutz gemacht.

Diese Zeilen kamen Buchinger nicht nur in den Sinn, er summte das Lied Bachs sogar vor sich hin. Weniger aus Begeisterung, vielmehr als Folge und Ausdruck seiner Verzweiflung. Vor allem die ersten Worte hatten es ihm angetan: „Der Tag ist hin." In der Tat fühlte es sich so an. Wieder einmal hatte er seine wertvolle, weil einmalige und daher unwiederholbare Lebenszeit für ein Projekt investiert, das im Sand zu verlaufen schien. Obwohl ihm das Gerede über die Pension, also die beste Aussicht auf den bevorstehenden Tod, unendlich auf die Nerven ging, konnte er das Lamento der von ihrer Arbeit Geplagten manchmal fast verstehen. Eine Arbeit konnte einen ärger erschlagen als eine Axt. Der Alltag konnte einen ärger erschlagen als eine Axt.

Denn beides schien zu stimmen: Dass die Alten hackeln bis zum Umfallen und die Jungen sich nicht so abrackern wollen wie ihre Eltern. Heute reden ja schon 30-Jährige von Work-Life-Balance. Doch Buchinger war der Letzte, der sich von einer Notlüge täuschen ließ: Die Jungen bekamen ja eh nur die Brösel, keine fixen Anstellungen, nur Praktika.

Er hatte sich sechs Geschichten und Antworten angehört und nicht einmal eine Ahnung davon, wer der Täter oder die Täterin sein könnte. War der Kreis der Verdächtigen tatsächlich mit den Bandmitgliedern identisch? Lag er mit seiner Methode, mit seiner Annahme richtig? Nämlich dass man sich beim Geschichtenerzählen nicht verstellen konnte? Dass jede erzählte Geschichte den Erzähler verriet, und wenn er sich noch so zu verstellen versuchte? Ein Rorschachtest für Menschen, die verbal auf der Höhe waren sozusagen. Wenn ich selbst Teil einer Geschichte bin, wie alle Teil einer Geschichte sind – was könnte man über den Erzähler oder die Erzählerin folgern? Wüssten wir dann etwas über Gott? Verrät sich der Erzähler in seinen Figuren? Weil er gar nicht anders kann, als diese und nur diese eine Version zu erfinden? Wenn Buchinger überhaupt keine Lust auf ein Telefonat empfand, ja wenn ihm allein der Gedanke daran schon Übelkeit bereitete, dann rief er Falkner an, seinen Freund, eher Kollege von der Rechtsmedizin in Salzburg. Von ihm wusste er nämlich, dass er nie ans Telefon ging. Und der Klingelton, der niemals in ein Telefonat mündete, brachte ihm den Genuss, nicht telefonieren zu müssen, doppelt und dreifach zu Bewusstsein. Zur Einübung in das Unausweichliche – denn irgendwann einmal musste er ja sagen, was der Fall war in diesem Fall – rief er Falkner an. Mit dem erwartbaren Ergebnis. Doch die Notwendigkeit, sich bei Stottan zu melden, blieb.

Er wählte ihre Nummer, sie meldete sich sofort: „Was gibt´s?" Buchinger beendete das Gespräch ebenso umgehend, wie sie abgehoben hatte. So durfte man mit ihm nicht reden. Dafür war er zu gut erzogen worden. Sie gab einem immer das Gefühl, dass man etwas von ihr wollte, wenn man anrief. Sekunden später meldete sich sein Handy wieder, leider immer noch nicht mit den Anfangstakten von „Le Meteque". Stottan war's, deutlich freundlicher. Hatte sie sein Verhalten als Maßregelung verstanden und akzeptiert?

„Buchinger, Sie haben angerufen?"

„Ja, ich wollte nur kurz berichten. Und nachfragen, ob in der Wohnung Weidingers etwas gefunden wurde."

„Sie beginnen!"

„Ich habe eigentlich nicht viel zu sagen. Die Geschichte ist einigermaßen verworren: eine eingeschworene Gemeinschaft, lauter interessante Menschen, alle sind hoch gebildet oder zumindest sehr intelligent. Die wesentliche Person dürfte Julius Leberter sein, ein Mann, der schon vor zwei Jahren gestorben ist. Ich glaube, ich bin dem Mörder auf der Spur, ich muss nur noch einige Fäden verknüpfen." Er fühlte sich ein bisschen wie damals, als er noch Schüler war, zu einer Zeit, in der man die ProfessorInnen noch fürchtete und Bücher las und Eltern die Hausübungen noch nicht als Einschränkungen der Persönlichkeitsrechte von SchülerInnen sahen. Wenn auf irgendeine triviale Frage alle in der Klasse die Antwort wussten und mit verzweifelter körperlicher Anstrengung aufzeigten, nur er die Antwort noch nicht wusste, weil er mit dem Nachdenken noch nicht fertiggeworden war, dann hob er, quasi als Bluff, ebenfalls zögerlich die Hand und grinste wissend seine KlassenkollegInnen an. Und den Professor. Der sich leider nicht täuschen ließ und ihn aufrief. Von diesem Szenario träumte er heute noch manchmal. Und schlief schlecht deswegen. Schweißbäder sind die Konsequenz. Und Mordgelüste gegenüber den alten Professoren.

Mit Stottan hatte er da sicher leichteres Spiel. „Die Zeugen beziehungsweise Verdächtigen müssen noch einmal hier übernachten. Morgen Früh werde ich die Band zusammentrommeln und über meine Ergebnisse informieren. Ich schlage neun Uhr vor, Sie sind über Videokonferenz dabei und können sich selbst ein Bild machen. Den Link schicke ich Ihnen sofort nach diesem Gespräch."

„Gut. Nun zu den Ermittlungen hier in Oberösterreich: Ich habe Ihnen vor circa einer Stunde ein kleines Skriptum geschickt mit den Infos, die wir über die Bandmitglieder zusammengetragen haben. Wir haben ja momentan einen Doktor der Philosophie im Haus, einen Historiker, der hier ein Praktikum absolviert, bevor er auf irgendeinem Gemeindeamt in Oberösterreich seinen Dienst antreten wird. Der hat den Text geschrieben. Wir haben alles zusammengetragen, was man so wissen muss: biografische Daten, Weidingers berufliche Laufbahn, vom Staubsaugerbeutelvertreter bis zum Unternehmer, Kontostand, Spuren im Internet usw. Lesen Sie sich das durch, vielleicht ist es hilfreich. Im Haus von Weidinger waren wir auch: Dort haben wir nichts gefunden. Nichts, das interessant gewesen wäre. Außer einer umfangreichen Sammlung von Pornofilmen vielleicht, was unsere Leute ziemlich amüsierte. Die sind nämlich so jung, dass sie gar nicht mehr verstehen können, warum man sich diese umständlichen DVDs und Blu-rays nach Hause trägt und die Filme nicht beamt."

Das kommt also heraus, wenn man ohne Hypothese und ohne konkrete Fragestellung einfach nur Fakten sammelt: nichts. Ich muss den Schlagzeuger noch einmal dazu befragen, zu diesem Dataismus, der blind Daten frisst und dann Lösungen ausspuckt. Angeblich. Dachte Buchinger. So funktioniert der Erkenntnisapparat nicht, zumindest nicht der menschliche. Und Buchinger befürchtete, dass die Programmierer und Jünger des Dataismus das auch wussten, aber einfach nicht glauben wollten. So wie alle Beteiligten wissen, dass jede Form von künstlicher Intelligenz ganz anders „denkt" als ein Mensch. Ein Mensch würde beim Schach nie tausend mögliche Züge und Folgezüge berechnen, bevor er eine Entscheidung trifft und zu einer Figur greift. Er erkennt die Gestalt einer Stellung, erspürt Chancen und Risken, hat durch jahrelanges Training so etwas wie einen Blick für eine starke Stellung erworben.

Von Wels war also nichts zu erwarten. Stottans Beiträge zur Aufklärung von Fällen hielten sich ohnehin in Grenzen, sowohl qualitativ als auch quantitativ. Buchinger war auf sich allein gestellt. Das ist man eigentlich immer, dachte er, nur wird es manchmal schmerzlich bewusst. Dann sudert man und macht alle anderen für sein Unglück verantwortlich. Oder gibt sich der Illusion hin, nicht alleine zu sein. Und ruft Bellucci an:

„Wo steckst du? Ich bin fertig mit meinen Verhören. Mayer schreibt die Protokolle, ich hab Hunger."

„Und du brauchst meine Hilfe, sonst kommst du bei deinem Fall nicht weiter, stimmt's?"

„Stimmt. Allerdings ist es so, dass ich nicht nicht weiterkomme, sondern ich komme gar nicht aus den Startlöchern raus. Das ist so wie bei einem von Zenons Paradoxa."

„Das verstehe ich nicht. Aber wahrscheinlich löse ich dein Rätsel locker bei einem Glas Gemischtem Satz."

„Ich befürchte, du machst keine Scherze. Wann kannst du hier sein?"

„Bin schon unterwegs. Ich habe den Nachmittag in Cafés verbracht, auf den Spuren von Wiener Kaffeehausliteraten. Das Café Brioni von deinem Dichter des Umwegs, Doderer, gibt's übrigens nicht mehr. Wo es früher war, dort hängt jetzt eine Gedenktafel mit einem Gedicht von Doderer. Ich habs fotografiert:

Du sprichst wie aus dem Hodensäckl,
ich hieb dir gern ins Maul hinein.
Und zwar fest, bis zum Verreckl –
du bist ein widerliches Schwein!

Nicht wirklich edel! Ich geh jetzt zu Fuß zum Hotel, ich hab mich fast den ganzen Tag nicht bewegt: zuerst stehend im Museum, dann sitzend in vier oder fünf Cafès, das ist zu viel." Buchinger erinnerte das ein wenig an ihre gemeinsamen Ausflüge auf der Jagd nach Schwammerl, eine paradoxe Mischung aus Bewegung und Stillstand. Er hatte sich angewöhnt zu sagen, sie „stehen Schwammerl suchen".
„Die schönen Jugendstilhallenbäder in dieser Stadt würde ich auch noch gerne besuchen. Also, wenn du noch ein wenig Zeit brauchst für deine Ermittlungen ... ich bin dafür!"
„Wann wirst du hier sein?"
„Viertelstunde."

Mayer, der brave Mayer, bekam den ehrenvollen Auftrag, die Texte von Stottans Praktikanten zu studieren. „Wird eh nichts Brauchbares dabei sein", gab Buchinger seinem jungen Kollegen noch aufmunternd mit auf den Weg in eine lange Nacht des Studiums. „Morgen treffen wir uns um acht Uhr im Vernehmungsraum, wir müssen alles noch einmal durchgehen." Alles?, dachte Buchinger. Eher: nichts. „Um neun möchte ich die Saxbomb da haben, dann holen wir den oder die Täter vor den Vorhang."
„Alles klar, Chef."
Wenigstens einer, dem alles klar war.

Buchingers Psyche war denkbar einfach gestrickt: Außer Bellucci, seinen Kindern und Enkelkindern interessierte ihn eigentlich gar nichts. Im Alter relativieren sich die Dinge, das Wesentliche zeigt sich deutlicher als in den Altersstufen zuvor. Am Ende aller Reflexionen über das Wesentliche blieb nur eines übrig: der Alltag. Es gab nichts „Höheres". Sinnvolle Arbeit verrichten, Kindern eine Jause herrichten, Holz schlichten, auf die Enkerl aufpassen, das war genug. Der Rest war nichts anderes als „Blödsinn höherer Ordnung", der sich einbildete, etwas Besseres zu sein, sich abzuheben von den Niederungen des Alltags.

Nichts anstreben, was außerhalb der Tätigkeiten liegt! Das Glück liegt nicht am Ende des Weges, es ist der Weg selbst. Eigentlich nicht der Weg selbst, wenn man es genau betrachtete, sondern irgendwo daneben. Glück kann man nicht anstreben, es fällt als Nebenprodukt quasi vom Tisch.

Nun also das Glück, in seiner Verzweiflung mit Bellucci allein zu sein! Sie spazierten kreuz und quer über den Spittelberg, das war ja ganz in der Nähe ihres Quartiers. Natürlich schlendern Bürger nicht durch Rudolfsheim, dafür sorgt die Segregation. Das gibt's in jeder Stadt, sogar in einer kleinen wie Wels.

Ihre schnellen Recherchen zu einem gemütlichen Restaurant fürs Abendessen hätten die beiden eigentlich zu einem Heurigen mit dem göttlichen Namen „Herrgott aus Sta" geführt, aber das war montags leider geschlossen. Da war der Herrgott also mal nicht da, ein deus absconditus, ein verborgener Gott. Ob Gott der Menschheit am Dienstag zur Verfügung stehen würde, sollte für die beiden unerforschbar bleiben, denn da wollten sie eigentlich aufbrechen.

In einem italienischen Lokal, in dem man zig Jahre nach dem überall in Österreich geltenden Verbot nach wie vor rauchen durfte, sehr zur Freude und zugleich zum Leidwesen Buchingers, beichtete der Inspektor: Er ziehe die Literatur dem „echten" Leben vor. Man könne aus ihr Lehren für dieses wirkliche Leben ziehen. Auch dann, wenn man bedenke, dass die Literatur sich aus diesem realen Leben herausgeschält habe.

„Wie das so mit dem Lesen ist: Ich bin ein Leser, kein Schauer, ein Denker, kein Forscher."

„So mancher Gelehrter hat sich schon dumm gelesen", meinte Bellucci.

„Ich kenne das Zitat! Nietzsche!"

„Wenn du meinst! Jedenfalls widerspricht das Zitat deiner Gleichsetzung von Lesen und Denken. Und zwar so radikal, dass es radikaler nicht geht. Wer liest, denkt nicht mehr selbst. Und sagt Sätze wie ‚Ich kenne das Zitat!' Und überlässt das Denken den anderen, den Büchern, den gescheiten Autoren. Wer liest, denkt nicht."

„Das kannst du ganz einfach nicht ernst meinen."

„Natürlich nicht, ich will dich nur reizen."

„Wer heutzutage Bücher liest, besinnt sich bewusst auf Entschleunigung."

„Lesen in Büchern ist ja nicht von vornherein besser als Lesen in anderen Medien, falls du das meinst. Da überschätzt man die Prägekraft von Medien gewaltig! Zumindest, wenn man die Sache vom Leser, von der Leserin aus betrachtet. Nur weil jemand zu einem Buch greift, ist er oder sie nicht klüger als jemand, der auf seinem Handy scrollt. Die Bewegung des Umblätterns alleine macht noch keinen Unterschied. Die Anstrengungen, die die unterschiedlichen Kulturtechniken erfordern, um sie nutzen zu können, vielleicht aber doch. Ich gestehe natürlich zu, dass Medien typische Ausdrucksformen entwickeln und dass man die sehr wohl unterscheiden kann. Instagram ist sprachlich einfältiger, schneller und wortkarger als Thomas Mann. Den übrigens heutzutage kaum noch jemand lesen kann. In wenigen Jahren schon wird es kaum noch jemanden geben, der einen Schmöker von Bloch oder Musil oder Nadas von vorne nach hinten lesen können wird. Kein Einziger dieser zukünftigen Leser wird in der Lage sein zu erkennen, dass er ein Schmalspurleser ist. Snapchat ist oberflächlicher als Edvard Munch, schneller als Picasso. Das macht aber das Lesen von Büchern und den Besuch von Museen und Galerien nicht von vornherein besser als den schnellen Daumen am Handy. Nur: Beim Handy ist die Hemmschwelle niedriger, über das Handy kommen die Menschen eher zum gedruckten Wort als über die Bücher. Es sind halt weniger Wörter! Was ich dir sagen will: Wer die Literatur mit der Realität verwechselt, unterscheidet sich nicht von jemandem, der eine Computersimulation mit der Realität verwechselt."

Buchinger verbrachte eine unruhige Nacht. Selbst die göttlichen Tröstungen Belluccis vermochten ihn nicht im Bett zu halten. In wilder Folge bekritzelte er Papiere und zog Pfeile, hängte die für jeden anderen Menschen unleserlichen Blätter auf eine provisorisch gespannte Leine durchs Biedermeier-Zimmer, drückte die Schreibtischlampe fest nach unten, um Belluccis Schlaf nicht zu stören. Ging auf und ab, verließ dann und wann die Enge des Zimmers und suchte das Foyer auf. Blätterte bisweilen in Agathas Christies *Mord im Orientexpress*, tadelte sich unverzüglich für diese nicht zielgerichtete Tätigkeit. Sah auf die Uhr, ermahnte sich, schlafen zu gehen, und wusste zur selben Sekunde, dass er sich erst dann Schlaf gönnen könne, wenn er zu einem Ergebnis gelangt war. Und sah wieder auf die Uhr. Und wunderte sich zusehends, wie nach und nach aus dem Nebel seiner Unruhe eine

Hypothese herausragte. Die, wieder einmal, erst dann sichtbar wurde, nachdem er einen nicht unbeträchtlichen Umweg gegangen war. In diesem Fall: den Umweg über die Literatur, über Agatha Christie. Seine Chefin Stottan würde toben!

Es wurde Dienstag, acht Uhr. Mayer war wie gewohnt bestens vorbereitet, trotz des nur spärlichen Bartwuchses junger Männer bestens rasiert, sein Geist hellwach. Buchinger wie immer unrasiert, unausgeschlafen, unvorbereitet und planlos, Schuppen am Kragen und eine imaginierte Zigarette zwischen dem Zeige- und dem Mittelfinger. Ein Kugelschreiber zwischen den Lippen machte sein Nuscheln noch unverständlicher:

„Mayer, hast du irgendwas aus dem Skriptum Stottans gelernt?"

Nicht, dass Buchinger ernsthaft an eine sinnvolle Antwort geglaubt hätte! Aber fragen musste er schließlich – immerhin hatte er den Auftrag gegeben.

„Ja." Diese Antwort war schon überraschend genug.

„Nämlich?"

„Weidinger hat seinem ehemaligen Freund Leberter ein Patent gestohlen, ohne dass der Diebstahl je nachgewiesen werden konnte. Es geht um die – ich zitiere – Bedürfnispyramide von Meerschweinchen, mit der man das menschliche Verhalten verstehen und manipulieren könne. Leberter ging beinahe bankrott, Weidinger baute eine Firma auf und wurde reich, der Gerichtsprozess lieferte kein Ergebnis. Den Vergleich zwischen Meerschweinchen und Menschen habe ich interessant gefunden: Die Bedürfnisse dürften so ähnlich sein, dass das Studium des Verhaltens der Nager genügt, um die Krone der Schöpfung so zu manipulieren, dass sie jeden Blödsinn kauft. Die beiden, Leberter und Weidinger, wurden jedenfalls niemals mehr beste Freunde."

„Gut, das passt in mein Bild. Wir können die Band gleich holen."

„Weißt du, was komisch ist, Chef? Die Leute hier, ich meine die Bandmitglieder, reden oder schreiben alle wie in einem Roman. Alle sind irgendwie Philosophen. Sie drücken sich so gewählt aus."

„Alle Menschen sind Philosophen. Spätestens in Grenzsituationen – und der Tod ist eine solche Grenzsituation – wird jeder Mensch zum Philosophen. Und plötzlich bewegen sie sich wie in einem Roman, zitieren großartige Gedanken, ohne es zu wissen, und bieten der existenziellen Erschütterung die Stirn: Der oder die Täter machen das, um nicht verhaftet zu werden und das Leben in Freiheit zu verlieren, die anderen, um dem Einbruch des Außergewöhnlichen in ihren Alltag Einhalt zu gebieten. Und der Inspektor des Stadtpolizeikommandos Wels, damit er als intellektueller Überflieger zitiert werden kann – zum Beispiel in einem Roman über ihn. Alle haben also eine Philosophie, ob sie es wissen oder nicht. Diese Philosophien taugen meist aber nicht allzu viel. Unsere eingeschlossen!"

„Es gibt eh auch Gegenbeispiele: Heute beim Frühstück habe ich den Kellner gefragt, ob ich einen Kaffee haben könnte, er hat dann einen Kollegen geholt und zu ihm gesagt: I versteh eam ned."

„Er hat dich schon verstanden, sicher sogar! Er wollte dir nur eine Lektion erteilen, dass man in Wien keinen Kaffee bestellt, sondern eine Melange oder einen Espresso und so weiter. Jedenfalls eine sehr schöne – und in Wien nicht unübliche – Verwendung des Dativs!"

„Und ein Zeichen dafür, dass wir uns vielleicht in einem Dialektroman bewegen."

„Das stimmt", meinte Buchinger. Und fügte hinzu: „Lieber Kollege, ich habe zwar eine Ahnung, wer der Täter gewesen sein könnte, aber der Konjunktiv 2 der Vergangenheit nützt uns leider nichts. Man könnte auch sagen, dass ich keine Ahnung habe, wer den Mord begangen hat. Ich muss daher in der nächsten Stunde etwas improvisieren – halt mir die Daumen!"

„Klar, Chef!"

„Ich bin mir absolut sicher, dass Hass im Spiel ist, abgrundtiefer Hass. Um zu töten, ist der Hass einer der möglichen Motoren, neben Furor, Eifersucht, also verletzter Ehre, und Wahnsinn, etwa durch Drogeneinfluss. Nach momentanem Stand sieht es so aus: Entweder hat sich der Hass der Band fokussiert und quasi kumuliert, oder es fehlt noch eine Info. Wenn keine Info fehlt, dann habe ich sie entweder übersehen oder sie wurde noch gar nicht angesprochen oder eine der befragten Personen lügt. Dass es um Neid auf materielle Güter geht, glaube ich nicht. Erstens besaß das Mordopfer nichts Begehrenswertes, zweitens sind alle in Betracht kommenden Verdächtigen finanziell gut abgesichert."

„Vielleicht Neid auf seinen Lebensstil, auf seine Beziehungen, etwa zu einer Frau?"

„Wohl kaum. Die Frau ist ihm davongelaufen, eher: davongegangen, bewusst und cool und lächelnd. Auch sonst deutet nichts auf Neid hin: Sein Leben ist ein farbloses Welken, das Vegetieren eines Nazis, der in seiner Gesellschaft ziemlich beliebt ist. Nazi ist hier eine Abkürzung für Fremdenfeindlichkeit, Herrenmenschentum, Homophobie und Misogynie. Er lebte allein in einer angenehmen Umgebung, anerkannt und geschätzt in seiner Gemeinde. Aber wer würde ihn deshalb beneiden? Bei anderen beliebt zu sein ist doch eher Drohung als Verheißung. Oder? Wer beliebt sein will, muss sich an den anderen orientieren."

Mayer versuchte sich an einer Hypothese: „Was bleibt? Rache? Für Verletzungen vielleicht?"

„Dieser Mann hatte eine Hochbegabung im Verletzen von Menschen. Für Tiere hatte er ein größeres Herz. Menschen missachtete er, zumindest wenn sie ihn nicht bewunderten. Aber war dies schon ein gültiger Schluss? Wenn die Nazis menschenfeindliche Tierliebhaber waren und Weidinger ein menschenfeindlicher Tierliebhaber war – war Weidinger dann ein Nazi? Wohl kaum! Dasselbe müsste auch für Vegetarier und Fans der Berchtesgadener Bergwelt gelten."

Die beiden schwiegen eine Weile, dann meinte Buchinger: „Holen wir sie jetzt rein! Auf zum Finale!"

Da saßen sie nun, die Saxbomb, im Halbkreis aufgefädelt wie bei einem Auftritt, nur die Anordnung war heute eine andere: Weidinger fehlte, Marie bekreuzigte sich auf der Schwelle zum Seminarraum und verlieh diesem durch diese Geste eine Größe, die er nie zuvor gehabt hatte, danach saß sie händchenhaltend neben Sid. Beim Eintreten hatte man noch entspannt geplaudert, freundlich gegrüßt und interessiert in die Runde geblickt. Offenbar war das wichtigste Ziel der jüngeren Generationen, die Work-Life-Balance, für alle erreicht: Sie genossen die Auszeit auf Staatskosten in der Bundeshauptstadt, der Tod, der in ihrer Mitte Platz genommen hatte, schien sie wenig bis gar nicht zu bedrücken.

Mayer schaltete den Beamer ein, auf der Leinwand erschien Frau Oberst Stottan, die Leiterin des Stadtpolizeikommandos Wels mit dem stolzen Titel Stadtpolizeikommandokommandantin. Ein Titel, der Lernenden von „Deutsch als Fremdsprache oder Zweitsprache" depressive Schübe verursachen musste. Ein kleines Fähnchen mit dem österreichischen Doppeladler war perfekt ins Bild gerückt und verlieh Stottan etwas Staatstragendes, Hochoffizielles, Ehrfurchtgebietendes.

Buchinger blickte in die Webcam – diesmal war die Kamera eingeschaltet – und eröffnete die kleine Konferenz:

„Aus Wels zugeschaltet begrüße ich die Präsidentin des Stadtpolizeikommandos - können Sie mich hören? -, hier in Wien begrüße ich die Mitglieder der Stadlinger Volksmusikband Saxbomb: Guten Morgen!" Buchinger zählte alle Namen auf.

„Guten Morgen aus Wels! Inspektor Buchinger, danke für Ihre Ermittlungsarbeit in Wien! Ich bitte Sie um eine kurze Sachverhaltsdarstellung, ich habe nämlich gleich einen wichtigen Termin beim Bürgermeister. Oberste Priorität, Sie verstehen." Natürlich verstand Buchinger nicht, warum sollte er auch? Für diese Spielchen hatte er nichts übrig.

„Der Anlass für unser Treffen ist traurig genug, Karl Weidinger, der Gründer der Band, wurde allem Anschein nach in der Nacht von Samstag auf Sonntag nach dem Auftritt am Ball der Oberösterreicher ermordet. Genauer gesagt: vergiftet, und zwar mit einer injizierten Überdosis – wir nehmen an – Novalgin. Aufgrund des sofort eintretenden anaphylaktischen Schocks verstarb Weidinger noch auf der Bühne, das Saxofon in den Händen. Wegen des Korsetts blieb der Körper in aufrechter Position, erst Stunden später – genauer: zwei Stunden später - wurde Weidinger von den hier anwesenden Personen aufgefunden."

Stottan räusperte sich hörbar und ruckelte mit dem Kopf. Die Saxbomb blickten abwechselnd auf Buchinger und auf die überdimensionierte Präsidentin an der Leinwand.

„Ich möchte vorwegschicken, dass die Lösung des Falles extrem schwierig war, und zwar aus mehreren Gründen. Erstens gibt es keine Zeugen, die nicht auch gleichzeitig Tatverdächtige sind. Allerdings kommt nach menschlichem Ermessen niemand außer den hier anwesenden Personen als Täter in Betracht, denn: Niemand sonst kannte das Mordopfer, niemand sonst könnte ein Motiv für die Tat gehabt haben. *Irgendetwas an diesem Fall bekomme ich nicht zu fassen. Er ist deshalb so kompliziert, weil er kompliziert gemacht wurde.* Was ich Ihnen als Lösung des Falles präsentieren werde, nennen Sie vielleicht eine Theorie, ich bevorzuge einen anderen Begriff..."

„Nämlich?", fragte Zehetmair.

„Ich nenne es Wahrheit."

„Starke Worte!", plärrte Stottan aus den Lautsprechern. Sie musste ihr Mikro wohl halb verschluckt haben. *„Alle Tatsachen liegen wohl geordnet vor uns ausgebreitet. Man sollte immer einen Schritt nach dem anderen tun"*, fuhr Buchinger fort. „Der erste Schritt ist das Gespräch mit beteiligten Personen, also mit Ihnen hier. *Es ist eine Übung fürs Gehirn.* Es ist eine Übung in Logik. Nicht immer ist derjenige, der im Rampenlicht steht, derjenige, um den es eigentlich geht. Ich möchte an das ungleiche Gespann mit dem weltberühmten Rene Descartes und dem bis vor wenigen Jahren völlig unbekannten Pierre de Fermat erinnern: Während der eine unter anderem mit dem Begriff des Cartesianischen Koordinatensystems sich ins allgemeine Bewusstsein eingeschrieben hat, blieb der andere über Jahrhunderte zwar ein beständiger Dorn im Auge der Mathematiker, letztlich aber vor aller Augen verborgen."

Stottan schrie auf. Diesmal war die Lautstärke aber nicht unbeabsichtigt. „Buchinger!"

Dieser fuhr jedoch unbekümmert fort. „Er hatte angeblich einen Beweis für ein Rätsel gefunden, an dem sich Mathematiker seit dem dritten Jahrhundert blutige Nasen holen. Ich habe hierfür einen wunderbaren Beweis, schrieb Fermat in sein Buch von Diophant, doch ist dieser Rand hier zu schmal, um ihn zu fassen. Dieser kokette Satz muss unzählige Denker um den Verstand gebracht haben, denn es wollte trotz der großen Fortschritte in der Mathematik nicht gelingen, den Beweis des Fermat nachzuvollziehen."

„Dr. Buchinger, ich muss Sie bitten, zur Sache zu kommen. Ich habe einen wichtigen Termin."

Ich bin auch wichtig, dachte Buchinger. Das ist meine Interpretation von Work-Life-Balance, dass ich meine Arbeit ernst nehme.

„Nun, mit Weidinger und dem Täter verhält es sich genauso. Der Tote hält ein Saxofon in Händen, er verharrt in einer Stellung, die man aufgrund der Umstände als absurd bezeichnen könnte. Wie aus dem Strom des Alltags gerissen sitzt er da, längst nicht mehr Teil unserer Welt, und wir starren auf ihn, auf diese groteske Erscheinung des Stillstands und der Stille in einer überaus lauten Nacht, einer Ballnacht. Aber wir sollten unseren Blick auf anderes und andere lenken, das habe ich aus den Gesprächen der letzten Tage gelernt. Wir sollten den Blick auf die Vergangenheit lenken, um die Gegenwart zu verstehen. Wir müssen unseren Blick auf eine andere Person als auf Weidinger lenken, um zu verstehen, was vorgefallen ist."

In diesem Augenblick sprang Stottan auf, ganz offensichtlich erbost. Sie lief in Richtung des Aktenschranks hinter ihr, drehte abrupt wieder um und plumpste unter hörbarem Ächzen – der Federung – in ihren Ledersessel. Das kleine Fähnchen mit dem Doppeladler wackelte kurz, Stottan hatte offenbar auch schwer ausgeatmet. Buchinger merkte davon allem Anschein nach nichts. Für Mayer war klar, dass er alles registrierte, aber mit Vergnügen ignorierte.

„Und diese Person ist Julius Leberter. Leberter ist vor zwei Jahren verstorben. Alle hier beziehen sich auf ihn, den Freund und schließlich Feind von Weidinger. Alle hier in diesem Raum positionieren sich ganz eindeutig, und zwar für Leberter und gegen Weidinger. Nicht nur Herr Wiesmann, der Sohn Leberters. Marie Hauser trifft ihn in Portopiccolo und hofft auf eine späte Versöhnung der beiden. Herr Magister Peter Zehetmair sieht sich in derselben Fraktion wie Leberter, wenn es um die Coronamaßnahmen der österreichischen Bundesregierung geht. Frau Antel, Medizinstudentin, liebt wie Leberter das Asketische, alle beide hassen den Überfluss, das Anhaften an den Dingen. Herr Zupic bedauert es, dass Weidinger und Leberter zerstritten sind. Und so weiter.

Das ist also der gemeinsame Ausgangspunkt, ein Zustand und schließlich ein Ereignis in der Vergangenheit, der Tod Leberters in Portopiccolo. Schauen wir nun auf zwei weitere Faktoren, die Beobachtungen am Tatort und die Motive. Zuerst zu den Beobachtungen: *Ich habe gelernt, mir unnütze Gefühle zu ersparen*, denn meine Welt ist die Logik. Deshalb sage ich Ihnen einfach nur, was mir aufgefallen ist. Alle, wirklich alle von Ihnen haben Weidinger dort sitzen gesehen, bei seinem letzten Auftritt, wenn ich mal poetisch-pathetisch sein darf. Wie er dasitzt mit seinem Instrument, ununterscheidbar von den Lebenden rundum ihn. Alle haben alle mit Weidinger sprechen gesehen, niemand hat etwas gehört. Alle haben ihn angeblich zur ungefähr selben Zeit gesehen, und zwar um drei Uhr morgens, das dürfte auch die Tatzeit sein, soviel wir wissen. Die Präzision, mit der Sie einander gegenseitig verdächtig machen, hat mich fasziniert. *Der Fall nimmt eine höchst merkwürdige Entwicklung*, wenn man bedenkt, dass Sie alle eigentlich immer zusammenhalten und mir nun lauter Verdächtige präsentieren, und zwar jede und jeder von Ihnen jemand anderen. Ihre Gemütszustände dürften als Erklärung für die divergierenden Beobachtungen nicht ausreichen, also Sexrausch in Kombination mit schmerzstillenden Tabletten, Alkoholrausch und die Euphorie, die ein Auftritt in dem Ambiente des Wiener Rathauses erzeugen muss.

Was mich zum entscheidenden Punkt bringt, dem Motiv. Eines der wichtigsten Motive bei Verbrechen ist fehlende Anerkennung durch die anderen. Das berühmte Experiment von Salomon Asch zeigte: Menschen zweifeln eher an den eigenen Sinnen, als dass sie sich gegen die Gruppe stellen. Der Konformitätsdruck ist so groß, dass er sogar die Wahrnehmung korrumpiert: Die Versuchsperonen nannten offensichtlich längere Striche kürzer, nur um in ihrem Urteil nicht alleine zu bleiben. Ich denke, dass Menschen alles tun, um sich diese Anerkennung zu verschaffen. Kriegen sie sie nicht, entsteht Hass. Das wäre einer der möglichen Erklärungswege. Spekulativ, ich weiß. Aber irgendwo muss man ja anfangen, warum nicht bei der Spekulation? Ich meine hier die Spekulation über den Gruppendruck in einer Gruppe wie der Ihren, einer Band, die eine Mischung aus Volksmusik und Punk spielt. Also eine Mischung aus Bodenständigkeit und proletarischer Provokation."

Was Buchinger nicht sehen konnte oder wollte, war, dass Stottan ziemlich erregt auf ihn einredete. Entweder war ihr Mikro ausgefallen (unwahrscheinlich) oder sie hatte sich durch einen Bedienungsfehler selbst aus der Konferenz hinausgeschossen (wahrscheinlich). Man sah sie in ein Handy schreien und hörte gleichzeitig ein Handy leise summen, doch Buchinger deutete Mayer, nicht ranzugehen.

„Und dieses enge Beziehungsgeflecht der Saxbomb sieht so aus: Was die Band im Innersten zusammenhält, ist der gemeinsame Fluchtpunkt, ist Weidinger. Dass Frau Berndorfer eine furchteinflößende Emanze ist, zumindest in den Augen eines Machos aus einem der vorigen Jahrhunderte, kann der alte Chauvi nicht ertragen. Frau Hauser liegt mit ihm wegen ihrer Religiosität im Clinch, außerdem fühlt sie sich von ihm sexuell belästigt. Susi Antel sinniert über den Tod, Weidinger hingegen ist ein Macher, der von derartigen Spintisiereien gar nichts hält. Markus Zupic ist Ausländer, Weidinger ein Ausländerhasser, wie er im Buche steht. Der Schlagzeuger Sid Wiesmann hat eine lange Geschichte mit Weidinger, in der sein Vater eine wesentliche Rolle spielt, der Mann, der als der zweite Faktor für den Zusammenhalt der Band gelten kann. Dasselbe in abgemilderter Form gilt für Herrn Zehetmair, den jahrelangen Weggefährten von Julius Leberter, den alle in der Band mochten. Wie sollte man bei dieser erdrückenden Indizienlage nicht auf den einzigen zwingenden Schluss kommen, den Sie alle hier natürlich kennen, den ich allerdings erst aus Ihren Täuschungen und inszenierten Verwirrungen herausoperieren musste.

Ein Wort noch zum Tatort: Warum gerade Wien? Welche andere Stadt hätte sich denn sonst geeignet für diesen perfiden Mord?, frage ich. Wien war der Lieblingsort Leberters, Leberter war der Liebling der Saxbomb. Was wäre naheliegender, als den großen Feind Leberters in Wien zu ermorden, und zwar durch alle Musikerinnen und Musiker der Saxbomb?"
Nach seinem Plädoyer schwieg Buchinger und blickte in die Runde.

Was sich in der Folge im Seminarraum im obersten Stockwerk des Hotels Sumpf ereignete, ist schnell erzählt: Zuerst sah man einen Schwall Milchkaffee sich, den Gesetzen der Fliehkraft folgend, auf Stottans Bildschirm zubewegen, woraufhin dieser das Zeitliche segnete und eine blaue Fläche auf der Projektionswand im Wiener Hotel hinterließ. Daraufhin erhob sich bei den Saxbomb lautes Gelächter, rasch abgelöst von einem Sturm der Entrüstung, vorgetragen vor allem durch den Englischprofessor Zehetmair. Letzteres dürfte Buchinger erwartet haben, denn er verfolgte das Geschehen mit einem beinahe buddhistischen Lächeln, ganz im Gegensatz zu Mayer, der vor lauter Fassungslosigkeit seinen Mund nicht wieder zubrachte. Dass die Saxbomb laut durcheinander schrien, quittierte Buchinger mit einer an Apathie grenzenden Starre des Ausdrucks. Susi Antel plärrte ihn an: „Wollen Sie uns jetzt alle verhaften?" Diese Frage riss Buchinger aus seiner stoischen Haltung. Nach einer gewissen Beruhigung der Situation antwortete er:

„Die Geschichte wird anders enden, als Sie nun vermuten." Die Leinwand hinter dem Chefinspektor kündigte mit einer blinkenden Sanduhr die Wiederkehr von Oberst Stottan an, wenige Sekunden später erschien auch wieder ihr Bild. Sie hatte sich den

Computer ihres Empfangsherrn im Sekretariat gekrallt, saß offenbar auch im Raum vor ihrem Büro und gestattete den Wienern freie Sicht auf eine ganze Reihe von Kalendersprüchen im Hintergrund. Besonders gut zu sehen waren die Worte „Wunder dauern etwas länger".

„Was ich Ihnen vorgetragen habe, *ist eine recht absonderliche Erklärung, und vorläufig kann ich noch nicht sicher sein, dass sie die richtige ist.* Dennoch ist sie nichts anderes als die Wahrheit, davon bin ich persönlich überzeugt. Was jetzt passieren wird, ist von dieser Version der Geschichte völlig unabhängig."

Zehetmair schrie „Hört, hört!", Vroni Berndorfer lachte auf, und zwar leicht hysterisch, wie der junge Mayer zu erkennen glaubte. Sid rief „Oho!" und dokumentierte mit diesem Ausruf, dass er nicht mehr stotterte und dass er in der Lage war, Sinn- und Zusammenhangloses zu äußern. Erstaunlich für einen Menschen, der im Verdacht stand, ein Roboter zu sein. Wenn Mayer sich nicht täuschte, begnügte sich Buchinger damit, die Reaktionen der Anwesenden zu studieren.

„Wir alle müssen mit diesem Ergebnis leben: Sie müssen damit fertig werden, dass Sie einen Menschen getötet haben, ich muss damit fertig werden, dass ich Sie dafür nicht zur Verantwortung ziehen kann. Sie werden diesen Raum, dieses Hotel und Wien als freie Menschen verlassen, weil die Beweislast der Indizien niemals für eine Verurteilung ausreichen würde."

Was Buchinger nicht sehen konnte oder wollte: Auf der Beamer-Leinwand zeigte sich eine überraschend entspannte Chefin Stottan.

„Es würde mich jedoch sehr wundern, wenn wir uns nicht mehr sehen sollten. Ich weiß, was Sie getan haben. Ich werde kleine

Interventionen starten, kleine Experimente, die der Wahrheit ans Licht verhelfen, darauf können Sie sich verlassen. Sie werden sich für Ihre Anmaßung, selbst Richter spielen zu wollen und ein Urteil zu vollstrecken, verantworten müssen, da bin ich mir ganz sicher. Auf Wiedersehen!"
Mit diesen Worten beendete Buchinger die Videokonferenz und verließ auch im nicht-virtuellen Raum den Raum.

15 Portopiccolo

„Man hat mich immer als einen vom Glück besonders Begünstigten gepriesen; auch will ich mich nicht beklagen und den Gang meines Lebens nicht schelten. Allein im Grunde ist es nichts als Mühe und Arbeit gewesen, und ich kann wohl sagen, dass ich in meinen fünfundsiebzig Jahren keine vier Wochen eigentliches Behagen gehabt." Das soll Goethe im Jahr 1824 zu Eckermann gesagt haben. Würde ebenso gut zu Buchingers Leben passen. Auch wenn er gerade relativ gemütlich in Richtung Triest unterwegs war. Ohne Rückenschmerzen, ohne unstillbare Sehnsüchte, ohne quälende Gedanken über Nichtigkeiten des Alltags. Augenblicke wie diese sind selten genug im Leben jedes Menschen: Man driftete ohne erkennbare Antriebe seitwärts durch den Strom der Zeit und fühlte nichts anderes als ihr monotones Verstreichen. Man konnte spüren, dass es der Zeit vollkommen egal war, ob man existierte oder nicht, in jeder einzelnen Sekunde. Dennoch: Auch sein Leben ist nichts als Mühe und Arbeit gewesen – und so furchtbar sinnlos! Mayer saß neben ihm, die Landschaft zog gleichförmig an ihnen vorbei, und wenn er nicht gerade über sein eigenes und das Leben im Allgemeinen nachdachte, blätterte er in Eckermanns Gesprächen mit Goethe. Passte eigentlich sehr gut zu ihm, dass er sich den Klassikern widmete.

Selbstmitleid war nie Buchingers Ding gewesen, zumindest wenn man seiner Sichtweise Glauben schenken wollte. Allerdings: Das Scheitern seines Versuchs, mit Agatha Christie den Fall „Ball der Oberösterreicher" zu lösen, sah er als symptomatisches Scheitern seiner ganzen Generation an. Schon der Generation nach ihm war der Gedanke, Literatur könne die Welt darstellen, ziemlich fremd. Die Generation vor ihm, die 68er, blickte verächtlich auf seine zahnlose und angepasste Alterskohorte, die nichts von Bedeutung schaffen sollte. Was den „revolutionären" Hippies vor ihm allerdings entgangen sein musste, war die Tatsache, dass ihr Beitrag zur Weltgeschichte der Kultur höchst überschaubar blieb: Mit dem Propagieren der freien Liebe und des Sex ohne Beziehung wurden sie zu ideologischen Vorreitern der Pornoindustrie. Das ist das einzig wahre Verdienst einer Generation, die sich selbst maßlos überschätzt.

Wir waren immer zu viele, dachte Buchinger. Wir sind die Generation, die keiner braucht: Man brauchte uns nicht, als wir Studenten waren, man musste extra Einführungsseminare für uns installieren, weil wir so viele waren. Man hatte keine Jobs für uns, dann arbeiteten wir uns die Seele aus dem Leib, zehn Jahre länger als die Generation vor uns. Und jetzt droht uns die Pension, und siehe da: Wieder sind wir zu viele – und zu teuer. Wie das mit Agatha Christie zusammenhängt? Seine Kinder und Enkelkinder wären nie auf die Idee gekommen, die Literatur als Matrize für die Realität anzusehen. Die Hippies vor ihm auch nicht, die waren zu sehr damit beschäftigt, die Strände von Amorgos und Goa vollzuscheißen, konsumkritisch Haschisch und Patschuli zu kaufen, die Welt zu retten, indem sie zu grottenschlechter Folkmusik ihre Feuerzeuge schwenkten, und absurde Tänze aufzuführen, um die Herrscher dieses Planeten davon zu überzeugen, dass Friede eine coole Sache ist. Für Buchinger war klar, dass die Wirklichkeit und die Literatur kommunizierende Gefäße waren, eine von beiden konnte die jeweils andere spiegeln. In dieser Situation also die Klassiker. Der Klassiker schlechthin, wenn auch bereits in seiner romantischen Phase! Man solle die einfachen Kunstwerke allerdings nicht unterschätzen: Was irgendwie einfältig daherkommt, kann von subtiler Qualität sein, die von den troglodytischen Rezipienten nicht erkannt wird, die nur auf berühmte Namen setzen. Auch wenn er sich mit Agatha Christie gerade eine blutige Nase geholt hatte, war er von ihrer Qualität überzeugt. Wie hochnäsig doch das vernichtende Urteil der bürgerlichen Geschmackshüter war! Wie selbstgefällig ihre Wertmaßstäbe! Dass eine Autorin über zwei Milliarden Bücher verkauft, bedeutet noch lange nicht, dass ihre Werke trivial oder primitiv sind. Nur weil alle Menschen auf diesem Planeten der Überzeugung sind, dass zwei plus zwei vier ist, muss es noch lange nicht falsch sein. Die Mehrheit kann auch mal richtig liegen.

Was ihm andererseits aber auch auffiel, vor allem in den letzten Jahren: Die Vermarktungsmechanismen ebnen verwechselbarem Quatsch den Weg zu Weltruhm und schicken Hochqualitatives ins unendlich große Reich des Vergessens.

Kein Wunder, dass nach der Einebnung aller Hierarchien heutzutage jede und jeder glaubt, eine persönliche und zugleich allgemeingültige Wertepyramide erstellen zu können: Most ist edler als Brunello, Udo Jürgens ist große Kunst, Bach war ein hoffnungsloser Loser, Nonja, das Orang-Utan-Weibchen aus dem

Zoo, eine Künstlerin von Weltrang. Es ist nicht ausgeschlossen, dass in diesem gegenwärtigen Universum der Egalität Juwelen unerkannt bleiben und Scheiße sich glänzend verkauft. Um das eine vom anderen zu unterscheiden, fehlt nicht nur in der Musik und in der Bildenden Kunst, sondern auch in der Literatur der unhinterfragte Maßstab. Und die Bildung. Was für ein Glück, sich solchen Problemen widmen zu dürfen, während die Temperaturen steigen und Tierarten aussterben und tote und stinkende Flüsse sich in überhitzte Meere ergießen und Diktatoren ihre Völker schlachten und Kinder barfuß auf Elektroschrotthalden nach verwertbarem Material suchen und die reichen Staaten den armen nutzlose Reste verkaufen und damit die dortige Wirtschaft ruinieren und rechte Hetzer Asylanten die Schädel einschlagen. Diese Gleichzeitigkeit von Wahnsinn und Wohlstand war kaum zu ertragen. Das sagte und dachte man halt so, denn im nächsten Augenblick schlief er ein. Ab und zu schlief er ein, diesen Tribut musste er seinem Alter zollen. Mayer, der brave Mayer, blieb selbstverständlich munter und machte sich Notizen.

Kaum zu glauben, dass sie nun nach Portopiccolo reisen durften! Stottan war überraschend kooperativ gewesen nach ihrem Zornesausbruch in der Videokonferenz. Buchinger konnte sich des Eindrucks nicht erwehren, dass sie gar nicht so unglücklich war darüber, dass die Ermittlungen kein Ergebnis gebracht hatten. Was dahinter steckte, konnte er nicht einmal erahnen. Für die Politik in Österreich fehlte ihm mittlerweile die Fantasie. Derartige Mengen an Rotwein, die man brauchte, um sich in die Nähe der Irrationalität der politischen Wirklichkeit zu saufen, vertrug er ganz einfach nicht. Er schätzte die Reise nach Italien – noch dazu mit dem Zug! – als Belohnung ein. Das sollte man verstehen! In einem Leben wie unserem sollte man sich vielleicht überhaupt nicht um Verständnis bemühen. Er musste lächeln.

Der Zug näherte sich Udine. Frühling in Italien fühlt sich an wie ein Sommer bei uns. Die letzte Etappe wollte er auf keinen Fall verschlafen, mit einem Regionalzug gings in Richtung Triest, durch das göttliche Cormons, die freudespendenden Weinberge des Collio entlang. Kurz vor Miramar musste man aussteigen, in Sistiana-Visogliano, weiter gings dann mit einem Taxi. Buchinger wollte hier den letzten losen Faden aufnehmen und den Fall endgültig zum Abschluss bringen, indem er die Gerüchte um die Ermordung Leberters entweder bestätigte oder widerlegte. Aus Wels war er gern geflüchtet, wenn auch ohne Bellucci: Trotz des glimpflichen Endes und trotz eines entspannten Wochenendes in Wien hatten alle Mitglieder der Saxbomb Klagen eingereicht gegen das Morddezernat Wels, mit denen sich nun die Hausjuristen abplagen mussten. Sollen sie nur – er würde seine Zehen ins Wasser der Adria halten!

Ein Schranken hob sich, das Taxi schlängelte sich beinahe provokant langsam die engen Serpentinen runter in die Bucht von Portopiccolo. Das musste die Straße sein, auf der Leberter aufgegabelt worden war.

Der Abend war bereits ziemlich fortgeschritten, als Buchinger und Mayer ihr Appartement bezogen, hoch über der Bucht. Unten, im Hafen, wo Wellen sanft den Kiesstrand rauf- und runterrollten, befand sich die Rezeption. Daneben, ein paar Schritte über den kleinen Platz, wie es sich gehört, eine Bar, ein Restaurant und ein Hotel. Man sah nicht mehr viel von den Gegebenheiten vor Ort, es war bei ihrer Ankunft schon finster gewesen. Zweifelsfrei erkennbar war jedoch, dass es sich um einen wunderschönen Flecken auf diesem Planeten handelte, Italien pur, in das orange Licht der Laternen im Ortszentrum getaucht. Das Tuckern von Dieselmotoren, der modrige Geruch von Tang und Salzwasser, gemischt mit Oregano, erkaltendem Stein und Espresso. Vor der Terrasse ihrer Wohnung breitete sich ein grandioses Bild aus, die Bucht wie aus einer Ansichtskarte herausgerissen, das schwarze Meer, ab und zu Scheinwerfer von Fischerbooten. „Die eh nichts mehr fangen, weil die Adria so tot ist wie ein Stein", meinte Buchinger. Er konnte ganz einfach nicht anders, er musste jegliche Romantik zerstören, auch für sich selbst.

„Wir machen uns hier zwei angenehme Tage, mein Lieber", sagte er zu Mayer, während sie auf der Terrasse stehend den Anblick genossen und Mayer vor Begeisterung hörbar nach Atem rang.

„Pizza essen, wir besorgen uns eine gute Flasche Rotwein und genießen das Leben. Du wirst sehen, unsere italienischen Kollegen nehmen es mit der Arbeit nicht so genau, die kommen entweder gar nicht oder zu spät. Wir schauen uns ein wenig um, holen uns einen Sonnenbrand und fahren mit Sand in unseren Schuhen wieder nach Hause."

„Si!", antwortete Mayer schon semiprofessionell.

Am nächsten Morgen stand Buchinger an derselben Stelle und blickte in dieselbe Bucht. Diesmal wurde sein Blick von Rufen in italienischer Sprache, den Schreien der Möwen und einem ausschließlich ihm zugänglichen Hochgefühl begleitet. Wenn du an dieser Schönheit teilhaben darfst, dann muss das Leben einen Sinn haben. Er korrigierte sich sofort: Man soll diese Schönheit nicht einsam genießen müssen. Denn die Schönheit wirklich genießen kann man nur, wenn man nicht alleine ist auf diesem

Planeten. Portopiccolo raubte dem Mann, der sich für einen Zyniker und Logiker und abgebrühten Chefinspektor hielt, dem man nichts so schnell vormachte, die Sprache. Wie er hier stand in einem letscherten weißen Leiberl und mit Schlapfen, die ihm Bellucci ins Gepäck geschummelt hatte, also wie ein klassischer italienischer Gigolo, wie George Clooney nach einer Nacht mit einer der schönsten Frauen auf diesem Planeten, überwältigte ihn die bloße Tatsache seiner Existenz, die in Demut mündete.

„Mayer, aufstehen!", rief er. Und bestätigte damit das alte Gesetz, wonach existenzielle Erschütterung in blinden Aktivismus verwandelt werden muss. Er öffnete vorsichtig die Tür zum Zimmer seines jungen Kollegen, den er bereits fertig angekleidet, weißes Hemd und schwarze Jeans, an seinem Schreibtisch sitzend vorfand.

„Was machst du, Mayer, wir sind in Italien und nicht in irgendeiner Tintenburg in Österreich!"

„Ich bin gleich fertig, Chef, ich schreibe grad die Aussagen der Zeugen aus Wien nieder, du weißt schon, die Gespräche im Sumpf."

„Klar, sehr brav! Frühstück in fünf Minuten!"

Auch Buchinger würde dieses alte Rätsel österreichischer Italienreisender nicht lösen, nämlich die Frage, warum hier dieselbe Sorte Kaffee so unglaublich besser schmeckte als nördlich der Karawanken. War's das Wasser? War's bloße Einbildung, eine Umdeutung der Tatsachen, also eine Illusion? Erzeugt von einer Traumfabrik bestehend aus der Freiheit von alltäglichen Zwängen, dem monotonen Anrollen des Meeres und dem Klang einer Sprache, die aus Sehnsucht und Wohlklang gebaut ist?

Schade, dass er nicht mehr rauchte! Das hätte sein Leben perfekt gemacht. Ein Mann von 63 Jahren musste in der Schule des Genusses schon weit fortgeschritten sein, sonst hatte er nicht gelebt. Buchinger hatte diese Schule besucht und inzwischen gelernt, dem Leben die Kleinigkeiten abzutrotzen, die Glück versprachen. Ein Espresso am Hafen gehörte definitiv dazu. Auch wenn er ihm eigentlich nicht schmeckte, der Espresso.

Für 10 Uhr hatten sich die Carabinieri angekündigt, Buchinger bestellte um 9:50 noch je zwei Tramezzini und ein kleines croissant al cioccolato für Mayer und sich. Dazu eine birra piccola für den Chefermittler von Wels. Auf die Unpünktlichkeit der Italiener konnte man sich verlassen. Warum ein Klischee auslassen, wenn es schon da war?

In Buchingers rechtem Mundwinkel klebte noch ein Artischocken-Ei-Gemisch, als zwei Männer, von der Strada di Portopiccolo kommend, um die Ecke bogen. Beide in schwarzen Staubmänteln, mit Ray-Ban-Brillen und Sneakers mit den unvermeidlichen weißen Sohlen. Es gab wohl keine Mode in den letzten 70 Jahren, die an Italien vorbeigeschrammt wäre. Diese Gecken machten wirklich jeden Blödsinn mit. Der eine, ein grauhaariger Signore von distinguiertem Auftreten, stellte sich schließlich als Commissario Vicini vor, begleitet von seinem Assistenten Vittorio di Cesari, der im gesamten Verlauf des Vormittags nur als Vittorio angesprochen wurde. Die beiden setzten sich an ihren Tisch, Buchinger kämpfte mit den ansehnlichen Resten seines ansehnlichen Frühstücks. Mayer unterhielt sich diskret mit Vittorio, Commissario Vicini bestellte für das italienische Ermittlerduo Aqua minerale – senza. Buchinger schämte sich bereits für sein Bier.

„Abbiamo qui den Abschlussbericht unserer ricerche zum Tode di Julius Leberter." Das Lächeln, mit dem Vicini Buchinger das kleine Skriptum übergab, war filmreif. Überhaupt erschien es Buchinger so, als wäre er auf einem Filmset und nicht in der Arbeit. Allerdings am ehesten in einer Slapstickkomödie, wenn er an die auf seine Hose heruntergetropfte Mayonnaise und die Brösel des Croissants rund um seinen Mund dachte. Vicinis Lächeln erinnerte ihn ein wenig an die Grimassen von Jim Carrey, sein Auftreten an das Mondäne eines Michel Piccoli. Und die Piazetta von Portopiccolo glich ohnehin eher einer Filmkulisse als einem italienischen Dorf. Warum sich das so verhielt, sollte er erst später erfahren.

„Una morte naturale, siamo sicuri."

„Er ist sicher, dass es sich um einen natürlichen Tod handelt", übersetzte Buchinger. Er überflog rasch das Skriptum und erkannte zu seinem Erstaunen, dass es auf Deutsch verfasst war.

„Schau das bitte mal durch!", meinte er zu Mayer. Und zu Vicini gewandt:

„Wir würden gerne den Tatort sehen, la scena del crimine." Buchinger hatte kurz in seinem Italienisch-Wörterbuch geblättert.

„Und den medizinischen Befund, risultato medico."

„Bene, andiamo!"

Aus dem Protokoll des Polizeiaspiranten Mayer: „Aufbruch um 10:05. Anmerkung: Die zweieinhalb Stunden von Dienstbeginn bis jetzt verbrachten wir mit inhaltlichen Vorbereitungen auf den Kontakt mit den italienischen Kollegen. Commissario Vicini geht mit ChefInsp. Buchinger voran, wir queren die Piazetta, keinerlei Auffälligkeiten. Polizeischüler di Cesari und ich folgen mit geringem Abstand. Er erklärt mir, dass Vicini perfekt deutsch spricht, aber es nicht tut, um CheflInsp. Buchinger eine Freude zu bereiten. Die Österreicher lieben es, ihre grottenschlechten Italienischkenntnisse unter Beweis stellen zu können. Anmerkung: Ich bin gewarnt – bei Italienern muss man mit allem rechnen, sie sind Weltmeister der Täuschung und des schönen Scheins. Wir betreten ein Haus mit der Nummer G8 und damit eine völlig andere Welt. Eine Welt, die sich dem Augenschein gründlich entzieht, das „Geheimherz der Uhr" (CheflInsp. Buchinger). Das Stiegenhaus ist der Inbegriff der Sauberkeit. Als würde man sich in einem Ausstellungsobjekt im Fertighauspark in Ansfelden umsehen (Anm. des Verf.). Der Fahrstuhl ist geräumig, schnell und sanft in seiner Bewegung. In einer Kabine wie dieser muss Leberter gestorben sein. Wir fahren nur bis in den ersten Stock, unser Weg führt uns weg vom Meer, direkt auf die Steilküste zu, quasi in den Hang hinein. Dort quert man eine Parkgarage – eine Aktion, die man noch mehrere Male setzen wird: Immerhin gibt es mehr als ein halbes Dutzend Ebenen, die den Berg durchlöchern. Wieder ein Lift, wieder eine Parkgarage, dann ein grandioser Ausblick auf die Bucht. Glücklich, wer eine Parkgarage mit einem solchen Panorama benutzen darf (Anm. des Verf.)! In der nun erlangten „erhabenen Position" (CheflInsp. Buchinger) treten wir ins Freie, schlendern etwa 100 Meter eine typisch italienische Gasse entlang, die an Sauberkeit dem Treppenhaus und dem Lift und der Garage in nichts nachsteht. Wir betreten wieder ein Haus, wieder einen Fahrstuhl, queren wieder eine Ebene der Parkgarage, öffnen schmiedeiserne Tore auf gepflasterten Vorplätzen schattenspendender Stadtvillen, passieren kleine Brunnen und Straßenlaternen im Stil der Jahrhundertwende. Jahrhundertwende vom 19. zum 20. wohlgemerkt! Anschließend geht's einige Stufen runter, die Perspektive hat sich mittlerweile geändert, die Sauberkeit bleibt dieselbe. Keine Eidechsen, keine streunende Katzen, kein Müll in Durchgängen. ChefInsp. Buchinger wird nachher sagen, dass er sich gewundert habe, keine Jugendlichen gesehen zu haben, keine abgemagerten Hunde, keine aufgehängte Wäsche zum Trocknen vor den Fenstern, keine Urinflecken auf Hausmauern und Glasscherben in dunklen Ecken. Diese Beobachtungen in unüblicher Explizitheit, um das Gespenstische dieser unheimlichen Makellosigkeit darzustellen. Wir betreten wieder einen Lift und landen im Erdgeschoß, keine 100 Meter entfernt von unserem Ausgangspunkt. Das hätten wir einfacher haben können. Der Tisch, an dem wir unser Frühstück genossen hatten, war noch nicht abgeräumt, man kann ihn von hier, von der anderen Seite der Piazza, gut sehen. Wir nehmen an, die Carabinieri wollten uns die kleine „Stadt" zeigen, Nationalstolz gewissermaßen. Wieder geht's in eine Passage, Geschäfte links und rechts, wieder ein Lift, wieder steigen wir ein. Mit einem Ruckeln geht's los, wir fahren ziemlich lange nach oben, ich vermute, dass es in die Richtung des Schrankens geht, den wir tags zuvor passiert hatten. Im Nachhinein bestätigt ein Blick auf den Plan diese Vermutung. Plötzlich wird mir schwindlig, ChefInsp. Buchinger macht einen Schritt zurück zur Kabinenwand und stützt sich mit beiden Händen ab, um nicht umzufallen. Ganz offensichtlich hatte sich der Fahrstuhl ein wenig geneigt, er kippte gerade so viel, dass die Neigung wahrnehmbar wurde und leichte Übelkeit auslöste. Commissario Vicini stoppt die Fahrt und erklärt: In diesem Lift sei Leberter gestorben. Dies sei der längste aller Lifte in der Anlage, in der es immerhin über 60 ähnlicher Fahrstühle gibt. Er führe von der Piazzetta direkt zu den Privatvillen ganz oben in der Anlage, von dort sei es nur mehr ein Sprung bis zum Pförtnerhäuschen beim Schranken. Die Kabine setzt sich wieder in Bewegung, wir betreten ein Stiegenhaus, in seinem Prunk dem Foyer eines Tophotels vergleichbar. Geräuschlos gleiten gläserne Schiebetüren zur Seite, man betritt eine Terrasse. Nie begegnet man Passanten oder spielenden Kindern, ab und zu sehen wir Arbeiter, die die gepflasterten Gehwege kehren oder die Müllsäcke aus öffentlichen Mistkübeln entfernen. Es ist schon einigermaßen heiß, zumindest in Anbetracht der Jahreszeit und der frühen Stunde. Wir stehen so, dass zumindest die Köpfe im Schatten bleiben, und überblicken die Bucht quasi aus der Vogelperspektive. Gott muss ein Italiener sein. Schöner geht's wirklich nicht. (Anm. des Verf.: ChefInsp. Buchinger wollte, dass ich diese Passage streiche, aber das musste einfach gesagt werden. Es ist für die Aufklärung des Falles zwar ohne Bedeutung, tut aber auch niemandem weh.) Die Piazetta steil unter uns, in der Ferne die Trennlinie zwischen Himmel und Wasser deutlich sichtbar, die klare Morgenluft lässt selbst kleinste Fischerboote weit draußen am Meer erkennen. Unmittelbar vor unseren Füßen einige Quadratmeter Rasen in einer Gepflegtheit, die Schloss Windsor alle Ehre gemacht hätte. Spätestens jetzt wird mir klar, dass wir uns in keiner realen Welt bewegen. Hier ist alles Schauspiel, Inszenierung, Scheinwelt. Die beiden italienischen Polizisten auch? Sie sind angeblich real.

„Hätte mich nicht gewundert, wenn sie in Wirklichkeit Neo und Truman geheißen hätten", sollte ChefInsp. Buchinger nachher sagen. (Anm. des Verf.: Ich weiß eh, dass man Protokolle anders verfasst, aber irgendwie muss man diesen Schock auch verarbeiten.) Ich berühre mit den Zehenspitzen einige Grashalme und erwarte, dass ich sie rascheln höre wie Plastik. Sie dürften aber wirklich Grashalme sein.

Die beiden italienischen Polizisten berichten: Die gesamte Bucht war noch vor wenigen Jahren ein Steinbruch, dann kamen finanzstarke Investoren und mit ihrer Lust auf mehr Geld auch die Bagger. Der Berg wurde ausgehöhlt, in ihm werden mittlerweile der Warenverkehr und die An- und Abreise der Besucher des „Borgo", des Dorfes, das keines ist, abgewickelt. Statt des nackten Felsens im Steinbruch kleben nun Häuser an den Wänden. Die Wohnungen und Villen werden an Menschen mit dicken Brieftaschen vermietet und auch verkauft. Wer einen Ort der Sauberkeit und der abgeschotteten Ruhe sucht, der so tut, als wäre es ein italienischer Ort, ist hier richtig. Hier gibt's kein soziales Elend, keinen Schmutz, es gibt keine Gefahr im Straßenverkehr, keine stinkenden Autos, keinen Lärm, keine Kleinkriminalität, kein Gegröle und keine lästigen Jugendlichen (Anm. des Verf.: wie in den Shoppingmalls, etwa der PlusCity in Pasching. Vielleicht wird ja auch Portopiccolo eines Tages noch überdacht und klimatisiert, dann kann selbst das Wetter niemanden mehr in seiner wohlverdienten Auszeit stören).

Was wir heute wissen: Weidinger war in Begleitung einer Dame seines Herzens auf Kurzurlaub in Portopiccolo, ganz nebenbei interessierte er sich für ein Investment in der Hotelanlage, die sich als Dorf tarnte. Leberter war auf den Spuren des kakanischen Reiches unterwegs, zu Fuß unterwegs zu Dokumenten des habsburgischen Mythos in der österreichischen Literatur, am Rilkeweg natürlich und zu den architektonischen Juwelen in und um Triest, in Udine und an den Hängen des Collio. Seine Route, sein letztes Projekt konnte mit seinen Handydaten vollständig rekonstruiert werden. Er hatte seine Wanderung an der österreichisch-italienischen Grenze in der Nähe von Tarvis begonnen und war anschließend, erst durch das Kanaltal, dann weiter im Osten, oft an der Grenze zu Slowenien, in Richtung Süden bis zur Adria gewandert. In Portopiccolo trafen sie sich zufällig, der eine in einem kommod gefederten SUV unterwegs, der andere auf Schusters Rappen. Getrunken haben beide, und zwar in rauen Mengen. Die zwei waren in Begleitung einer deutlich jüngeren Frau, die Portopiccolo schließlich in einem Taxi verließ. Wir wissen natürlich, dass dies Marie Hauser war, die katholisch engagierte Musikerin. Weidingers ließ seine Freundin mit einem Taxi aus Triest holen, sie hatte ein Konzert besucht. Auch das ist hervorragend dokumentiert, wie wir den Unterlagen der Carabinieri entnehmen können. Die entsprechenden Daten liegen diesem Protokoll bei: Handydaten, Rechnungen, Aussagen des Taxifahrers usw. Um ca. 23:00 verließen die beiden die Bar, nicht ohne noch je zwei Gläser Grappa Prime Uve an der Theke gekippt zu haben – die Aussage des Barkeepers sowie eine Kopie der Rechnung über etwas mehr als 650 Euro liegen bei. Man verließ die Piazetta in Richtung des großen Ascensore, das ist der Aufzug, der das Meer mit dem Pförtnerhäuschen verbindet. Die beiden müssen so betrunken gewesen sein, dass sie den größten Teil ihres Heimwegs mit dem Überqueren der Piazetta verbrachten. Am Lift wurden sie noch von einem marokkanischen Arbeiter gesehen, der Müllbeutel zur Sammelstelle im Berg verfrachtete. Die Aussage liegt bei. Ihr ist zu entnehmen, dass die beiden Männer sich nicht bloß unterhielten, sondern aus nächster Nähe anbrüllten. Streit sei das jedoch keiner gewesen, sondern der Cabernet Franc habe ihnen jegliches Gefühl für die Modulation der Stimme aus dem Großhirn gespült, wie wir dem Dokument entnehmen können. Gemäß der Aussage des Arbeiters natürlich. (Anm. des Verf.: Diese alkoholinduzierte Absenz eines Großhirns macht uns Österreicher an der nördlichen Adria ja so unglaublich beliebt.) Etwa 90 Sekunden später muss Leberter im Lift zusammengebrochen sein, weitere 90 Sekunden später wurde im Lift durch Weidinger der Notruf abgesetzt. Das diesbezügliche Transkript der Aufzeichnung aus dem Fahrstuhl liegt bei, Anhang 25. Als der Notarzt kam, war Leberter bereits tot. Es wird vermutet – die Carabinieri weisen explizit darauf hin, dass es sich hiebei um reine Spekulation handelt -, dass die zwei ehemaligen Freunde, dann Feinde, schließlich Saufkumpane auf dem Weg zu der Immobilie waren, die Weidinger erstehen wollte. Das an ihn adressierte, aber nicht unterschriebene Kaufangebot für eine Loft in der Höhe von 2,1 Millionen Euro liegt bei. Vicini und di Cesari begleiten uns in diese Wohnung hoch oben über dem Meer, wenige Schritte vom Aufzug entfernt. Leberter sollte sie nie erreichen, Weidinger dürfte nach dem tödlichen Vorfall in jener Nacht das Interesse daran verloren haben. Jedenfalls hatte er diese Anlage in Portopiccolo nie wieder besucht. Die Wohnung entspricht den Erwartungen: Überwachungskameras an allen Ecken und Enden, weiße Lederfauteuils, eine Terrasse mit Teakholzboden, ein gepflegter kleiner Garten mit Palmen, Klimaanlage im gesamten Wohnbereich, High-End-Geräte, verschiebbare Wände, ein Design-Eis-Crusher, ein Whirl-Pool, eine rote Olympia-Express-Handhebel-Espressomaschine und so weiter. Alles, um den Reichen die schwere Last ihrer Sorgen ein wenig zu erleichtern. Die Autopsie Leberters habe nichts Auffälliges ergeben, allerdings die vage Vermutung, dass seine Lebenszeit sich ohnehin schon dem Ende zugeneigt haben dürfte:

Zwei Herzkranzgefäße waren zu über 90 Prozent belegt, ein Komplettverschluss in absehbarer Zeit wahrscheinlich. In Bezug auf das Alter perfekte Kondition, kein Übergewicht, beneidenswerter Allgemeinzustand, keinerlei Hämatome. Weidinger dürfte ihn aufgefangen haben, als er in der Folge des Herzinfarkts das Bewusstsein verlor: eine beachtliche Leistung in seinem Zustand. Der Autopsiebericht liegt bei."

Als Buchinger und Mayer wieder alleine waren in ihrem Appartement, das sie vor wenigen Stunden noch für luxuriös gehalten hatten, lief Lou Reeds „Perfect Day" in Dauerschleife. Buchinger war guter Dinge, das war unüberhörbar. Sie studierten das Manuskript der italienischen Polizei abwechselnd und gründlich.

„Die Summe der Leiden bleibt gleich, Mayer", sagte Buchinger, Lou Reed war gerade wieder bei seiner ersten Strophe angelangt:

Just a perfect day
Drink sangria in the park
And then later, when it gets dark
We go home

„Das war immer meine Hoffnung. Heute bin ich da skeptisch. Die einen kühlen ihren Kopf, einen Behälter für Stroh, in klimatisierten Villen, die anderen krepieren auf Schutthalden, wo sie nach verwertbaren Teilen stierlen. Die Summe der Leiden bleibt nicht gleich. Hier in Portopiccolo sind wir in oder besser an einem Ort, wo die Menschen nicht nur sich selbst, sondern auch gar nichts anderes mehr spüren. Allerdings garniert durch Pools und Hummer und Klavierbegleitung, quasi die Airbags für die Seele."

Mayer schaute irritiert von seinem Protokoll auf, das er aus lauter Angst vor Stottan lieber sofort verfasste. Buchinger studierte wie zum Beweis seiner Aussage den an der Innenseite der Wohnungstür angebrachten Übersichtsplan der Anlage. Zumindest einige der benachbarten Wohnungen konnte man hier vergleichen.

„Was macht Hotelgäste glücklich?" Buchinger nahm nicht wahr, dass Mayer nicht einmal mit den Schultern zuckte, wissend, dass Buchinger ohnehin keine Antwort erwartete. „Dass sie ein besseres Zimmer haben als andere Gäste in derselben Preiskategorie! Deshalb studieren alle die Zimmerpläne und freuen sich über einen zusätzlichen Quadratmeter oder über einen minimal besser geschnittenen Wohnungsplan."

„Woher kommt eigentlich deine gute Laune?", wollte Mayer wissen.

„Es ist, wie es ist. Dieser Spruch könnte von der Haushälterin in Sids Kindheit und Jugend stammen. Sie hatte ja für alle Gelegenheiten Sprüche parat. Und die Einsicht in so triviale Notwendigkeiten macht mich momentan glücklich. Unsere Reise nach Italien konnte den Verdacht auf Mord an Leberter nicht bestätigen. Das mag frustrierend ausschauen, ist es aber nicht. Auch eine Aussage, dass etwas nicht ist, ist eine Erkenntnis. Es ist, wie es ist: Die Dinge sind unverrückbar, nur unsere Meinungen über die Dinge sind wie Fahnen im Wind. Diese Vielzahl an Geschichten, die wir uns anhören mussten, macht mich noch ganz schwindlig."

„Das hast du doch selbst provoziert, oder? Ich denke da an die Formulierung ‚Erzählen Sie Ihre Geschichte!'"

„Ja, das habe ich selbst provoziert. Und jetzt habe ich das Gefühl, als wäre ich unter der Vielzahl dieser Geschichten verschüttet: ein professionell weinender Trauergast, ein Kind, das von Zuhause wegläuft, eine Jugendliche, die der Tod fasziniert und die ihre Lehrer malträtiert, ein Gärtner, der für einen Roboter gehalten wird, und eine Busfahrerin und katholische Fundamentalistin, die eine Frau betreut, die ihr die Welt erklärt, obwohl sie sich weder rühren kann noch sich mit Worten artikulieren. Dann noch ein Freak, den alle lieben, der auf Rilkes und anderer Berühmtheiten Spuren durch Europa wandert und in Trumans Welt stirbt, und ein Jedermann, der zwar unbeliebt, aber reich war und mit einem Saxophon in der Hand stirbt. Fast hätte ich einen vergessen: den Mann, der Fotos macht, auf denen alle Personen wie George Clooney aussehen, auch Frauen. Grotesker geht's wirklich nicht mehr. Und dann: Such a perfect day!"

„Und ein Kommissar, der glaubt, dass man einen Mordfall lösen kann, indem man sich einen Krimi von Agatha Christie als Vorbild nimmt."

Mit großer Geste hob Buchinger seine Arme wie Cristo Redentor in Rio de Janeiro. „In wenigstens einem Punkt haben wir Gewissheit: Leberter wurde in Portopiccolo nicht ermordet. Sollten die Saxbomb Rache genommen haben an Weidinger, so haben sie sich geirrt. Das ist tragisch, aber für uns ist das ein Grund zum Feiern. Wir haben einen Schritt nach vorne gemacht."

Buchinger drückte sich einen Kaffee, den er prinzipiell nicht leiden konnte, aus der billigen Kapselmaschine und fuhr fort: „Es gibt nicht nur eine Erzählung, und das macht mich manchmal wahnsinnig. Ich kann verstehen, dass sich viele Menschen nach EINER Erzählung sehnen, wie in vormodernen und modernen Zeiten. Ein Problem, eine Deutung des Sachverhalts, eine Lösung. Wenn möglich ohne langwierige Debatten und mit eindeutigen Mehrheiten. Mayer, wir leben in gefährlichen Zeiten, die Demokratie ist in Gefahr, die Vielfalt ist in Gefahr!"

Buchinger trat auf die kleine Terrasse mit dem göttlichen Blick auf den Hafen, knetete kurz seinen Mund und wandte sich wieder Mayer zu. Dieser wusste, dass er gerade wieder einmal von einer Zigarette geträumt hatte.

„Ich habe zwei neue Ideen: Wir müssen mit der Witwe Leberters reden, das haben wir komplett übersehen. Und: Wir müssen die Einvernahmen mit den Saxbomb noch einmal durchgehen und uns Klarheit verschaffen darüber, wer wen bei Weidinger gesehen hat. Nimm deine Kopfhörer, einen Notizblock und die Sprachaufzeichnungen auf meinem Handy! Wir gehen an den Strand, genießen die letzten Stunden in Italien und machen bei einer Flasche Cabernet Franc unsere Hausaufgaben. Nach der Lektüre der Protokolle der Italiener muss man ja Appetit auf diesen Wein bekommen haben!"

16 Online

Das Ergebnis des gemeinsamen Nachdenkens und des Abhörens der Mitschnitte von den Verhören im Hotel Sumpf der Poebene fasste der fleißige Mayer in einer übersichtlichen Tabelle zusammen. Sie enthielt eine Auflistung relevanter Daten: Wer hat wen bei Weidinger gesehen? Und: Wie oft wurden die einzelnen Personen bei Weidinger gesehen – gemeint war natürlich die Nacht im Wiener Rathaus. Buchinger wollte unbedingt noch eine weitere Spalte eingefügt haben, die die Fluchtpunkte der Bandmitglieder festhielt.

Wer spricht?	Wer wird genannt?	Nennungen	Fluchtpunkte
Berndorfer	Wiesmann, Hauser	3	?
Zehetmair	Antel, Zupic	2	Zynismus
Zupic	Hauser, Berndorfer	2	Sport
Antel	Zehetmair, Zupic	2	Aggression
Wiesmann	Berndorfer, Antel, Zehetmair	1	Computer
Hauser	Berndorfer, Hauser	2	Religion

Den fein säuberlich zusammengetragenen und geordneten Daten konnte man Folgendes entnehmen: Alle sechs Bandmitglieder wollen andere bei Karl Weidinger gesehen haben. Interessanterweise unterschiedliche Personen. Noch interessanter: Mit fast 100%iger Genauigkeit teilen sich die Nennungen auf alle gleichmäßig auf, also wie oft die MusikerInnen bei Weidinger gesehen wurden. Nur Sid wird einmal weniger genannt, er war ja auch schwer angeschlagen an diesem Abend und nicht wirklich mobil. Das wussten natürlich auch alle anderen. Marie Hauser gibt als Einzige zu, selbst bei Weidinger gewesen zu sein.

Mayer, in selten wahrgenommener Spiellaune, ergänzte in zwei abschließend eingefügten Zeilen die Endstationen ihrer beider Fluchtbewegungen aus der Realität. Und verschriftlichte damit einen fundamentalen Unterschied zwischen ihren Generationen.

Buchinger protestierte, denn er hielt seine zentrifugale Bewegung keinesfalls für ein Abdriften aus der Realität, ganz im Gegenteil:

Wer spricht?	Wer wird genannt?	Nennungen	Fluchtpunkte
Buchinger	-	-	Lesen
Mayer	-	-	Handyspiel

„Wäre es möglich, dass nicht alle lügen? Dass vielleicht sogar überhaupt niemand lügt? Und die Differenzen von eingeschränkter Wahrnehmung herrühren, zum Beispiel von Unaufmerksamkeit?", fragte Buchinger.

„Das wäre möglich", antwortete Mayer. „Aber nicht allzu wahrscheinlich. Und es würde bedeuten, dass nicht die ganze Gruppe, sondern nur wenige an dem Mord beteiligt waren."

„Vermutlich wären es dann zwei Leute, die an der Tat beteiligt waren. Ein Täter und jemand, der oder die von der Tat weiß und mithilft. Wenn wir den Aussagen der Saxbomb wirklich glauben wollen."

Man hatte also eine gewisse Klarheit oder Ordnung in dem Fall Weidinger gewonnen, das konnte jedoch nicht darüber hinwegtäuschen, dass die Fortschritte überschaubar blieben. „Ordnung zu schaffen, Mayer, bedeutet, dass man der Entropie ein Schnippchen schlägt. Und sei es auch nur in einem winzigen Bereich. Auch wenn man unverhältnismäßig viel Energie dafür aufwenden muss, die einem woanders fehlt. *Ordnung und Methode sind meine zweite Natur. Ich kann nicht anders.*"

Mittlerweile saßen sie wieder im Zug zurück nach Österreich. Buchinger konnte sich immer noch nicht mit der Tatsache anfreunden, dass der Fall nun abgeschlossen wäre, ohne Ergebnis. Und dass ein Verbrechen ungesühnt bleiben würde.

„Was hältst du davon? Wer eine Spritze geben kann, ist in unserem Kriminalfall ein möglicher Mörder. Auf Vroni Berndorfer trifft das zu. Wer keine Spritze geben kann, ist daher kein potenzieller Mörder."

„Davon halte ich nichts, Chef", versuchte Mayer so sanft wie möglich zu antworten, um nicht gescheiter als sein Chef zu sein. Das mögen Chefs nämlich nicht. „Steht schon im Tfuller, du weißt schon, dem Logik-Buch für Kriminalisten: Wenn man von einer verneinten Bedingung auf eine verneinte Konsequenz schließt, handelt es sich um eine fehlerhafte Anwendung des Modus ponens."

„Klar."

Der Zug fuhr gerade in Palmanova ein; Buchinger überlegte kurz, ob sie aussteigen und sich auf der göttlich grotesken Piazza Grande ein zweites Frühstück gönnen sollten. Vom Bahnhof wäre es nicht weit bis dorthin. Aber er konnte widerstehen – sehr zu seinem eigenen Erstaunen. „Nur mal angenommen, dass es sich wirklich so verhält…", Buchinger warf einen sehnsuchtsvollen Blick auf das draußen verschwindende Palmanova und die darin verborgenen Tramezzini zurück, „… das darf man ja auch nach Tfuller, oder? Annahmen machen."

„Natürlich darf man Hypothesen bilden. Es hängt alles davon ab, was wir daraus ableiten, und wie", meinte Mayer.

„Also wenn wir annehmen, dass nicht die ganze Band Weidinger ermordete, sondern ein Einzeltäter und eine zweite Person, dann würde das bedeuten, dass ich mich zum ersten Mal in meinem Leben fundamental geirrt habe."

Mayer musste lachen. „Das ist äußerst unwahrscheinlich." Buchinger wirkte irritiert: Hatte Mayer seine Neigung zur Ironie übernommen?

„Dann müsste auch die Motivlage eine andere sein, jedenfalls keine kollektive Rache. Und wir müssen die Dinge noch einmal ansehen. Vielleicht sollte man sich noch einmal die Meerschweinchen ansehen."

Gut, dass dieser Dialog niemals nachzulesen sein wird. Man müsste am Geisteszustand der österreichischen Polizei zweifeln und schließlich verzweifeln: Sie reden über Meerschweinchen, während Mörder und anderes Gesindel frei herumlaufen.

„Denkst du, dass Wiesmann eine späte Vergeltung für den Betrug an seinem Vater vorgenommen hat? Immerhin hat Weidinger die Erkenntnisse gestohlen, die Leberter aus dem Studium der Meerschweinchen gewonnen hatte."

„Ich muss ehrlich sagen, dass ich das nicht glaube. Ich denke, es muss ein stärkeres Motiv sein. Wir werden die Aussagen unserer Tatverdächtigen noch einmal durchgehen müssen – bis uns schlecht wird davon! – und sie mit den Erkenntnissen moderner Psychologie vergleichen. Was kann Leberter aus der Beobachtung kopulierender Meerschweinchen abgeleitet haben? Wie lässt sich diese Erkenntnis so auf Menschen übertragen, dass man damit sehr gutes Geld verdienen kann? Das müssen wir klären!"

Mayer telefonierte kurz mit Stottan. Eigentlich wollte er nur Bericht erstatten, aber Buchinger hörte ihn immer lediglich „Ja" oder „Nein" sagen. Offensichtlich empfing er mehr Befehle als sie Informationen. Aber immerhin konnte er am Ende des Gesprächs durchsetzen, dass jemand bei Euli Leberter vorbeischaute, um sie zu befragen. Die Erkenntnisse aus dieser Befragung würde Stottan noch im Laufe desselben Tages übermitteln.

„Ein bisschen ist es ja so wie in Searles chinesischem Zimmer: Wir befinden uns in einem abgeschlossenen Raum, in dem wir von außen durch einen Türschlitz chinesische Schriftzeichen erhalten, zum Beispiel auf Zetteln. Wir haben ein Regelwerk zur Verfügung, das uns Anweisungen gibt, wie wir auf die einlangenden Zettel reagieren können. Diese Reaktionen schicken wir aus unserem Zimmer wieder raus. Wir produzieren also quasi eine Antwort auf Chinesisch, ohne ein Wort zu verstehen. Aber sobald wir auch nur eine einzige Schriftzeichenfolge ins Deutsche übersetzen können, verwandeln wir uns von einer Reiz-Reaktions-Maschine in einen Organismus, der versteht. Auf dieses eine Vokabel warten wir, dieses Vokabel suchen wir, mit ihm können wir alle chinesischen Schriftzeichen dechiffrieren. Dann werden sich alle anderen Bausteine wie von alleine zu einem Gebäude zusammenfügen."

„Und wie soll das gehen?"

„Keine Ahnung!"

Aus Mayers weit geöffneten Augen sprach mehr als Erstaunen, nämlich: Entsetzen, Enttäuschung, Verzweiflung, Hilflosigkeit. Das soll man jungen Menschen nicht zumuten, sie sind voller Hoffnung und voller Überzeugung, dass alles oder zumindest einiges einen Sinn hat und gut wird. Deshalb ergänzte Buchinger noch:

„Ich befürchte, wir können nichts mehr tun. Aber wir müssen auch nichts mehr tun. Der Anfang ist gemacht: Wir haben einige mögliche Versionen ausgeschlossen, wir haben einen Verdacht geäußert und alle Verdächtigen haben ihn gehört. Die Saat wird aufgehen, vielleicht später, als wir hoffen. Aber der Mörder oder

die Mörderin oder die Mörder oder die Mörderinnen – mein Gott, wie genau muss man heutzutage formulieren! – wird die Last seines Tuns nicht ertragen können. Die Eiterblase wird von selbst aufplatzen. Da gärt jetzt ein Amalgam aus Angst und Schuldgefühl und offenen Fragen, und all das drängt an die Oberfläche."
In Wahrheit aber dachte Buchinger ganz anders: Verbrecher werden nur selten erwischt. Wenn sie erwischt werden, müssen sie für ihre Taten nicht ausreichend büßen. Weil sie relativ ungeschoren davonkommen, lernen die anderen aus ihren Beispielen nichts Beruhigendes, nämlich dass es sich lohnt, ein Schlaucherl oder gleich ein Krimineller, jedenfalls ein böser Mensch zu sein. Aber mit dieser Weltsicht und mit diesem Menschenbild musste man die Jugend nicht konfrontieren. Die Idee des Guten und den Glauben an eine überschaubare Welt, in der die Unterscheidung zwischen Gut und Böse einen Sinn macht, hielt Buchinger für nützliche Fiktionen. Die unter Umständen sogar etwas zu ihrer Verwirklichung beitragen können, wer weiß?

„Ich habe noch eine gute Nachricht für dich, lieber Mayer: Sollte die Welt weniger gut geordnet sein, dann muss es der Zufall sein, der regiert. Und dieser Zufall kann mal der einen, mal der anderen Seite nützen. Es gibt also immer noch Hoffnung. Die Präzision, mit der der Zufall die Dinge arrangiert, ist äußerst erstaunlich: Du schnappst dir das Bügeleisen und dessen Kabel verhängt sich höchst kunstvoll in einem Regal und du ziehst ein schon lange nicht mehr gesehenes Ding so heraus, dass es zu Bruch geht. Jedes noch so blöde Gerät zwingt dir seinen eigenen Willen auf, die Verlängerungskabel wickeln sich auf extrem unwahrscheinliche Art über ein bisher unentdecktes Hindernis, die Kugelschreiber verkriechen sich auf für unmöglich gehaltene Weise in der

Innentasche deiner Jacke. Daneben schaut jedes vernünftige und geplante Vorgehen ziemlich laienhaft aus. Sollte man dem Zufall die Problemlösungen übertragen? Wenn ja: Wie könnte ein derartiges Verfahren in der Praxis aussehen? Darüber muss ich immer wieder nachdenken."

Dass seine Ausführungen zur Beruhigung Mayers beigetragen haben, konnte Buchinger aufgrund der Indizien nur vermuten: Sein junger Kollege war eingeschlafen.

Wenn du Kroate bist, hast du nicht viel davon, dass die Nationalmannschaft Vizeweltmeister im Fußball wurde. Als Kroatin hast du noch weniger davon. Da sind dir sogar die zwei Stunden vor dem Fernseher reichlich egal. Du denkst an deinen Vater, der wieder in die Heimat zurückging, nur um im Krieg zu sterben, du denkst an die nächsten Tage, von denen du nicht weißt, was sie bringen werden, du machst dir Sorgen um die Zukunft deiner Kinder. Du lebst in einem Land, das sich mit dem Anwerbeabkommen von 1966 zwischen Österreich und dem damaligen Jugoslawien offiziell um Gastarbeiter bemühte. Viele der Menschen hier reagierten auf die Zuwanderung mit so wenig schmeichelhaften Wörtern wie Tschusch oder Jugokoffer. Dabei wollte Lucija, die bereits 1965 in Österreich geboren wurde, hier nur arbeiten, hart arbeiten für sich und ihre Familie, sich ihren Anteil am Glück holen, im Mondschein schmusen, im Kino träumen und ein paar Wochen im Jahr ein unbeschwertes Leben genießen, im Urlaub in Istrien oder in Ramsau beim Langlaufen. Das Filmcasino in Wien diente einem Kulturverein als Veranstaltungsort, dort lernte sie Folkloretänze, übte ein wenig Kroatisch, sang in einem Chor. Ihre Eltern und Großeltern hatten immer Angst, dass sie ihre kroatischen Wurzeln kappen würde, doch diese Angst war immer unbegründet: Natürlich konnte sie einige österreichische Dialekte sprechen und dank ihrer Schule auch schifahren, aber wie sollte sie Kroatien vergessen, diesem Land den Rücken kehren? Sie kannte die Diskussion über Assimilation versus Integration nicht, aber so zu tun, als wohne nur eine Seele in ihrer Brust, wäre ihr nie in den Sinn gekommen. Selbst dann nicht, als sie Mitte der 80er als Zimmermädchen in einem heruntergekommenen Hotel arbeitete. Man zog weg aus Wien, bald kam der Bürgerkrieg, plötzlich schossen Menschen aufeinander, die noch vor wenigen Monaten bei Festen gemeinsam an der Tafel saßen. Ihr Vater starb, ihr Bruder starb, Benetton zeigte die Kampfmontur eines toten kroatischen Soldaten, seit damals wird ihr schlecht, wenn sie an Schaufenstern der Marke vorbeigeht. Sie zog zwei Kinder groß, mittlerweile alleine, weil auch ihre Biografie sich der Erzählung ihrer Generation nicht entziehen konnte, der Erzählung von Erwartungen ans Leben und der Ernüchterung im Scheidungsverfahren. Beide Kinder sind äußerst sympathische und erfolgreiche Menschen, beide ziemlich sportlich, beide polyglott und sowohl in Österreich als auch in Kroatien zuhause. Sie holte die Matura nach und begann eine Ausbildung zur Diplomkrankenpflegerin, die sie 1995 abschloss, ihr Sohn war damals 10 Jahre alt und sollte in Lambach seine gymnasiale Karriere starten. Wer Lucija kennt, kennt eine fleißige, zurückhaltende, kluge und schöne Frau, die niemandem schaden will, mit allen gut auskommt und jedermann ein Lächeln ins Gesicht zaubert, mit dem sie zu tun hat. Selbst hartgesottene Nazis können nicht umhin, ihr das Höchste an Wertschätzung zukommen zu lassen, das Ausländer in ihrem

Weltbild verdienen können, nämlich den Satz „Ordentlich ist sie, das muss man ihr lassen!"

Umso überraschender waren für alle ihre Worte: „Mögest du in der Hölle schmoren! Möge dein Leidensweg nicht mit dem Leben auf Erden enden! Ich spucke auf dich. Ich segne den Tag, an dem dich die irdische Gerechtigkeit ereilt hat! Ruhe nie!" Das waren selbst in Zeiten wie diesen ungewohnt harte Worte in einem online-Kondolenzbuch.

17 Jetzt aber

Was ist das Schöne daran, wenn man eine überschaubare Zeit von seinem Partner getrennt ist? Der Wiedersehenssex, das ist klar. Zumindest in Buchingers Welt. Er war zwei Tage lang in einer ganz anderen Welt, in einer italienischen Truman-Show; das Wiedersehen mit Bellucci in seiner Atemlosigkeit und Unmäßigkeit fühlte sich dagegen äußerst real an. Da spielte die Tatsache, dass sie nicht in Syracus mit wiegenden Hüften auf ihn zuschritt wie einst die wirkliche Bellucci in „Malena", überhaupt keine Rolle. Und auch nicht, dass sie schon am Bahnhof in Linz zu ihm sagte: „Siehst du, ich hatte recht!" Natürlich hatte sie recht, daran war er schon gewöhnt.

Ob eine Handlung ein Akt der Freundschaft ist oder nicht, hängt nicht von der Handlung, sondern vom Kontext ab. Das hatte Bellucci in der Ausstellung im Kunsthistorischen Museum in Wien gelernt. Und das hatte sich am Ball der Oberösterreicher bewahrheitet. Buchinger und Mayer waren die Konstellationen der Besucher Weidingers noch einmal gemeinsam durchgegangen und hatten versucht, ein klassisches Arrangement von Freundschaft zu identifizieren. In der Tat war es ihnen gelungen, genau eine Situation als solche festzumachen. Nach Buchingers Logik war genau diese eine Inszenierung von Freundschaft diejenige, die ein mörderisches Komplott zu kaschieren versuchte. Freunde sind einfach füreinander da, sie arrangieren kein Setting, das von jedermann als perfekte Freundschaft erkennbar sein soll. Wer als perfekter Freund gelten will, ist keiner.

Und dann wachte Mayer auf, irgendwo zwischen Villach und Salzburg: Seine Uhr hatte Alarm geschlagen. Er öffnete seinen Laptop und konnte die höchst außergewöhnliche Eintragung ins Kondolenzbuch Weidingers lesen. Früher schlichen Detektive mit krummen Rücken durch britische Vorgärten und schlossen von Schuhabdrücken im lehmigen und feuchten Boden auf ganz spezielle Schuster in der City of London, die Linkshänder waren und immer dienstags schlecht schliefen, weil sie am Abend zuvor zu viel Scotch zu sich zu nehmen pflegten. Heute waren die Schnüffler online unterwegs, sie nahmen wie früher an Beerdigungen teil, quasi im Homeoffice. Nur der krumme Rücken war gleich geblieben. Ein schönes Beispiel für den Wandel der Methoden bei gleichbleibendem Ergebnis.

Buchinger höchstpersönlich griff zum Handy: Stottan musste informiert werden.

„Ich glaube, wir stehen unmittelbar vor der Lösung des Falls. Wir haben zwar noch keine Ahnung, wie alles zusammenhängt, aber die Indizien deuten in eine Richtung."

„Buchinger, das habe ich schon oft von Ihnen gehört. Sie überschätzen sich."

„Ja, ich mich auch."

„Sag ich doch!"

„Reden wir bitte nicht darüber! Hat die Befragung der Witwe von Leberter etwas ergeben, Euli Leberter?"

„Wir haben zwei Beamte vorbeigeschickt, das Protokoll liegt mir vor. Ich habe es rasch überflogen: Es enthält nichts Allfälliges."

„Was sagt sie zu ihrem Verhältnis zu Weidinger, nachdem sie ihn verlassen hatte?"

„Sie hat den Mann gehasst. Seinetwegen hatte sie – warten Sie mal, ich suche die wörtliche Formulierung! – Neurodermitis, Migräne, chronischen Husten, Bluthochdruck und Sehstörungen bekommen, und zwar in genau dieser Reihenfolge. Eines Tages verließ sie Weidinger und alle Beschwerden waren weg. Das ist auch der Grund, warum sie ihn noch etwa ein Jahr lang sekkierte: Sie ging nackt auf die Terrasse, brüllte wie ein Orang-Utan-Weibchen beim Sex usw., damit er in seiner neuen Einsamkeit alles mitbekommen musste. Weidinger wohnte ja gleich auf der anderen Straßenseite."

„Ja, diese Passage kenne ich schon. Und sie gefällt mir. Hat sie ein Alibi für den Abend des Balls?"

„Ja, sogar ein ziemlich gutes: Sie war mit vier weiteren Frauen ihres Alters in einem Literaturzirkus in Lambach, danach in einer Bar am Marktplatz. Hätten Sie gedacht, dass es in einem Kaff wie Lambach eine Bar geben könnte? Schließlich übernachtete sie bei einer Freundin in einem Haus im Ortszentrum. Da gibt es wieder jede Menge Zeugen, immerhin hat ihre Freundin vier fast erwachsene Kinder, die alle zufällig daheim waren. Ich nehme an: Wäsche waschen lassen, Geld holen, ausweinen, sich bedienen lassen und Futtervorräte mitnehmen."

„Stottan, haben Sie Erfahrung in diesen Dingen? Ich staune!"

„Fragen Sie nicht! Soll ich Ihnen das Protokoll schicken?"

„Nein, nicht nötig. Ich gehe davon aus, dass Sie mir die wesentlichen Infos gesagt haben. Eine Frage noch: Was machte diese Eurydike – ich liebe diesen Namen! –, wenn Leberter auf Tour war? Er war ja ziemlich häufig unterwegs, soviel wir wissen. Auf den Spuren Petrarcas, Hesses, Erasmus', Camus' und Russells, wenn ich mich nicht irre."

„Sie wurde danach gefragt, wie Sie selbst angeordnet haben, und eine Antwort gibt es auch: Die Wanderungen Leberters kamen ja nicht überraschend und dauerten auch nicht allzu lange. Sie konnte sich auf diese Zeiten gut vorbereiten und Kurzurlaube planen. Sie hat uns eine Liste zusammengestellt, wann sie mit wem wo und wie lange gewesen ist. Nur ein Beispiel: Rügen mit Friederike, 8. bis 15. September 2017, Hotel Alte Schule , danach ... So geht das immer weiter. Soll ich Ihnen die Liste schicken?"

„Nein. Listen mache ich mir selber. Ist auch nicht so wichtig. Eine Frage noch: Konnte sie eine Aussage machen zu den Erkenntnissen, die Leberter aus den Beobachtungen der Meerschweindln gewonnen hat?"

„Nein, sie hat keine Ahnung. Weder der eine noch der andere Mann hat ihr etwas verraten."

„Das gibt's doch nicht, dass wir das nicht herausfinden können! Das macht mich noch ganz narrisch! Was kann man denn von diesen blöden Viechern lernen?"

„Berg soll sich darum kümmern. Ich werde ihm sagen, dass er Sie anrufen soll."

Dass er nun diesen Klugscheißer wieder am Hals haben würde, machte seinen Tag nicht wirklich besser. Michael Berg, den Mann, der über jeden irrtümlich zusammengeklappten Sonnenschirm in Tropea ein zweistündiges Stegreif-Referat halten konnte. Das Universalgenie, dessen Kopf mit unzähligen Fakten und Theorien vollgestopft war, ohne dass sie durch Effizienzorientierung kontaminiert worden wären.

„Was ist nun mit Ihrer neuen Spur? Machen Sie mir eh nicht wieder Sorgen?"

Fürchtete sie sich vor einer Lösung des Falles, oder täuschte er sich? Was war bloß mit diesem Weidinger los? War er ein Spion einer Atommacht? Oder ein Raika-Generaldirektor inkognito? Liebte er einfach seinen Kanzler inständig – und vergeblich? Oder wollte Stottan bloß eine ruhige Kugel schieben und alle Aufregungen vermeiden?

„Im online-Kondolenzbuch Weidingers ist ein ziemlich deutlicher Wutausbruch vermerkt. Dem werden wir nachgehen. Außerdem haben wir im Kunsthistorischen Museum in Wien einen versteckten Hinweis gefunden."

„Buchinger, Sie verblüffen mich!"

„Ich mich auch."

„Das geht ja gar nicht."

„Alles geht. Es kommt nur auf das Bezugssystem an."

„Verstehe ich nicht. Machen Sie mir keine Schande! Eine Blamage pro Ermittlung genügt! Ist Mayer bei Ihnen?"

„Klar!"

„Er soll auf Sie aufpassen."

„Mayer ist 22 Jahre alt. Wie soll er auf einen alten Hasen wie mich aufpassen?"

„Er macht das schon. Ich verlasse mich auf ihn. Und auf Sie! Alles Gute! Melden Sie sich wieder!"

War das eine Liebeserklärung gewesen oder hatte er sich verhört? Hatte sie wirklich gemeint, sie würde sich auf ihn verlassen? Hatte sie ihm tatsächlich alles Gute gewünscht?

Wie auch immer: Nun stand der Wiedersehenssex auf dem Programm. Wenn doch das Leben nur aus Wiedersehen bestünde! Oft kam es Buchinger leider so vor, als bestünde es aus einer ewigen Kolonne des Abschiednehmens. Die Liste der größten Leidenschaften Buchingers: 1. Sex mit Bellucci. 2. Kaffee – eine Hassliebe, denn obwohl er eigentlich keinen Espresso mochte, kam er ganz einfach nicht los davon. 3. Nachdenken. Dass die Liste morgen anders aussehen würde, war ihm klar: Nur Belluccis Fixplatz auf dem Podest würde unangefochten bleiben. Zwischen Sex und Liebe gab es einen himmelhohen Unterschied, das war ihm schon klar, auch dass die Liebe im Allgemeinen viel angesehener war als die bloß körperliche Hingabe. Dennoch: Diesen Luxus, dieses Abdriften in die animalische Tiefe seiner Existenz wollte er nicht missen. Die ungetrübte Freude am Dasein, sekundenlang sogar ohne wirklich vernünftiges Begleitprotokoll des ständigen Bewusstseinstroms! Gab es einen Zusammenhang zwischen Bewusstlosigkeit und Glücksempfindung? Wie traurig, wenn es so wäre! Aus dem Stadium der Reflexion konnte nämlich kein erwachsener Mensch ausbrechen. Es gibt kein Zurück in die frühkindliche Geborgenheit, die keinen Unterschied kennt zwischen Wahrnehmen und notwendigem Handeln. Kein nachträgliches Denken lässt einen Zweifel an der Richtigkeit des Tuns aufkommen, da gibt es keinen distanzierten Blick auf sich selbst. Für erwachsene Menschen gab es nur einen einzigen gesunden Aussichtsturm in die längst vergangene Harmonie: den Sex, die Wahrnehmung des anderen in seiner ebenso einzelnen Existenz, den Geruch der glatten Haut, den leicht geöffneten Mund, den Schweißfilm in den Achselhöhlen. Dazu kam schließlich, nicht zu vergessen, das aufflackernde Bewusstsein, dass mit dem Eindringen in den Körper der geliebten Frau sich ein Naturgesetz vollzog. Dass sich in dem Stöhnen der beiden eine kraftvolle Notwendigkeit offenbarte, die Tag für Tag mit dem Einbruch der Dunkelheit über den Planeten eilte. Für einen kurzen Moment also konnten Sexbesessene, ästhetisch wahrnehmende Genießer des anderen Körpers, dem Fluch der Vereinzelung, im schlimmsten Fall der Einsamkeit, entfliehen.

So war das also mit Buchinger. Die leicht geöffneten Münder waren wieder geschlossen, rasch trockneten Schweiß und andere Körperflüssigkeiten, ebenso rasch eroberte die Rationalität, die Geschäftigkeit des Alltags mit ihren beruflichen Anforderungen die Gedanken- und Gefühlswelt Belluccis und Buchingers.

Noch am selben Abend holte Mayer seinen Chef in der Welser Vorstadt ab. Ihr Ziel: Stadl-Paura, eine Frau namens Lucija Zupic sollte ihnen Rede und Antwort stehen. Ihr überbordender Hass im Kondolenzbuch war doch zumindest eine Frage wert.

Maximal 20 Minuten dauert eine Autofahrt von Wels nach Lambach. Wenn man diese 20 Minuten mit einem Telefonat mit Berg verbringen muss, dann versteht man die unglaubliche intellektuelle Zumutung der Relativitätstheorie, nämlich dass bewegte Uhren langsamer gehen. Im Falle des Telefonats mit Berg schienen sie stehengeblieben zu sein. Wie gut, dass Buchinger ziemlich ermüdet vom lustvollen Treiben mit Bellucci relativ geduldig zuhören konnte!

„Doktor Buchinger, schön, dass ich Sie erreiche! Wie geht es Ihnen? Ich habe von ..."
Buchinger wusste schon, dass Berg keine Antworten in einem Gespräch erwartete. Wer als wandelnde Enzyklopädie durchs Leben ging, brauchte für ein gutes Gespräch wahrscheinlich nicht einmal Gesprächspartner. Jedes Gespräch mutierte zu einem Vortrag.

„... von Ihrer lieben Chefin den Auftrag erhalten, Sie kurz über die möglichen Hintergründe der Forschungen mit den Meerschweinchen aufzuklären. Ich beneide Sie übrigens dafür, dass Sie mit Stottan zusammenarbeiten dürfen. Sie ist nicht nur eine außerordentliche adrette Frau, wenn auch resolut im Auftreten, sondern auch von einer vorbildlichen Kultiviertheit und Klugheit."

Das hätte er nicht sagen sollen. Damit war klar, dass Buchinger in der Folge auf Durchzug schalten würde wie ein Schüler, der sich im Unterricht langweilt.

„Wenn ich ehrlich sein soll, muss ich sagen, dass es mir ziemlich absurd vorkommt, die Lösung eines Kriminalfalls und die Grundsteinlegung für Vermögensbildung mit dem Studium von Meerschweinchen zu erklären. Aber gut, ich hab ja auch nicht Kriminalistik studiert wie Sie, Dr. Buchinger. Haben Sie wirklich Kriminalistik studiert?"

In der Tat machte Dr. Berg hier – völlig überraschend - eine Pause. Das interessierte ihn nämlich wirklich. Bei jeder ihrer Begegnungen hatte er Buchinger nach seinem Studium gefragt, einem sorgfältig gehüteten Geheimnis in Buchingers Biografie.

„Mit den Meerschweinchen jedenfalls verhält es sich so: Hierzulande werden sie als Haustiere gehalten, in Südamerika, und hier vor allem in Peru, werden sie gerne gegessen. Ein schönes

Beispiel für die kulturelle Prägung von Verhalten. Das könnte zumindest den ersten der von Ihnen beobachteten Männer, Leberter, interessiert haben. Wie man allerdings aus diesem Sachverhalt Kapital schlagen kann, ist mir ein Rätsel. Außerdem muss man keine Meerschweinchen in Oberösterreich halten, um zu wissen, dass sie anderswo gegessen werden. Kaum anzunehmen, dass sich die hierzulande domestizierten Tiere plötzlich – quasi genetisch ferngesteuert – an ihre südamerikanische Bestimmung erinnern und sich in Essen verwandeln. Indem sie etwa auf Spieße springen. Kleiner Scherz! Alles Wichtige über diese nicht sonderlich interessante Tierart können Sie locker in einem wikipedia-Artikel nachlesen, da ist nichts verspielt. Ich an Ihrer Stelle würde das nicht tun, es ist todlangweilig. Da diese Viecher für jede Art von Dressur zu dumm sind, kommt eine kommunikative Komponente nicht in Betracht. Deshalb gehe ich davon aus, dass es eine Überlegung war, die auf die Verhaltensbeobachtung zurückzuführen ist, die das Wertvolle an den Meerschweinchen ausmachte. Interessant ist doch beispielsweise, dass die Frau, die zuerst mit Weidinger, dann mit Leberter gelebt hat, nichts von alledem wusste. War es das, was die beiden aus den Beobachtungen ableiteten? Dass man Frauen in die wirklich wichtigen Dinge seines Lebens nicht einbeziehen muss oder soll? Wenn ich ehrlich sein soll, kommt mir diese Lösung ziemlich weit hergeholt vor. Denken wir noch ein Stück weiter weg vom konkreten Fall, abstrahieren wir also. Was sehen wir? Es kommt nicht darauf an, dass es Meerschweinchen sind, mit denen man seine Forschungen betreibt. Es geht nur darum, irgendwelche strohdummen Viecher zu beobachten und dann einen Analogieschluss auf die Menschen zu ziehen. Dazu müsste man allerdings Zyniker sein, wofür ich große Sympathie hege. Ob einer Ihrer Männer, Leberter oder Weidinger, zum Zynismus neigte, kann ich nicht sagen. Das wissen Sie besser als ich. Jedenfalls kann nur ein Mensch mit abgrundtiefer Verachtung des Menschlichen auf die Idee kommen, kleine Nager als Vorbilder für zivilisierte, rational denkende und handelnde BürgerInnen zu sehen. Die entscheidende Frage nun ist: Welches Verhalten könnte es sein, das man – meiner Meinung nach garantiert ungerechtfertigt, weil theoretischer Unfug, das kennt man schon aus den Argumenten gegen die Evolutionäre Erkenntnistheorie – von Meerschweinchen auf Menschen überträgt? Ich möchte noch einmal betonen, dass ich nicht glaube, dass hier irgendetwas von Interesse oder Bedeutung entdeckt wurde. Ich gehe davon aus, dass Leberter aus der Beobachtung dieser hässlichen kleinen behaarten Minischweine eine Hypothese bastelte, die mit den Viechern nur ganz wenig zu tun hat. Das winzige Gehege gab lediglich den Anstoß für eine Überlegung, gehört also eher in den Entstehungszusammenhang als in den Begründungszusammenhang der „Theorie". Erschwerend kommt noch dazu, dass nur eingefleischten Humanisten klassischer Prägung die Grenze zwischen Tier und Mensch ganz klar ist. Im gegenwärtigen Diskurs ist es sehr populär geworden, diese auf den ersten Blick offensichtlichen Unterschiede zu negieren. Darin steckt etwas Zynisches, etwas Herabwürdigendes, das gefällt mir. Dennoch: Wenn ich mich nun in die Situation eines Beobachters versetze, dann fallen mir drei Hypothesen ein, die eventuell interessant sein könnten.

Erstens: Meerschweinchen zeigen in ihrem Verhalten eine Wertehierarchie, die die Menschen durch allerlei Kostümierungen wie Kleidung, Kultur, wissenschaftliche Betätigung oder Sport und so weiter zu kaschieren versuchen. Ich meine hier die absolute Vorrangstellung des Sex."

Buchinger schluckte. Das kam ihm bekannt vor. Das erinnerte ihn an seine persönliche Bestenliste. Unwillkürlich betrachtete er seine Mundpartie im Spiegel über dem Beifahrersitz, nur um festzustellen, dass sie sich noch nicht in eine typische Nagerschnauze verwandelt hatte. Wäre übrigens auch nicht allzu logisch. Aus ‚Alle A haben X' und ‚Alle B haben X' folgt noch lange nicht ‚Alle A sind B'.

„Zweitens: Ich denke, dass es die Identität ist, die den Unterschied macht nicht nur zwischen Tieren und Menschen, sondern – nebenbei bemerkt – auch zwischen Menschen und Robotern. Menschen haben eine oder suchen eine. Alle Menschen suchen mehr oder weniger erfolgreich nach einer Identität, nach dem Bleibenden im Wandel von der Volksschülerin zur Medizinstudentin. Das ist einem Tier und einem Computer wurscht. Ein Mensch will ein echtes Leben, ein Leben, in dem er sich spürt, in dem er sich vergewissern kann, dass, wenn er Leberkässemmerl sagt, er tatsächlich ein Leberkässemmerl meint mit all seinen Eigenschaften. Ein Roboter bezieht sich nicht auf die Realität, er bezieht sich auf ein Zeichensystem. Er kann so tun, als würde er erregt auf einen sexuellen Reiz antworten, aber er hat nicht den blassesten Schimmer davon, was Sex ist. Obwohl er sicher viel bessere Definitionen davon abspulen könnte als jeder Mensch. Ein Tier verhält sich gar nicht irgendwie gegenüber einer Leberkässemmel, seine Sinnesorgane entscheiden, ob es instinktiv darauf reagieren muss oder nicht. Aber zurück zur Identität: Diese Identität hängt also eng mit dem Sprachvermögen zusammen. Es geht darum, ‚ich' sagen zu können. Ist man sich seiner Identität unsicher, dann geht's rund. Wer bin ich? Was macht mich aus? Sehen mich die anderen so, wie ich bin? Oder wie ich mich sehe? Drittens: Was die Tierwelt so stoisch erscheinen lässt, so unberührt vom Alltag und der Zukunft, ist das Fehlen von Bewusstsein. Natürlich schreien Tierschützer auf, wenn ich etwas Derartiges sage, aber ich meine ja nicht bloß das Schmerzempfinden und die Präferenz, keine Schmerzen erleiden zu müssen. Beides kommt sehr vielen Lebewesen zu. Ich meine die Kluft zwischen dem Handeln und dem Nachdenken darüber, ich meine die glücklich machende Erinnerung und das schlechte Gewissen und das Bewusstsein darüber, gelogen oder betrogen zu haben. Fällt dieses Bewusstsein weg, geht es uns wie einem Meerschweinchen. Wir bespringen einander und lassen im nächsten Moment voneinander ab und widmen uns dem Futter, als gäbe es kein Morgen mehr."

Buchinger und Mayer fuhren gerade am Stift Lambach vorbei, diesem imposanten Bollwerk barocker Frömmigkeit. Sie würden gleich die Traun überqueren, dann spätestens war die Zeit gekommen, das Gespräch zu beenden.

„Dr. Berg, ich muss gleich auflegen, wir sind zu einer Tatverdächtigen unterwegs."

„Gut. Spannend! Ich fasse also zusammen. Was könnte man aus den Beobachtungen lernen? Die kulturellen Unterschiede sind extrem groß, sie entscheiden unter Umständen zwischen Leben und Tod. Sex ist das mächtigste Bedürfnis – zumindest von Meerschweinchen. Menschen können nicht glücklich werden, ohne eine Identität gefunden zu haben. Katapultieren wir uns in einen vorbewussten Zustand, können wir das Glück nicht reflektierenden Daseins genießen."

„Das sind vier voneinander unabhängige Hypothesen. Welche stimmt?"

„Das kann ich Ihnen leider nicht sagen. Darüber muss die Empirie entscheiden." Da brauchte man sich nicht zu wundern, wenn 200 Jahre nach der Aufklärung so viele Menschen ihr Glück in Auramassagen, Handauflegungen, Globuli, Astrologie oder im gebenden Blick des Heilers suchten! Das Geschäft der Wissenschaft kann ziemlich nervenaufreibend und frustrierend sein.

Lucija Zupic empfing die beiden Kriminalbeamten in einem gemütlich eingerichteten Wohnzimmer. Man hatte im Vorfeld des Besuchs telefoniert, dementsprechend vorbereitet wirkte das Ambiente: Auf dem Tisch standen drei Gläser und eine Karaffe Wasser – ohne Kohlensäure, ohne energetisch bedeutsame Steine, wie Buchinger mit Freude registrierte. Im Kachelofen war eingeheizt, eine nicht wirklich notwendige Aktion. An den Wänden die üblichen Bilder von Familienmitgliedern bei einschneidenden biografischen Wegmarken, Einschulung, Partys, Studienabschluss, Partner und Partnerinnen, Urlaubsfotos, eine Parte, Enkerl (?) im Kinderwagen, beim Essen mit verschmiertem Mund, lachend auf einer Schaukel. Blumen auf den Fensterbänken, eine kleine Kuckucksuhr tickte hörbar, ein Lampenschirm mit Stoffbezug spendete freundliches Licht, nicht zu grell, nicht zu dunkel. Aus dem Nebenraum drang das einschläfernde Brummen des Geschirrspülers. Irgendein Gewürz sorgte für eine angenehme Frische, es musste Rosmarin oder Lavendel sein, Buchinger war sich nicht sicher. Wenn man aus dem nach Nordosten ausgerichteten

Fenster blickte, konnte man die Senke erahnen, in die sich die Traun eingeschnitten hatte.

„Bitte entschuldigen Sie die späte Störung, aber mein Kollege Mayer und ich müssen Ihnen einige Fragen stellen, deren Beantwortung zur Aufklärung eines Verbrechens beitragen könnte."

„Kein Problem, ich wäre sowieso zuhause gewesen. Kann ich Ihnen irgendwas zu essen anbieten? Kekse? Knabbergebäck?"

„Bitte machen Sie sich keine Umstände! Wasser genügt, sehr nett!"

Frau Zupic schenkte ein, Mayer sprang sofort auf, um ihr zu helfen. Diese Generation ist weit besser erzogen, als die Leute meinen.

„Ich will gar nicht um den heißen Brei herumreden. Wir haben einen Eintrag in ein Kondolenzbuch gefunden, der Ihren Namen trägt. Zuallererst möchten wir wissen, ob er von Ihnen stammt: ,Mögest du in der Hölle schmoren! Möge dein Leidensweg nicht mit dem Leben auf Erden enden! Ich spucke auf dich. Ich segne den Tag, an dem dich die irdische Gerechtigkeit ereilt hat! Ruhe nie!'"

„Ja, der stammt von mir. Das gebe ich zu. Aber ich habe alles Recht der Welt, so etwas zu schreiben."

„Erzählen Sie uns bitte davon."

Lucija Zupic berichtete unaufgeregt, mit einer kräftigen und klaren Stimme, wie es zu dieser Eintragung gekommen war.

„Ich habe zufällig vom Tod Weidingers gelesen, und zwar in der Gemeindezeitung. Doppelt zufällig, wenn man so will: Erstens erscheint die Zeitung nur viermal im Jahr, daher ist es sehr unwahrscheinlich, dass von einem aktuellen Todesfall berichtet wird. Zweitens lese ich die Gemeindenachrichten nur selten, weil ich mich so darüber ärgere, dass alle von Nachhaltigkeit und Umweltverträglichkeit reden, dieses Blatt jedoch auf dickem Hochglanzpapier gedruckt wird. Ich sehe also, dass Weidinger gestorben ist und google nach dem Kondolenzbuch, finde es und schreibe meine paar Worte."

„Überhastet, im Affekt, nehme ich an", unterbrach Mayer sie. Zupic blickte ihn erstaunt an. Einige Sekunden lang blieb alles starr wie in Dornröschen, als hätte sie den jungen Polizeiaspiranten erst jetzt entdeckt. Überraschend ihre Antwort:

„Nein, überhaupt nicht. Ich habe ziemlich lang überlegt, wie ich meinen Hass klar und deutlich ausdrücken kann."

„Das müssen Sie uns bitte erklären, woher dieser Hass kommt: Immerhin ist Weidinger keines natürlichen Todes gestorben."

„Es war so: Alles begann im Jahr 1984. Ich arbeitete im Hotel ,Stanislaus', heute heißt es ,Poebene' und gehört zu einer Kette namens ,Sumpf'. Meine Aufgabe war es, die Zimmer herzurichten, also die Betten zu machen, die Handtücher zu wechseln und so weiter. Ich liebte diesen Job, die Arbeit in einem Hotel gibt einem so wie ein Bahnhof oder ein Flugplatz das Gefühl, mit der ganzen Welt in Kontakt zu sein. Außerdem war die Atmosphäre sehr gut dort, wir waren einige junge Mädchen, Kroatinnen, Österreicherinnen, Tschechinnen, und wir hatten viel Spaß miteinander. Das Hotel selber war ziemlich abgefuckt, der Eigentümer investierte nicht, wollte nur das schnelle Geld machen. Eine Zeitlang vermietete er zwei winzige Zimmer im Erdgeschoß an schwule Pärchen, zu einem horrenden Preis, stundenweise und schwarz. Studenten der Philosophie - tolle Burschen mit verrückten Ideen, mit dicken Büchern, vollkommen ungefährlich für Frauen, weil sie in Kant oder Wittgenstein verliebt waren - schoben 64-Stunden-

Wochenendschichten, in denen ihre ‚Rezeption' mit dem Frühstücksraum identisch war. Sie mussten auf den Bänken von Wirtshaustischen schlafen und ab sieben Uhr Früh im selben Raum Brote schneiden, wässrigen Kaffee zubereiten und sich eine Krawatte umbinden. Und das alles für läppische 1000 Schilling pro Schicht. Ich liebte diese Burschen. Geld war ihnen angeblich wurscht, trotzdem arbeiteten sie hier. Man muss nicht alles verstehen, das lernte ich schon damals. Aber das ist eine andere Geschichte."

Sie nahm einen Schluck Wasser, Buchinger und Mayer taten es ihr gleich. Das lernen Kriminalbeamte nämlich im Psychologie-Seminar, dass identische, also gespiegelte Körpersprache als Vertrauen interpretiert wird. Dieses Vertrauen kann man bewusst herstellen.

„Zum Jahr 1984 also. Ich kann mich noch gut an die Hits erinnern, denn damals gab es eigentlich nur einen hörbaren Sender in Österreich, Ö3, und wir hörten immer Ö3. ‚I like Chopin', ‚Islands in the Stream' und dann das furchtbare ‚Shadow on the Wall', das haben wir im Winter 83-84 gehört und laut dazu gesungen, während wir die Polster aufschüttelten und die Leintücher spannten. Am 14. Februar, daran kann ich mich natürlich noch ganz genau erinnern, klopfte ich an die Tür von Zimmer 38, es kam keine Antwort, also ging ich rein. Ich öffnete die Fenster, um zu lüften, und sang irgendeines dieser Lieder, die damals in Mode waren. Ich war allein, denn meine Kollegin Sofie hatte sich ein Bein gebrochen. Bei Glatteis auf der Karlsbrücke. Den Mann, der plötzlich hinter mir stand, hatte ich überhaupt nicht gehört. Er war im Bad gewesen und barfuß ins Zimmer gekommen, unhörbar, halb nackt, leicht verwundert. Ich bin so erschrocken, dass ich laut schreien musste. Daraufhin ist ihm das Badetuch runtergerutscht und ich stand vor einem vollständig nackten Mann im Zimmer. Dann die üblichen und erwartbaren Entschuldigungen, in weiterer Folge lachten wir beide über die komische Situation. Er war etwa 30 Jahre alt, Vertreter für Staubsaugerbeutel und deshalb auf Dienstreise in Wien. Ich entschuldigte mich noch einmal für die Unannehmlichkeit und wollte das Zimmer verlassen. Was dann geschah, werde ich mein ganzes Leben nicht vergessen. Ich war schon fast an ihm vorbei, als er mich am Oberarm packte und auf sein Bett schmiss. Damals war ich noch um einiges dünner als heute, leichte Beute für einen kräftigen Mann. Meine Kleidung muss ihn verrückt gemacht haben: schwarze Strümpfe, schwarzes Minikleid mit weißer Schürze, weißer Kragen. Wir hatten uns kurz, aber nett unterhalten, der Gewaltausbruch kam völlig überraschend für mich. Von Vergewaltigungen wusste ich nicht viel, nur aus Zeitungen. Der erste Schlag war so hart, dass ich nicht an Widerstand denken konnte. Es ist nicht nur der Schmerz gewesen, der mir zu schaffen machte, sondern auch ein Gefühl grenzenloser Ohnmacht. Gleichzeitig schämte ich mich für die Lage, in die ich geraten war. Man muss sich das vorstellen! Dieses Schwein vergewaltigt mich, aber die Scham stellt sich bei mir ein, nicht bei ihm. Er war schnell fertig, für mich war's eine Ewigkeit. Dann warf er mich raus und drohte mir: „Ein Wort, und du bist tot!"

Das Schweigen, das sich am Tisch niederließ, gab dem Ticken der Wanduhr großzügig Raum. Was hätten die beiden auch sagen können angesichts dieser unfassbaren Geschichte?

Buchinger räusperte sich und meinte: „Ich weiß, wen Sie meinen. Ich kenne nur einen Vertreter für Staubsaugerbeutel."

„Naja, ich schwieg. Sehr lange. Eigentlich bis heute. Aus lauter Angst, dass man mir nicht glauben würde. Einer Ausländerin! Wir sind aus Wien weggezogen, schließlich hier gelandet, in Stadl-Paura. Ein Treppenwitz meiner Biografie sozusagen, dass auch er hier lebt. Lebte. Das bekam ich aber erst sehr spät mit. Dass er ermordet wurde, weiß ich inzwischen. Ich kann nicht sagen, dass mich das mit Schmerz erfüllt. Meine Worte im Kondolenzbuch bereue ich nicht, überhaupt nicht."

„Ich verstehe. Es tut mir sehr leid, dass Sie all das durchmachen mussten. Eine Frage noch: Wo waren Sie in der Nacht des Balls der Oberösterreicher?"

„Im Wiener Rathaus, genau dort, am Ball. Meinen Sohn spielen hören." Mit dieser Aussage geriet die ohnehin höchst befremdliche Hypothese, dass nur Bandmitglieder der Saxbomb zum Täterkreis zählen können, gehörig ins Wanken.

„Ich muss Sie bitten, uns zu begleiten."

Diese Frau war keine Mörderin, das war klar. Dafür musste man nicht Psychologie studiert haben. Davon abgesehen, dass ein Psychologiestudium der Menschenkenntnis eher abträglich wäre, zumindest in der Welt Buchingers. Sie hätte in den vergangenen Jahrzehnten unzählige Gelegenheiten gehabt, Weidinger zu töten. Warum sollte sie es jetzt tun, noch dazu vor den Augen der Öffentlichkeit?

Immerhin kam Bewegung in diesen undurchsichtigen Fall.

In der Tat ereignete sich in den nächsten Stunden einiges: Mayer zog sich mit der dringend Tatverdächtigen, einem als Diktaphon verwendeten Handy und der Polizeiaspirantin Sina in einen Vernehmungsraum zurück, der mit den ästhetisch aufgerüsteten Verhörzellen amerikanischer Krimis so viel gemeinsam hatte wie eine Volksschule in Linz Süd mit Harvard. Nichts gegen Harvard!

Jedenfalls stellte die räumliche Nähe mit der jungen Kollegin den besten Nährboden für Mayers Neigung zur Verliebtheit dar. Nicht dass Sina außerordentlich schön oder auch nur schön zu nennen war nach herkömmlichen Kriterien, verwandelte Mayers stetig steigender Testosteronspiegel selbst Porzellanflaschen oder Displays von Pelletsheizungen in attraktive Katalysatoren seines Balzverhaltens. Um die Geschichte abzukürzen: Weder kam ein Geständnis heraus noch war Mayers Balz erfolgreich.

Etwa zwei Stunden nach der Festnahme meldete sich Markus Zupic, um zu beteuern, dass seine Mutter unschuldig sei und er selbstverständlich bereit stünde, um eine neuerliche Aussage zu tätigen. Über derartige Interventionen konnten erfahrene Kriminalisten nicht einmal lächeln: Naturgemäß versuchen Angehörige ihre Familie zu verteidigen.

Interessanter war da schon eine zweizeilige Notiz, maschingeschrieben, die sich in Buchingers Postfach fand.

„Haben Sie mir diese Nachricht ins Postfach gesteckt?", fragte Buchinger eine der Frauen am Infodesk. Früher hätte man Auskunft oder Telefonzentrale gesagt. Die etwa 30-jährige Infodeskmanagerin nahm sich die ihr zustehende Zeit, um von ihrem Horoskop aufzublicken. Wenn man dem Universum Raum gibt, kann vieles gelingen.

„Ja, das war ich."

„Wann ist der Zettel hier reingeflattert?"

„Das kann noch nicht lange her sein, ich muss ja alle viertel Stunden ..." Sie blickte Buchinger vielsagend an, ohne dass er verstanden hätte. War sie krank? Musste sie sich die Chakren einrichten lassen? Mayer klärte Buchinger später auf, dass neuerdings alle viertel Stunden jemand beim Posteingang nachsehen musste, um einen Drohbriefschreiber zu erwischen, der fast täglich ankündigte, das gesamte Polizeikommando in die Luft zu sprengen. Und die Überwachungskamera funktionierte gerade nicht.

„War der Zettel zusammengefaltet wie jetzt?"

„Ich hab ihn praktisch nicht berührt. Der Zettel schaut genauso aus, wie ich ihn gefunden habe."

„Irgendwen weglaufen gesehen?"

„Nein, natürlich nicht. Wir haben den strengen Auftrag ...", wieder blickte sie Buchinger vielsagend an, da erst begriff er, dass ihr Schweigen Stottan bezeichnete, „dass wir sofort ans Präsidium melden, wenn wir jemanden sehen."

„Gut gemacht! Danken Sie dem Himmel!"

„Herr Inspektor, befragen Sie doch mal das I Ging, das chinesische Orakel! Das Gute erscheint ohne Schleier. Die Welt ist stetiger Wandel, der Tod ist mit Notwendigkeit an das Leben geknüpft. Vernachlässigt man das eine, erstarkt das andere."

Sie holte etwas aus der Schublade in ihrem Schreibtisch, es fiel aber kein Pendel heraus und auch keine Sonnenuhr. Sie zeigte ihm ein ziemlich dickes Buch, „Arbeitsbuch zum I Ging" war auf dem Cover zu lesen.

„Schauen Sie mal da!" Sie schlug das Buch im letzten Drittel auf, ein Trigramm war zu sehen, und zwar mit dem Namen „Die Auflösung". Dass die Zeit, in der wir leben, äußerst interessant ist, wird niemand bezweifeln: Da vergrub sich tatsächlich eine Frau aus Marchtrenk bei Wels in eines der ältesten Bücher der Welt vom anderen Ende der Welt und riet dem Chefermittler im aktuellen Mordfall, er solle ein Schafgarbenorakel zu Hilfe nehmen. Logik, Naturwissenschaft und Phänomenologie greifen ja allem Anschein nach zu kurz. Ein Handy verwendet die Telefonistin schon, aber vermutet sie in deren Innerem wirksame Geister oder Binärcodes?

Buchinger überließ die gute Frau ihren Aszendenten, den Schüßlersalzen und dem ägyptischen Totenbuch. Er selbst widmete sich erneut den wenigen Worten auf dem DIN-A5-Blatt. Auf Handschuhe, Pinzette und Lupe verzichtete er. Kam ja doch nichts dabei heraus bei diesen Methoden des 19. Jahrhunderts!

Bleiben sie dran! Es war Mord.

Einsamer weiß alles!

Was ihm sofort auffiel, war der Rechtschreibfehler. Ein Rechtschreibfehler in einem Bekennerschreiben oder in einer Denunziation war früher fast immer eine Finte, eine bewusste Irreführung der Behörden. Leider konnte man eine Spur wie diese nicht mehr ernst nehmen: Mittlerweile konnten zu viele Menschen ihre Sprache nicht mehr korrekt verwenden. Und merkten das nicht einmal. Interessanter war da die Passage „Einsamer weiß alles". Buchinger fühlte sich kurz wie in einem Sesselkreis auf der Psychiatrie: Sinnlose Sätze, die geheimnisvoll auf eine versteckte Bedeutung verwiesen, sollte man eher dort diskutieren als im Stadtkommando Wels.

Während er sich noch ärgerte, erwischte ihn eine Idee eiskalt von hinten und gab seinem Leben eine neue Richtung. Eine Lese-Rechtschreib-Schwäche oder einfach nur ein ungenügend funktionierendes Gedächtnis kann durchaus sinnvolle Ergebnisse erzeugen!

18 Ball der Oberösterreicher

Der Mann hatte schon wieder einen Kaugummi im Mund! Das Dorf, in dem Buchinger und Mayer gelandet waren, präsentierte sich so oberösterreichisch wie nur möglich: Kirche mit Zwiebelturm, daneben ein prächtiger Pfarrhof, der Friedhof und ein Wirtshaus, der Dorfplatz in Wahrheit ein riesiger Parkplatz mit Häusern rundum, an der Peripherie Beton gewordene Kleinbürgerträume vom Eigenheim, orange, grau und blau gestrichen, mit gigantischen Garagentoren. Gleich neben dem Wirtshaus die unvermeidliche Raiffeisenbank, das einzig wirklich hässliche Gebäude im ganzen Dorf, Ausdruck eines mächtigen und ästhetisch fehlgeleiteten Modernisierungstriebs in den 80er-Jahren. Die Schule hingegen mit dem obligatorischen Flachdach atmete noch den Charme der 70er. An den großen Scheiben klebten bunte Zeichnungen. Aus geöffneten Schiebefenstern drangen strenge Stimmen von Lehrerinnen und der Geruch von Butterbroten und Bananen. Kleine Grüppchen von Passanten standen vereinzelt am Gehsteig, sonderbar verlangsamt in Gespräche vertieft. Konnte man sich darauf freuen, irgendwann einmal so wenig zu tun zu haben, dass man am hellichten Tag innehielt und sich so wichtigen Themen wie Rezepten, Hochbeetbepflanzung, den Sterbefällen im Ort und vor allem dem Wetter widmete? Oder ist das eine apokalyptische ländliche Version des Todes durch Langeweile? Dieser Beschaulichkeit eines beinahe zum Stillstand kommenden Alltags in einem Dorf wohnte etwas Verlockendes inne, einem Kuraufenthalt ähnlich. Als wäre die Zeit plötzlich unter Verschluss. Während in den Städten die Welt unterging, hinkte sie hier Jahrzehnte hinterher. Wehte in der schnellen Welt der Wind der Globalisierung und Digitalisierung, wehte hier die vom Flair der Misthaufen angereicherte Landluft. Hinter jeder Ecke konnte man das Leben der Mitte des 20. Jahrhunderts entdecken, Aufschriften wie „Kaufgeschäft" oder von handwerklichen Betrieben, die längst ausgestorben sind.

Mit dem idyllischen Landleben wollte und konnte sich der Mann mit den Kaugummis, der hiesige Notar und Bürgermeister, nicht identifizieren. Auf seinem imposanten Schreibtisch lag ein nicht weniger beeindruckender Cowboyhut, in der Krempe noch der Sand des Death Valley. An einer Wand hing eine Dartscheibe, in der riesigen Kanzlei hätte locker noch ein Pferd samt Tränke Platz gefunden. Wenn Städter sehen, wie viel Raum die Menschen am Land für sich beanspruchen können, fallen sie regelmäßig in Ohnmacht. In diesem Büro wäre man weich gefallen, immerhin. Am Boden lag ein überwältigend geschmackloser, aber dicker Teppich, der jede Matte in einem durchschnittlichen österreichischen Turnsaal dünn und hart erscheinen ließ.

„Kommissar Buchinger, was verschafft mir die Ehre Ihres Besuchs? Oder soll ich Sherlock Holmes sagen?" Humor haben sie, die Oberösterreicher. Das musste man ihnen lassen.

„Kommissare gibt's nicht. Aber ich hätte eine Frage. Sie müssen mit einer der verdächtigen Personen Kontakt gehabt haben – Sie wissen schon, es geht um einen Mordfall in Wien."

„Das kann ich mir nicht vorstellen. Außerdem unterliegt mein Beruf einer gewissen Verschwiegenheitspflicht."

„Ich danke Ihnen für Ihre Bereitschaft. Die Formulierung einer ‚gewissen Verschwiegenheitspflicht' wird uns schon weiterhelfen. Ich habe eine kleine Liste zusammengestellt mit den Namen aller Personen, die an dem Mord im Wiener Rathaus beteiligt gewesen sein könnten. Es sind die Mitglieder der Band ‚Saxbomb', der verstorbene Weidinger und ein Name, der mit dem Fall eng verbunden ist. Alle alphabetisch geordnet."

Notar Leinsamer überflog die Namen, sein Gesicht verriet nicht, ob ihm einer bekannt vorkam. Mit einer edel langsamen Bewegung öffnete er einen Laptop, als erwarte er sich Bewunderung für die technische Ausstattung seiner Kanzlei.

„Moment bitte!"

Er tippte ein wenig auf der Tastatur, Zweifingersystem, die Augen auf die Tasten gerichtet. Es dauerte nicht lange, dann hatte er das Gewünschte gefunden.

„Leberter, Julius Leberter ist es. Mit ihm hatte ich zu tun."

„Und in welcher Angelegenheit?"

„Verzwickte Sache." Er kaute genüsslich, griff kurz nach seinem Cowboyhut, als könnte ihm die Berührung Ideen liefern. „Leberter verfügte testamentarisch, dass ein Jahr nach seinem Tod ein Brief verschickt werden solle. Das ist ungewöhnlich, kommt nicht oft vor. Eigentlich nie. Das Problem besteht darin, dass nach Ablauf dieser Frist das Verlassenschaftsverfahren neu aufgerollt werden muss. Die Sache ging aber ohne Probleme über die Bühne."

„Was stand in dem Brief und an wen ging er?"

„Was darin stand, kann ich Ihnen nicht sagen. Aber ich weiß natürlich, an wen das Schreiben adressiert war."

„Nämlich?"

„Zupic."

„Markus oder Lucija?"

„Moment, ich hab's gleich. Ja, hier: Markus Zupic."

Markus Zupic war zuhause – wenig überraschend, denn Mayer hatte sich mit einem raschen Telefonat vergewissert, dass dem so war. Nicht dass Eile geboten gewesen wäre, aber erstens trieb sie eine nicht zu bändigende Neugier dazu, mit Blaulicht und Vollgas nach Wels zu rasen, und zweitens war es auch die pure Lust daran, das zu tun, was man tun kann und darf. „Berg würde sicher sagen, es handelt sich hierbei um die Normativität des technisch Möglichen!", meinte Buchinger, indem er dessen Tonfall und Stimme nachahmte. Und natürlich die gestelzte Ausdrucksweise! Wenn er gewusst hätte, dass es diesen Begriff wirklich gab, diese ‚Normativität des technisch Möglichen', wäre ihm das Lachen vergangen. So viel zu den Segnungen der Unwissenheit!

Den Gemütszustand, in dem sie Markus Zupic vorfanden, kann man durchaus als verzweifelt bezeichnen. Der Mann schien sich aufzulösen, im Elend zu versinken. Die Wohnung sah aus, als hätte man einen Dreijährigen zwei Tage lang nach Herzenslust wüten lassen. Doch Buchinger war eigentlich nicht nach blöden Vergleichen zumute, auch wenn sie sich immer mit großem Nachdruck aufdrängten. Das Chaos war schlicht mitleiderregend. Hier befand sich jemand an der Schwelle zum Abgrund. Zahlreiche Flaschen standen geöffnet herum, Mayer inspizierte sie bereits mit Interesse, um erste Informationen für das Protokoll zu sammeln. Wieder einmal wurde Buchinger die Ähnlichkeit zwischen Polizeiarbeit und Psychotherapie bewusst.

„Was ist passiert?"
„Wir brauchen nicht lange zu reden. Ich mache keine Probleme."
„Sie haben Weidinger ermordet." „Ja."
„Und warum?"

„Er war mein Vater und ich hab nichts davon gewusst. Mein ganzes verdammtes Leben lang. Er hat nichts anderes verdient." Zupic raufte sich die Haare und ließ sich auf ein Sofa fallen. Unter all dem Müll, der sich hier im Wohnzimmer stapelte, konnte man eine exquisit und geschmackvoll eingerichtete Wohnung vermuten.

„Woher wissen Sie das mit der Vaterschaft? Und seit wann?"

„Vor wenigen Monaten habe ich einen Brief von einem Notar bekommen. Im Umschlag war nur ein Papier, nämlich eine Geburtsurkunde. Meine Mutter hat mir nie von einer Affäre mit ihm erzählt."

„Affäre kann man das auch nicht nennen."

„Ich bin froh, wenn das alles jetzt endlich vorbei ist: Meine Mutter wurde verhaftet, ich kann sie retten, indem ich Ihnen sage, wie alles gelaufen ist; Peter hat mich verlassen, wegen einer lächerlichen kleinen Turtelei, die mir überhaupt nichts bedeutet."

„Deshalb also das Chaos hier in der Wohnung!"

„Ja, mir bricht gerade das Leben auseinander."

„Erzählen Sie mir alles! In Krimis geht es den Leuten danach immer besser."

„Es gibt nicht viel zu erzählen." Mayer legte sein Handy auf den Couchtisch vor Zupic und nahm die Aussage gewissenhaft auf.

„Ich bekomme den Brief, stelle meine Mutter zur Rede. Sie behauptet, dass das nicht stimmt. Dass dieses ausländerfeindliche Schwein mit meiner Mutter geschlafen hat, einer Kroatin, ist wirklich schwer zu glauben. Aber ich denke, beim Sex hört sich alle Ideologie auf. Ich rede mit Peter und er bestärkt mich in meiner Überzeugung, dass Weidinger sterben muss. Vatermord – was für ein pervers verlockendes Unterfangen für je-manden, der seit Jahrzehnten nach seinem Vater sucht! Wir haben uns das Novalgin besorgt und beschlossen, es in Wien zu tun. Im Getümmel von Tausenden von Besuchern würde niemandem was auffallen, immerhin sind ja fast alle betrunken. Außerdem hasste er Wien, Julius liebte es. Also musste es in Wien passieren, an sonst keinem Ort auf dieser Welt. Wir alle von Saxbomb waren große Fans von Julius. Wir glauben bis heute, dass Weidinger ihn in Portopiccolo ermordet hat. Also gab es schon mindestens zwei Gründe, ihn zu töten, und zwar in Wien."

„Ich kann Ihnen garantieren, dass Leberter eines natürlichen Todes gestorben ist. Wir beide", Buchinger deutete auf seinen jungen Kollegen Mayer, „waren eben erst in Italien, um der Sache auf den Grund zu gehen."

„Ein Grund genügt. Novalgin besorgt, Spritze besorgt, ein freundschaftlicher Klaps auf die Schulter, Injektion verabreicht, dafür sorgen, dass der Kerl nicht umfällt, im Weggehen freundschaftlich winken – erledigt! Ich habe Karl Weidinger umgebracht, meinen Vater. Peter Zehetmair hat mir dabei geholfen. Aber ich habe es getan, mich trifft die alleinige Schuld."

„Wir bekamen einen anonymen Hinweis, dass der Notar Mag. Leinsamer irgendwie in die Sache verwickelt war. Haben Sie eine Ahnung, von wem dieser Hinweis stammen könnte?"

„Nein, habe ich nicht. Ist mir auch reichlich egal. Ich bin froh, dass alles an Licht gekommen ist. Meine Mutter kann als freier Mensch nach Hause gehen, ich gehe ins Gefängnis. Dieses Leben hier interessiert mich eh nicht mehr." Er deutete mit grandioser Geste auf Dinge in seiner Wohnung, die normalerweise für Lebensqualität stehen, aber wenn eine Beziehung in die Brüche geht, erkennt man erst, welchen Wert diese Dinge haben, nämlich gar keinen: eine Espressomaschine, eine großzügige Terrasse mit weit ausladenden Pflanzen, ein Weinkühlschrank, moderne Gemälde an den Wänden. Wenn man alleine ist, können einen die Dinge nicht trösten.

„Können Sie mir die Geburtsurkunde zeigen?"

Zupic erhob sich und holte aus einem Sekretär aus Massivholz einen Umschlag und reichte ihn Buchinger.

Dieser überflog das Schreiben und meinte nur: „Sie hätten eventuell andere Gründe gehabt, um Weidinger zu töten. Reden Sie mit Ihrer Mutter! Aber er ist nicht Ihr Vater, da bin ich mir sicher."

Man saß beim Gasthaus Obermair in Wels, endlich wieder einmal! Wie lange hatten sie schon darüber geredet, sich oberösterreichische Hausmannskost auf höchstem Niveau zu gönnen, mit freundlicher Bedienung und Bier in rauen Mengen! Die Realität enttäuschte sie nicht – sie konnte mit den Erwartungen nicht nur mithalten, sondern sie sogar überbieten. Das inverse Paris-Syndrom sozusagen, das Wels-Syndrom. Unter dem Wels-Syndrom sollte man die Tatsache verstehen, dass etwas deine Erwartungen übertrifft. Je niedriger die Erwartungen, desto wahrscheinlicher das Wels-Syndrom. Der Sache werde ich nachgehen müssen, dachte Buchinger, dessen Aussprache bereits ein wenig unter einem leichten Zungenschlag litt. Beim Obermair bremst sich die Zeit ein, während die Blätter leise rauschen und der Kiesboden unter den Schritten knirscht. Man hörte die Bremsen der Zeit quietschen. Oder war es das Bier, das sich im Ohr bemerkbar machte?

Mayer löcherte seinen Chef mit Fragen, denn seine Wissbegier war unendlich. Bellucci saß mit ihnen am Tisch, ausnahmsweise, wie Buchinger mit einem Augenzwinkern betonte. Man hatte sich allzu lange nur sehr wenig gesehen, nun musste jede Minute gemeinsam genossen werden.

„An diesem Fall wird deutlich, wie sehr sich in unseren Bemühungen der Zeitgeist abbildet", setzte Buchinger seinen Vortrag fort. „Der klassische Kommissar der Moderne untersucht einen Fall und löst ihn, die Verbrecher kommen ins Gefängnis. Dann betritt der scheiternde Ermittler die Bühne, dem all sein Witz und seine Härte nicht helfen können: Das Verbrechen bleibt ungeklärt und ungesühnt. Der Kommissar der Postmoderne schließlich löst zwar den Fall, aber die Täter laufen trotzdem frei herum – offenbar folgt diese Welt anderen Gesetzen als denen der Moral und der Gerichtsbarkeit. In der absurden Variante der Kriminalliteratur werden Menschen für Taten getötet, die sie gar nicht begangen haben, trotzdem scheint diese Sühne gerechtfertigt, und zwar wegen anderer Un-Taten. Wir, mein Lieber, sind die letzte Stufe auf dieser bedauernswerten Leiter. Wir sind in einer Welt angekommen, in der wir nicht einmal Akteure des Handlungsstranges sind. Hier regiert der Zufall, das Chaos: Auch die Logik kann ihren Beitrag zur Aufklärung leisten, aber bestenfalls gleichberechtigt zu anderen, weniger rationalen Methoden. Das ist ungefähr so, wie die Zollbehörde nicht durch Recherchen und international vernetzte Arbeit Schmugglern auf die Spur kommt, sondern durch zufällige Verkehrskontrollen."

Mit der Handbewegung eines Profis bestellte Buchinger eine neue Runde. Man saß bereits im Gastgarten unter den herrlichen Kastanien. Die Zeit war vielleicht noch nicht ganz reif dafür, die Sehnsucht nach Essen im Freien dafür umso größer. Sie waren ganz alleine im Gastgarten, ein Privileg, das sich Buchinger mit

Hunderten konsumierter Biere in den letzten Jahren erarbeitet hatte.

„War Zupic jetzt eigentlich unschuldig? Weidinger war ja gar nicht sein Vater", fragte Mayer weiter.

„Neinnein, Zupic ist tatsächlich der Mörder Weidingers, allerdings hat er ihn für eine Tatsache ermordet, die gar keine ist. Von der Vergewaltigung weiß der Arme vermutlich bis heute nichts, allerdings stellt sich durch sie in seinem Wertekosmos wieder so etwas wie Gerechtigkeit ein."

„Und die Geburtsurkunde kam von Leberter?"

„Ja, eine späte Rache an seinem ewigen Feind. Leberter tötete quasi posthum seinen Widersacher durch die Hand des Zupic. Zupic war sozusagen sein Henker. Als hätte Leberter Dürrenmatt gelesen."

Bellucci lächelte. Natürlich war sie stolz auf Buchinger. Dass eigentlich sie den entscheidenden Tipp gegeben hatte, genoss sie im Stillen. Ab und zu sagte sie es ihm aber schon. Jetzt nicht, jetzt lächelte sie nur.

„Was lernen wir aus dem Fall?", fragte Buchinger und qualifizierte sich damit endgültig als Oberlehrer.

„Dass Frauen in allen Belangen des Geistes besser abschneiden als Männer", antwortete Bellucci wenig überraschend.

„Dass ich noch einige Projekte habe in der nächsten Zeit: Sina fragen, ob sie mit mir essen gehen will, italienischen Rotwein trinken und nachdenken über das Menschliche am Menschen", war Mayers Antwort.

„Alle drei deiner Projekte sind jede Anstrengung wert, mein Lieber! Ich habe gelernt, dass man sich auf die Menschenkenntnis anderer nicht verlassen kann. Auf die eigene übrigens auch nicht.

Leberter, der von allen bewunderte und geliebte Leberter war ganz offensichtlich ein Mensch mit tief im Inneren schlummernden Aggressionen. Und mit einer kriminellen Energie, die ihn dazu anspornte, Zupic als Waffe einzusetzen."

„Woher wusste er eigentlich, dass Weidinger Frau Zupic vergewaltigt hatte?"

„Ob er das wusste, werden wir nie mehr mit Gewissheit herausfinden können. Lucija Zupic gab zu Protokoll, dass sie mit Leberter nie darüber gesprochen habe. Ich vermute, Weidinger selbst hat es Leberter erzählt, als sie noch befreundet waren. Ohne das Wort ‚Vergewaltigung' zu verwenden natürlich."

„Und woher wusstest du, dass die Geburtsurkunde gefälscht sein muss?"

„Sie trug den Stempel der Stadt Wien. Markus Zupic wurde jedoch erst in der Marktgemeinde Stadl-Paura geboren. Außerdem passt das Vergewaltigungsdatum nicht mit dem Geburtstermin zusammen: Februar 1984 bis Herbst 1985, wie es auf der Geburtsurkunde steht: Das kann sich nicht ausgehen."

„Und Leinsamer? Wie bist du auf Leinsamer gekommen?" Mayer wollte gar nicht mehr aufhören mit Fragen. Und beantwortete Fragen haben es in sich, dass sie nach einem weiteren Bier verlangen.

„Ich habe mich auf die Psyche des Menschen verlassen. Die Psyche des Menschen liebt es, Fehler zu machen. Übrigens ein wunderschöner Unterschied zum Roboter. ‚Einsamer' konnte ganz einfach nicht stimmen. Das hätte keinen Sinn ergeben. Auf die Rechtschreibschwäche oder ein lückenhaftes Gedächtnis kann man sich bei Menschen immer verlassen. In dem kleinen Denunziationsschreiben an mich war beides drin. Dass ein Professor für

Englisch allerdings nicht weiß, dass in einem Brief die höfliche Anrede groß geschrieben werden muss, kann ich mir nicht vorstellen. Trotz der letzten Universitätsreformen. Also war es eine zögerliche Finte, den Verdacht von sich abzulenken."

„Und warum hat Zehetmair seinen Ex-Geliebten an dich verraten? Immerhin muss er selbst jetzt auch mit einer nicht zu kleinen Strafe rechnen. Und warum hat er dich an Leinsamer verwiesen? Er hätte doch ganz einfach schreiben können: Zupic ist der Mörder?"

„Wieder die menschliche Psyche: Bevor ein anderer Mann mit Zupic glücklich wird, soll gar niemand mit ihm glücklich werden. So selbstzerstörerisch funktioniert die Logik der Eifersucht. Zehetmair hat übrigens alles sofort zugegeben. Auch er sitzt inzwischen in Untersuchungshaft. Er sagt, dort hätte er es besser als in der Schule. Was ich am wenigsten verstehe ist die Tatsache, dass er sich kurz vor der Trennung von Zupic noch an der Tat beteiligt hat. Die beiden schweigen aber beharrlich zu dem Grund für das Scheitern ihrer Beziehung. Zupic sagt es ganz offen: Das geht mich nichts an. Der Hinweis auf Leinsamer war in der Tat entscheidend: Anders hätten wir das Vermächtnis Leberters, den Brief mit der übrigens stümperhaften Fälschung der Geburtsurkunde, nie entdeckt."

„Die Angaben der Zeugen, wer wen wann mit wem bei Weidinger gesehen hat, stimmen nicht einmal annähernd überein. Wie erklärst du dir das?"

„Zupic und Zehetmair haben gelogen, das ist klar. Sie wollten ja ihre Tat verschleiern. Die anderen, nehme ich an, waren betrunken. Marie Hauser kann ich mir betrunken nicht vorstellen. Daher vermute ich, dass ihre Aussage der Wahrheit entspricht."

„Haben alle mit einem Toten gesprochen, ohne zu merken, dass er tot war?"

„Ich gehe nicht davon aus. Aber diese Sache wird man nie mehr klären können. Manche haben ihn ja auch nur aus der Ferne gesehen, da könnte er schon tot gewesen sein."

„Wir haben viel Zeit mit dem Studium der Meerschweinchen verbracht. Gibt es irgendeine brauchbare Erkenntnis zu den Studien, die Leberter mit ihnen angestellt hat?"

„Nein, gar nichts. Die wissenschaftliche Literatur schweigt dazu beharrlich. Das I Ging übrigens auch. Ich vermute, dass die Beobachtungen irgendetwas mit Identität zu tun haben müssen, immerhin ist Leberter zwei Jahre nach seinem Tod als Fälscher einer identitätsstiftenden Urkunde aufgefallen. Heute wissen wir ja, wozu die Suche nach Identität anstiften kann: zu Grenzerfahrungen in Extremsituationen wie Bungee-Jumping und Freeclimbing, Konsum von Markenartikeln, Optimierung des Körpers, Rausch, Selbsterfahrung in Bereichen hoher Geschwindigkeit, Mutproben, Präsentation des Körpers in Selfies. Und so weiter."

Bellucci konnte nicht aufhören zu lächeln: „Hier spricht der Psychologe", meinte sie.

„Letzte Frage zu diesem Fall, bevor ich dich auf ein Glas Weißwein aus Obermairs Weingarten einlade: Sid ist ja offensichtlich kein Roboter, immerhin hat er Kreuzweh. Was ist für euch beide der entscheidende Unterschied zwischen Mensch und Maschine?"

Buchinger – ganz Oberlehrer – wollte gerade zu einer Antwort ansetzen, als er mit einem lauten Schmerzensschrei von der Bank aufsprang. Bellucci hatte ihn mit aller Kraft unter dem Wirtshaustisch gegen das Schienbein getreten.

„Es ist der Körper, es ist nur der Körper", antwortete Bellucci für ihn.

Anhang 1: Philosophische (und andere) Anspielungen

Darf ich bemerken, dass ich nur begrenzten Gefallen daran finde, gemeinsam mit Menschen Dienst zu tun? Für mich sind ihre Unlogik und törichten Gefühle ein fortwährendes Ärgernis. (Mr. Spock) Dieses wunderschöne, aber hinsichtlich der Quellenangabe nicht auf seine Richtigkeit überprüfte Zitat stellt Steven Pinker dem zweiten Kapitel seines Buches „Mehr Rationalität" voran. Pinker untersucht in diesem Werk mit den Mitteln der Psychologie die interessante Tatsache, dass sich der zu Höchstleistungen in den Wissenschaften fähige Mensch so unglaublich dumm anstellt, sobald es um Wahrscheinlichkeit und einfache logische Operationen geht.

Was sollte einem Urologen oder Lehrer peinlich sein? Arbeit kann kein Grund für Scham sein, sie kann nicht würdelos sein. Die Frau, die bei einer Großveranstaltung die Pissoirs betreut, der Müllmann, der Kindergärtner: Sie alle erfüllen eine gesellschaftliche Funktion, für die man sich nicht zu verstecken brauchte. Prostituierte? Raubte man ihnen die Würde, indem man sie ihrer Arbeit nachgehen ließ? Und Zwerge, die sich am Urfahraner Jahrmarkt werfen ließen wie Medizinbälle, zum Gaudium der angesoffenen Halbstarken oder vertrottelten Manager, die vor lauter Dekadenz nicht mehr wussten, wie sie sich zerstreuen konnten oder mit ihrer sinnlos gewordenen Zeit umgehen? Darüber musste er ein andermal nachdenken. Peter Bieri schreibt in diesem Zusammenhang: „Arbeit schafft Würde im Sinne von materieller Selbständigkeit. In diesem Sinne ist jede Arbeit besser als keine Arbeit. Auch wenn sie darin besteht, öffentliche Toiletten zu putzen." (Bieri, Peter: Eine Art zu leben, S. 87)

Wurde dieses Phänomen Paris-Syndrom genannt? Dass die Realität bedeutungsschwangerer Orte mit den Bildbearbeitungsprogrammen der Onlineauftritte nicht mithalten konnte und die Differenz zwischen Erwartung und Wirklichkeit so schmerzlich bewusst wurde, dass so manche oder mancher therapeutische Hilfe annehmen musste. (vgl. etwa Han, Byung-Chul: Im Schwarm) Wie durchschaubar die Menschen doch sind! Sie versuchen den Anschein zu erwecken, als wären sie gänzlich uninteressiert an den anderen, doch ihr Verhalten hatte letztlich nur eines als Ziel: von ihnen wahrgenommen zu werden als Zentrum des Universums, als Besonderheit, als Bereicherung für alle. Dieses Bestreben, Resonanz hervorzurufen, konnte einen mild stimmen gegenüber der Menschheit: Es einte die Menschen, es machte sie vergleichbar und liebenswert in ihrem Aufbäumen gegen die Einsamkeit und Austauschbarkeit. (siehe Rosa, Hartmut: Resonanz)

Und es war kein Ereignis in der empirischen Welt denkbar, das sich nicht an einem bestimmten Ort zu einem bestimmten Zeitpunkt und als Folge einer wie auch immer gearteten Ursache zutrug. Also musste die verdammte Nadel irgendwo sein. Jetzt, zu diesem bestimmten Zeitpunkt. (vgl. Kant, Immanuel: Kritik der reinen Vernunft, B35)

„Was wollen Sie mir damit sagen? Dass, wenn Oberösterreicher meinen, dass alle Oberösterreicher blöd sind, sie selber blöd sind? Oder dass die Aussage auf sie selbst zutrifft und daher blöd ist und die Oberösterreicher nicht blöd sind?" (Paradoxon des Epimenides)

Buchinger erinnerte sich noch gut an einen Kriminalfall, in dem die Formulierung „es verging eine gewisse Zeit" die unscheinbare, aber zielführende Fährte zur Lösung dargestellt hatte. Diese Zeitspanne übersah man schnell und war dennoch ganz alleine entscheidend. Übersah Buchinger hier etwas, weil er eine Weile auf Mayer und den nächsten Zeugen warten musste? (Ein Herrscher sagt zu drei Gefangenen: „Ich habe fünf Tücher, drei weiße und zwei schwarze. Ich werde euch in einem Zimmer mit dem Rücken zur Wand festbinden lassen und hinter jedem von euch eines dieser Tücher aufhängen, während ihr die Augen schließt. Wenn ihr sie wieder öffnet, kann jeder die Tücher der beiden anderen sehen, aber weder sein eigenes noch selbstverständlich die nicht verwendeten Tücher. Der erste von euch dreien, der auf logische Weise die Farbe seines Tuches errät, gewinnt die Freiheit." Nach einer gewissen Zeit, ohne ein Wort gewechselt zu haben, rufen alle gleichzeitig aus, dass ihre Tücher weiß sind. Wie kommen sie zu dieser Schlussfolgerung?)

Schüler lesen laut und holprig Schillers „Nänie", ignorieren eiskalt jedes Satzzeichen in den Texten von Kleist und Broch oder glauben durch den Hinweis auf den Augenschein Zenon von Eleas Beweis der Unmöglichkeit von Bewegung widerlegen zu können! (Zenon von Elea, geb. 490 v.Chr., ist der Schöpfer der berühmten Paradoxie des Wettlaufs zwischen Achilles und der Schildkröte. Die Schildkröte bekommt einen Vorsprung. Immer dann, wenn Achilles dort ankommt, wo die Schildkröte eben noch war, ist diese um ein kleines Stück weiter. Er wird sie also nie einholen. Dieser Gedankengang ist so einleuchtend, dass der Hinweis auf die Wahrnehmung, also dass Achilles die Schildkröte überholt, in eklatantem Widerspruch zur

logisch einwandfreien Überlegung steht. Den Sinnen ist daher nicht zu trauen, so Zenon.)
„Und ich möchte nicht mit den Vielen verglichen werden."
„Heraklit."
(vgl. Heraklit, geb. 520 v. Chr., genannt „Der Dunkle". Die „Vielen", also die Mehrheit der Menschen, die breite Masse, sind zu keiner Erkenntnis der Welt fähig.)
Interessant, wie sich vom Fernsehen geprägte Bilder über die Leseerfahrung legten! (vgl. Anders, Günther: Die Antiquiertheit des Menschen. Im Kapitel „Die Welt als Phantom und Matrize" analysiert Günther Anders die Prägekraft der Fernsehbilder. Sie formen unsere Erfahrung von der Welt.)
Jedes Alter hat seine eigene Dummheit. (Schuh, Franz: Ö1-Feature über sein 2021 erschienenes Buch „Lachen und Sterben")
Und auch nichts von Popovics Gedanken, dass die Krise der Motor für nachhaltige Veränderung sein kann. (vgl. Popovic, Edo: Anleitung zum Gehen. In diesem Buch erläutert der Autor seine Zivilisationskritik und sein Plädoyer für Entschleunigung anhand von Wanderungen durch das kroatische Küstengebirge Velebit.)
Also ist die Antwort doch nicht immer 42! (vgl. Adams, Douglas: Per Anhalter durch die Galaxis)
Ich fügte mich in die Tatsache, dass manches nicht verfügbar war und nie verfügbar sein wird. (vgl. Rosa, Hartmut: Unverfügbarkeit)
Wo hatte er das gelesen, diesen Satz vom emotionalen Hund, der mit seinem rationalen Schwanz wedelt? Blöd, dass ihm das gerade jetzt einfiel! Der Mensch, ein Tier! Deshalb waren auch alle

Besuche im Zoo überflüssig. (vgl. Haidt, Jonathan: The emotional dog and its rational tail)

Sie beschleunigten ihre Schritte noch einmal um eine Nuance. Angeblich ist die Schrittgeschwindigkeit in Europa sowieso schon um einiges höher als etwa in südamerikanischen Städten. (vgl. Levine, Robert: Eine Landkarte der Zeit)

Ich hätte ja nichts gegen das Sterben, wenn nicht der Tod käme nachher. (Nagel, Thomas: Der Tod. „Im Prinzip hätte ich ja nichts am Sterben auszusetzen, würde ihm nicht der Tod folgen.")

Auch die knallharten Schlächter in Mauthausen sind am Ende ihres „Arbeitstages" in ihre kleinen Häuschen an der Donau zurückgekehrt, haben gejausnet und ihren Kindern den Rücken gestreichelt. Das Böse hat kein unsympathisches Antlitz. (vgl. Arendt, Hannah: Persönliche Verantwortung in der Diktatur - Der Massenmord der Nazis wurde nicht von „Gangstern, Monstern oder rasenden Sadisten begangen, sondern von den angesehensten Mitgliedern der ehrenwerten Gesellschaft")

Ich verstehe nicht, wie man homosexuell sein kann. Das Normale ist doch schon unangenehm genug. (vgl. Friedell, Egon)

Wer weiß, wie ein Ahorn wächst, dem braucht man das Konzept der ewigen Wiederkehr des Gleichen nicht zu erklären. (vgl. Friedrich Nietzsches Konzept von der ewigen Wiederkehr des Gleichen)

Die Lösung des Falles kann heute noch nicht erfolgen, weil der Herr Inspektor mit dem Nachdenken noch nicht fertig geworden ist, dachte er. („Die Vorlesung von Herrn Professor Hegel muss heute leider ausfallen, weil der Herr Professor mit dem Nachdenken noch nicht fertig geworden ist." – dieser Hinweis wurde

angeblich auf der Tür des Hörsaals in Berlin angebracht, als Hegel seine Vorlesung nicht halten konnte oder wollte.)
Ich bin so voller Hormone, dass ich überall nur Titten sehe. (vgl. Two and a half men)
Eine Arbeit konnte einen ärger erschlagen als eine Axt. Der Alltag konnte einen ärger erschlagen als eine Axt. (vgl. Zille, H.: *Man kann einen Menschen mit einer Wohnung erschlagen wie mit einer Axt.*)
Das kommt also heraus, wenn man ohne Hypothese und ohne konkrete Fragestellung einfach nur Fakten sammelt: nichts. (vgl. Karl R. Popper, Ausgangspunkte: „Erfahrung ist das Resultat einer aktiven Forschungs-tätigkeit des Organismus, das Resultat einer aktiven Suche nach Regelmäßigkeit oder Invarianten. Wahrnehmungen gibt es nur im Zusammenhang mit Erwartungen und Interessen und daher mit Regelmäßigkeiten oder 'Gesetzen'.")
Allerdings ist es so, dass ich nicht nicht weiterkomme, sondern ich komme gar nicht aus den Startlöchern raus. Das ist so wie bei einem von Zenons Paradoxien. (vgl. Zenon von Elea: Ein Gegenstand könne nicht einmal beginnen, sich zu bewegen, denn bevor er zur Hälfte des Weges gelangte, müsste er zum Viertel der Strecke kommen. Und bevor er beim Viertel ankommt, müsste er ein Achtel zurückgelegt haben und so weiter ad infinitum.) Eigentlich die Umkehrung der Paradoxie vom Wettlauf des Achilles mit der Schildkröte.

„So mancher Gelehrter hat sich schon dumm gelesen", meinte Bellucci.

„Ich kenne das Zitat! Nietzsche!"

„Wenn du meinst! Jedenfalls widerspricht das Zitat deiner Gleichsetzung von Lesen und Denken. Und zwar so radikal, dass es radikaler nicht geht. Wer liest, denkt nicht mehr selbst. Und sagt Sätze wie "Ich kenne das Zitat!" Und überlässt das Denken den anderen, den Büchern, den gescheiten Autoren. Wer liest, denkt nicht."

In Wahrheit ist das Zitat von Artur Schopenhauer, 1788 – 1860: „Daher kommt es, dass wer sehr viel und fast den ganzen Tag liest, dazwischen aber sich in gedankenlosem Zeitvertreibe erholt, die Fähigkeit, selbst zu denken, allmälig verliert, - wie einer, der immer reitet, zuletzt das Gehn verlernt. Solches aber ist der Fall sehr vieler Gelehrter: sie haben sich dumm gelesen." (Parerga und Paralipomena, §291)

Alle haben also eine Philosophie, ob sie es wissen oder nicht. Diese Philosophien taugen meist aber nicht allzu viel. Unsere eingeschlossen!

(vgl. Popper, Karl R.: Logik der Forschung ... es gibt ein Argument zur Vertreidigung der Philosophie. Es ist das folgende: Alle Menschen haben eine Philosophie, ob sie es wissen oder nicht. Zugegeben, dass diese unsere Philosophien allesamt nicht viel wert sind. Aber ihr Einfluss auf unser Denken und Handeln ist oft geradezu verheerend. Damit wird es notwendig, unsere Philosophien kritisch zu untersuchen. Das ist die Aufgabe der Philosophie; und darin liegt ihre Verteidigung. (...) So wie jeder eine Philosophie hat, so hat auch jeder eine – gewöhnlich unbewusste – Erkenntnistheorie; und viel spricht dafür, dass unsere Erkenntnistheorien unsere Philosophien entscheidend beeinflussen. Ihre Grundfrage ist: Können wir überhaupt etwas wissen?)

Die Dinge sind unverrückbar, nur unsere Meinungen über die Dinge sind wie Fahnen im Wind. (vgl. Epiktet: Nicht die Dinge selbst, sondern die Meinungen von den Dingen beunruhigen die Menschen.)

„Wenn man von einer verneinten Bedingung auf eine verneinte Konsequenz schließt, handelt es sich um eine fehlerhafte Anwendung des Modus ponens."

Das Schema des Modus ponens: p, p → q, daher: q

Die fehlerhafte Anwendung: non-p, p → q, daher: non-q

John Searle: Mit dem berühmt gewordenen Gedankenexperiment zum chinesischen Zimmer wollte der 1932 geborene Philosoph zeigen, dass es möglich ist, dass ein Computerprogramm perfekt mit Zeichen hantieren kann, ohne deren Bedeutung zu verstehen.

In Wahrheit aber dachte Buchinger ganz anders: Verbrecher werden nur selten erwischt. Wenn sie erwischt werden, müssen sie für ihre Taten nicht büßen. Weil sie relativ ungeschoren davonkommen, lernen die anderen aus ihren Beispielen nichts Beruhigendes, nämlich dass es sich lohnt, ein Schlaucherl oder gleich ein Krimineller, jedenfalls ein böser Mensch zu sein. Aber mit dieser Weltsicht und mit diesem Menschenbild musste man die Jugend nicht konfrontieren. Die Idee des Guten und den Glauben an eine überschaubare Welt, in der die Unterscheidung zwischen Gut und Böse einen Sinn macht, hielt Buchinger für nützliche Fiktionen. Die unter Umständen sogar etwas zu ihrer Verwirklichung beitragen können, wer weiß?

„So sehr wir auch durchtränkt sind von einer unnützen, lächerlichen und abergläubischen Ehrfurcht für unsere unsinnigen gesellschaftlichen Gebräuche, wird es doch vorkommen, dass

Leute, die entweder grundsätzlich oder aus Neigung oder aus Temperament lasterhaft sind, glauben, dass es besser ist, sich dem Laster hinzugeben, als sich ihm zu widersetzen: Denn wie oft sehen sie nicht, dass Bösewichte für ihre Missetaten nur süßen Lohn ernten? (...) Werden sie [die Leute] nicht hinzufügen, dass, wenn die Tugend vom Unglück verfolgt wird, das Laster gedeiht und beides in den Absichten der Natur liegt, es unendlich besser ist, mit den Bösewichtern zu gehen, die begünstigt sind, als mit den Tugendhaften, die zugrunde gehen."
(de Sade, Marquis: Justine)
Ob eine Handlung ein Akt der Freundschaft ist oder nicht, hängt nicht von der Handlung, sondern vom Kontext ab.
Dieser Gedanke ist entnommen aus Nehamas, Alexander: Über Freundschaft
  Alles geht. Es kommt nur auf das Bezugssystem an.
  Vgl. dazu Feyerabend, Paul: Erkenntnis für freie Menschen. In diesem und in einem weiteren Werk vertrat Paul Feyerabend die These, dass der Regelbruch die einzige rationale Regel für das Voranschreiten von Wissenschaft sei. Er prägte dafür die bekannt gewordene Formel „Anything goes".
Berg würde sicher sagen, es handelt sich hierbei um die Normativität des technisch Möglichen!
Vgl. dazu Böhme, Gernot: Am Ende des Baconschen Zeitalters
  Als hätte er Dürrenmatt gelesen.
  Vgl. Dürrenmatt, Friedrich: Der Richter und sein Henker

Anhang 2: Glossar österreichisches Deutsch

anlassig (Adj.)	aufreizend, provokant, geil
ans	eines
budern – buderte – gebudert, oft auch [fälschlich] pudern	kopulieren, Geschlechtsverkehr haben
G'spritzter, der	Wein mit Mineralwasser, österreichischer Getränkeklassiker
Gfrast, das	Luder
Hallodri, der	Tunichtgut, dem moralische Vorschriften nichts oder nur wenig bedeuten; Lebenskünstler; Spitzbub; unberechenbarer Mensch
ham	haben
hoches (Adj.)	hohes
Hollersaft, der	Holunderblütensaft
Jugokoffer, der	Plastiksackerl (Plastiktüte)
Kupfermuckn, die	Oberösterreichische Straßenzeitung: Sie „bietet über die Mitgestaltung und den Verkauf der Zeitung einen Zuverdienst für Wohnungslose und Menschen, die in Armut leben müssen" (https://arge-obdachlose.at/kupfermuckn/)
Leberkässemmerl, das meist in der Kombination „warmes L."	horizontal halbierte Semmel, zwischen den Semmelhälften eine Scheibe warmer Leberkäse. Ähnlich

letschert (Adj.)	nicht knusprig, schlapp
Mannerwafferl, das	Manner-Waffeln oder -Schnitten, Klassiker unter den identitätsstiftenden Cremeschnitten Österreichs identitätsstiftend wie die Mannerwafferl, nur weniger süß. Und wärmer (siehe Name)
schiach	Gegenteil von „schön"
Schlaucherl, das	raffinierter Mensch, schlau, moralisch eventuell nicht ganz auf der Höhe
speanzeln – speanzelte - gespeanzelt	hier: verstohlen blicken
stierlen – stierlte – gestierlt	herumstochern, suchen
Tschusch, der	abwertend für Jugoslawe
untertags	tagsüber
verzapfen, etwas	Blödsinn reden
wacheln – wachelte - gewachelt	winken, fächeln
zufleiß	absichtlich, bewusst (boshaft)

Dieses Buch wurde in Übereinstimmung mit den GPSR-Richtlinien der EU zur Sicherheit von Produkten erstellt.

Die Verordnung über die allgemeine Produktsicherheit ist der aktualisierte Rahmen der Europäischen Union, um sicherzustellen, dass alle Verbraucherprodukte, einschließlich Bücher, für Verbraucher sicher sind.

Dieses Buch wurde von Libri Plureos GmbH gedruckt. Der Drucker hat Sicherheitszertifikate für die verwendeten Materialien wie Tinte, Papier und Kleber ausgestellt.

Die Produktkennung ist: 9789403739991

Der Autor ist für den Inhalt des Buches verantwortlich, ist Herausgeber der Werke und trägt die volle Verantwortung dafür.

Das Buch wurde über Bookmundo produziert. Bookmundo ermöglicht es jedem Autor, seine Geschichten über gedruckte Bücher und E-Books und ein breites Vertriebsnetz mit dem Rest der Welt zu teilen.

Bookmundo fungiert als Vermittler bei Sicherheitsfragen und richtet diese an den Drucker/Autor. Sollten Sie Fragen zur Sicherheit des Produkts haben, kontaktieren Sie uns bitte.

Bookmundo
Delftsestraat 33
3013AE Rotterdam
Die Niederlande
info@bookmundo.com